现代学校治理
矛盾管理与冲突化解

刘大春 等◎编 著

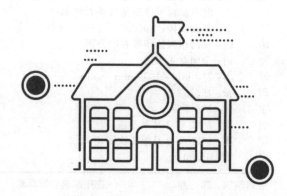

北京师范大学出版集团
BEIJING NORMAL UNIVERSITY PUBLISHING GROUP
北京师范大学出版社

图书在版编目(CIP)数据

现代学校治理：矛盾管理与冲突化解/刘大春等编著. —北京：北京师范大学出版社，2022.3

ISBN 978-7-303-27756-8

Ⅰ.①现… Ⅱ.①刘… Ⅲ.①学校管理－研究 Ⅳ.①G47

中国版本图书馆 CIP 数据核字(2022)第 013731 号

营　销　中　心　电　话　010-58802135　58802786
北师大出版社教师教育分社微信公众号　京师教师教育

XIANDAI XUEXIAO ZHILI　MAODUN GUANLI YU CHONGTU HUAJIE

出版发行：北京师范大学出版社　www.bnupg.com
　　　　　北京市西城区新街口外大街 12-3 号
　　　　　邮政编码：100088
印　　刷：三河市兴达印务有限公司
经　　销：全国新华书店
开　　本：710 mm×1000 mm　1/16
印　　张：16.75
字　　数：274 千字
版　　次：2022 年 3 月第 1 版
印　　次：2022 年 3 月第 1 次印刷
定　　价：58.00 元

策划编辑：郭　翔　　　　责任编辑：杨磊磊
美术编辑：焦　丽　　　　装帧设计：焦　丽
责任校对：康　悦　　　　责任印制：马　洁

本书编著人员

刘大春　王傲红　苏　微　高永琼　王　溢　吴　佳
孙　郁　彭小斌　吴雨珂　刘　颖　张载耀

现代学校治理是对传统学校管理的继承和创新，对新时代学校发展有着重要的作用。现代学校治理的提出源于国家行政管理体制的革新。随着时代的发展，社会各领域的联系越来越紧密，开放、融合成为整体趋势。《国家中长期教育改革和发展规划纲要（2010—2020年）》提出要推进政校分开、管办分离，建设依法办学、自主管理、民主监督、社会参与的现代学校制度，构建政府、学校、社会之间的新型关系。《中国教育现代化2035》提出"推进教育治理体系和治理能力现代化"战略任务，对现代学校治理提出了更高的要求。学校必须改变以往单一的关系核心，构建现代学校治理体系，提升学校管理水平和教育质量。

有别于传统学校管理，现代学校治理更加重视学校教育利益相关者之间关系的重构，如政府、学校、社会之间的关系，学校管理者、教师、学生、家长之间的关系等。关系的重构离不开矛盾管理与冲突化解，正是基于一对对矛盾的管理、一次次冲突的化解，学校教育利益相关者之间才能进一步明确各自的职责，进而做到协作融通，共同促进办学水平的提升。

我国著名管理学家、企业矛盾管理学派创始人李占祥教授于1977年发表论文《矛盾管理是管理学的理论基础》，对矛盾管理学进行了开创性的研究和论述。矛盾管理学主要应用于企业管理，认为企业本身就是一个多元矛盾的复合系统。在这一系统中，矛盾出现和矛盾解决的循环运动构成了企业成长的动力，管理的过程就是正确处理矛盾的过程。从某种意义上来说，学校管理与企业管理具有很多相似之处，学校也是"一群人为了一个共同目标进行整合活动的组织"。这个组织在进行整合活动时，由于分工的不同、视角的不同等，在对问题的认识上以及行动上难免会产生矛盾。对学校管理者而言，无论是要促进个人职业的持续发展，还是保持业务层面的稳定推进，处理各种各样的矛盾一定是绕不开的。可以说，"矛盾管理与冲突化解"是学校管理者职业生涯中的重要命题。学校管理者常常在化解各种矛盾冲突中获得威信。同时，能够艺术化地解决学校管理中人、财、物、事、时间、信息、空间等方面的矛盾，也体现着学校管理者的专业性。

成都市"刘大春名师工作室"自成立以来，一直以"矛盾管理"为研究主题，充分研究学校管理中的矛盾管理和冲突化解。在工作室的建设过程中，刘大春领衔编著了《矛盾管理：教师专业生活中的冲突与化解》，剖析了教师专业生活中遇到的矛盾冲突，用案例的形式生动形象地阐释了矛盾冲突的化解之法。经过读者推荐、出版社自荐、专家评委评选等环节，该书入选"中国教育报2015年度教师喜爱的100本书"。

2018年"刘大春名校长工作室"成立，刘大春带领工作室成员继续深化矛盾管理的研究。其研究视角从教师转向学校管理者（含校长、副校长、中层干部、班主任等），试图全面分析学校管理工作中面临的矛盾冲突及其化解之道。经过近几年的研究，取得了初步的成果，在工作室全体成员的共同努力下汇集成本书。编著本书的主要目的在于从管理学视角切入，通过对中小学管理者职业生涯中可能面临的各种各样的矛盾的呈现与剖析，给出相应的对策，为中小学管理者化解矛盾冲突进而实现学校和个人的双重发展提供一些借鉴，为实现现代学校治理提供参考。

本书共分为九章。前两章从理性思辨的角度剖析了"矛盾管理"的内涵、意义、基本思维方法以及学校管理者所应该具备的基本素养。后七章从不同要素入手，分析了学校管理者专业生活中的冲突类型及化解方法。

第一章"矛盾管理——学校管理的重要命题"，从"管理"的作用、"矛盾"的内涵及产生出发，介绍了"矛盾管理"的意义、价值及其原则和措施。

第二章"提升素养——有效矛盾管理的关键"，阐述了学校管理者在高效率矛盾管理过程中应该具备的职业道德、专业知识、专业能力和个性品质。

第三章"和谐交往——良好人际关系的构建"，从"人的管理"角度阐述如何有效沟通，构建良好的人际关系网络。

第四章"目标管理——教师工作积极性的调动"，从"财的管理"角度阐述如何通过绩效目标管理，充分调动学校教职工的工作积极性。

第五章"文化建设——优质品牌学校的塑造",从"物的管理"角度阐述如何打造物质、制度、精神、课程文化环境,塑造学校品牌。

第六章"课程改革——学生核心素养的培养",从"事的管理"角度阐述如何做好课程改革,培养学生核心素养。

第七章"时间管理——工作效率提高的保证",从"时间管理"角度阐述如何管理时间,提升管理者与被管理者的工作效率。

第八章"媒介素养——互联时代网络的管理",从"信息管理"角度阐述如何管理信息,构建良好的网络环境。

第九章"学校安全——学生健康成长的保障",从"空间管理"角度阐述如何安全管理,打造良好的空间环境,保障师生身体健康。

本书是工作室成员丰富的管理实战经验的积淀。领衔人刘大春有着30多年的学校管理经验,其他成员也多是学校管理人员。丰富的实践经验为本书提供了大量真实而可靠的案例,也让本书更加具有实践参考意义。本书的编撰还有幸得到成都大学严先元教授、四川大学罗哲教授的悉心指导。成都市青羊区教育局梁妙老师、成都市郫都区岷阳实验外国语学校尹桂清老师、成都市大邑实验中学谭宝屏老师参与了前期的策划工作。成都市青羊区教育科学研究院、成都市青羊区社区教育与青少年服务中心、四川天府新区社区发展治理和社会事业局、四川天府新区职业学校、成都市双流区教育科学研究院、成都市青白江区教育研究培训中心、成都市泡桐树小学都江堰校区、成都市树德实验中学(西区)、成都市实验小学文苑分校、成都市同辉(国际)学校、成都市实验小学战旗分校、雅安市名山区蒙顶山实验小学、眉山天府新区第一中学等单位对本书的写作给予了大力支持。

此外,本书的撰写完成还要感谢成都市教育局、成都市教育科学研究院、成都市青羊区教育局对于"名师名校长工作室"建设的决策,以及对"刘大春名师名校长工作室"的大力支持与指导。"名师名校长工作室"就是一个成长共同体,正是因为这样一个平台,领衔人与成员、成员与成员之间相识、相知、相助,每一个人都在这里获得了进步,收获了成长。

本书研究的学校管理者定位在校长、副校长、中层干部以及班主任等。尽管各自管理的侧重点有所不同,但优秀的管理本质是相通的,所以请读者朋友在阅读中融会贯通,各取所需。本书作者均来自一线,总结的内容也主要基于个人工作中积累的经验和教训。由于不同地区、不同学校面临的实际情况不同，本书中的经验可能存在适切性等问题，望广大读者朋友给予包容和理解，不吝赐教。我们非常愿意与大家一起探讨，共同丰富学校治理的理论和实践经验。

本书写作过程中参阅了众多专家、学者和一线教师对相关问题的研究成果，在此，一并致以敬意和谢意！

编者

2021 年 9 月

目录

CONTENTS

第一章 矛盾管理——学校管理的重要命题

冲突管理是所有组织管理者应尽的主要职责之一。

——[美]斯蒂芬·P. 罗宾斯

第一节 管理的概念及作用

管理就是把复杂的问题简单化，把混乱的事情规范化。

——[美]杰克·韦尔奇

老太太编竹篮[①]

村子里有个老太太，她的篮子编得结实而又美观，大家争先恐后地购买。老太太实在忙不过来，于是她动员家族里的 10 个人参加了篮子生产，可是他们编的质量都不及老太太，篮子根本卖不出去。老太太试着将编篮子的过程分为 10 道工序，让每个人只完成其中一道工序。比如说，头一道工序就是砍竹子，第二道工序就是给竹子抛光……最后是把篮子拼装起来。本来，老太太一个人编篮子一天只能编一个，可是当 10 个人一起编，一天能编出 100 个篮子。这可把老太太给乐坏了。老太太于是开办了一家工厂，招了 100 个员工专门编篮子。可是当规模扩大后，一个比分工更复杂的问题摆在老太太面前。她发现，他们都各管各的工作，让所有人协调起来变得越来越困难。当她一个人编

---

① 参见郑杰：《忠告中层——给学校中层管理者的 47 封信》，58～60 页，上海，华东师范大学出版社，2014。

篮子的时候，根本不需要协调；把编篮子的工作分成 10 道工序后，她只需要协调 10 个人的工作，这 10 个人都是她的亲人，而她又是编篮子的权威，大家都听她的话。当规模扩大后，她不得不招来很多为谋生而来应聘的陌生人，她发现，之前靠感情关系来协调各工序上的工作变得很困难，靠她个人的力量已经做不到了。于是她开始从员工中提拔管理者，然而即使是她的亲戚从事管理工作，依然可能与她的想法不一致，甚至还有和她对着干的。那么老太太怎么做才能拯救篮子工厂呢？那就标准化吧，也就是说，她可以确定 10 个工作岗位的职责及每一道工序的操作规范，制定每一个工种应该达到的技能标准、过程标准、结果标准，并进行相应的标准化培训，大小事务均按照标准来协调。

上述案例的作者用通俗易懂的故事简述了泰勒（F. W. Taylor）的"科学管理"思想。人类管理实践历史悠久，管理几乎覆盖了人类活动的每个角落，但是把管理作为一门学科来研究，是在工业革命以后的事。继泰勒之后，法国的亨利·法约尔（Henri Fayol）、德国的马克斯·韦伯（Max Weber）对"科学管理"进行了补充，奠定了古典组织理论的基础。由于科学管理存在一些弊端，因此以埃尔顿·梅奥（G. E. Mayo）为代表的人际关系理论开始兴起。人际关系理论认为：影响生产效率的因素除了物质条件以外，还有人的工作情绪，当员工需求得到满足，其工作效率就会提高。然而在复杂不确定的环境中，单纯运用科学管理或者人际关系理论都行不通，于是权变理论应运而生。权变理论认为管理者应该随机应变。

中国的管理思想也十分丰富，博大精深。中国传统管理思想中的诸如顺"道"、重人、人和、守信、利器、求实、对策、节俭、法治等要点，至今仍是管理者的重要参考依据。无论是西方的管理思想，还是中国传统管理思想，对教育管理的发展都具有深远的影响。

一、管理的概念

"科学管理之父"泰勒认为，管理就是确切地知道你要别人去干什么，并使其用最好的方法去干。

"管理过程之父"亨利·法约尔指出，管理就是实行计划、组织、指挥、协调和控制（后来有学者将指挥、协调整合为领导）的过程。

西方管理决策学派创始人之一赫伯特·西蒙（Herbert Simon）认为，决策贯穿管理的全过程，管理就是决策。

美国著名管理学家哈罗德·孔茨（Harold Koontz）认为，管理是设计和维持一种良好的环境，使人在群体里高效率地完成既定目标。

南京大学人文社会科学荣誉资深教授、博士生导师周三多及其同事在综合前人的研究并吸取管理学理论和实践发展成果的基础上提出："管理是管理者为了有效地实现组织目标、个人发展和社会责任，运用管理职能进行协调的过程。"[①]

二、管理的作用

社会学研究指出，借由"八卦"来维持的最大"自然"团体大约是 150 人。人数过多会阻碍人们深入了解团体成员的生活情形。如果人数在 150 以下，不论是社群、公司、社会网络还是军事单位，只要大家都认识、彼此互通消息，就能够运作顺畅，还不需要规定正式的阶层、职称、规范。例如，如果是一个小的家族企业，就算没有董事会、执行长或者会计部门，也能经营得有声有色。如果是一个师，人数上万，就不能再用带排的方式来领导。许多成功的家族企业规模越来越大，开始雇用更多人员，此时企业机构常需要彻底重整，这样才能继续成长下去。[②] 因此，规模越大的组织，管理的作用就越为明显。

(一)实现预定目标

任何一个组织都有自己的任务，管理者要想完成任务，就必须把任务转化为目标。同时，只有把组织的目标变成每个成员的目标，这个组织才会有凝聚力和战斗力。当组织内部发生矛盾和冲突时，就要靠目标来协调彼此的关系。就算是大批互不相干的人，只要坚信同一个目标，就能实现合作。

管理，就是向着预定目标步步逼近的过程。管理者通过计划、组织、领导、控制，不断推进各项工作，最终实现预定的组织目标。然而，随着社会的

---

①　周三多、陈传明、鲁明泓：《管理学——原理与方法》，11 页，上海，复旦大学出版社，2009。

②　参见［以色列］尤瓦尔·赫拉利：《人类简史：从动物到上帝》，林俊宏译，28 页，北京，中信出版社，2014。

发展，人们越来越关心个人发展的前景。个人兴趣、个人感情及个人发展能否得到满足都会成为他们是否愿意在组织中工作或积极工作的原因。组织与社会的关系越来越密切，因而其社会责任也越来越重。所以管理也不再是单纯为了实现组织目标，同时也要十分关注实现组织中个体的发展和承担相应的社会责任。

此外，为了实现预定目标，在计划、组织、领导、控制的过程中，管理者通常是从两个以上的可能性或者可行性方案中，经过决策论证和价值判断，选择出既满意又可行的方案推进执行，这就是诺贝尔经济学奖获得者赫伯特·西蒙提出的"管理就是决策"。在他看来，决策是管理工作的核心，是执行各项管理职能的基础，应该贯穿于管理工作的全过程。

（二）协调内部资源和外部环境

社会上任何一个组织或团队，无论是企业、机关、商城、医院还是学校，其生存和发展都需要各种资源作为保障。在诸多资源中，人力、物力、财力、时间、信息、空间等资源对管理者来说最为重要。管理的重要作用之一，就是研究各种资源的特点和潜能，通过不断地开发和协调，使资源的价值得以实现，从而扩大社会效益和经济效益。除此之外，管理还需要协调外部环境，包括政治环境、社会环境、自然环境、经济环境等。世界上没有适用一切环境和条件的标准化管理模式，也没有万能的管理方法，管理要应付动态环境的变化。

（三）化解矛盾和冲突

加拿大管理学家亨利·明茨伯格（Henry Mintzberg）将管理者在管理工作中扮演的角色分为 10 种，并将这 10 种角色归为三大类：人际关系三大角色、信息传递三大角色、决策制定四大角色，其中决策制定四大角色中故障排除者的角色，即冲突管理角色。[①]

矛盾是事物自身所包含的既相互排斥又相互依存，既对立又统一的一种关系。在任何组织的发展过程中矛盾是始终存在的，这里既有人与自然的矛盾，也有人与社会的矛盾以及人与人之间的矛盾。矛盾冲突有两种，一种是建设性的，另一种是破坏性的。管理者在管理中要严格区分两种不同性质的矛盾冲

---

① 参见［加］亨利·明茨伯格：《管理工作的本质》，方海萍等译，65～114 页，北京，中国人民大学出版社，2007。

突，化解破坏性的矛盾冲突，使矛盾冲突向着建设性的方向发展。这也是本书着重探讨的内容。

三、学校管理

现代管理学的绝大多数理论来源于企业管理。尽管学校管理学以及指导学校管理实践的很多理论是从企业管理理论中发展而来的，但是学校和企业在管理目的、价值取向等方面还是有很大差异的。教育是培养人的社会实践活动，这是学校教育区别于其他社会组织的本质特征。企业以盈利为目的，学校更强调公益性，学校的根本任务是指导学生的学习和发展。对于学校教育来说，学校工作"处处无小事，处处是教育"。因此，与企业管理相比，学校管理要遵循教育规律，增加"教育性"和"人文性"，而不能简单地"移植"企业管理思想。

学校管理涉及办学思想、发展目标、组织体系、管理制度、考核评价等要素。校长要通过规范的、民主的、科学的管理促进学校课程与教学管理、教师与学生的发展，为教育质量的提高、办学特色的培育提供基础性保障。本书探讨的重点是学校管理者如何对管理过程中可能发生或者已经发生的各类矛盾冲突进行有效的计划、组织、指挥、协调和控制。

第二节 矛盾的内涵及产生

生命在于矛盾，在于运动，一旦矛盾消除，运动停止，生命也就结束了。

——［德］歌德

一场"抱抱"引发的矛盾

2018 年对于 TZ 学校来说是不平凡的一年，区内的两所职业学校在经历多年的竞争之后，终于整合为一所学校。整合后，学校的办学规模、师资力量、硬件设备都上了一个台阶，应该说，学校发展面临更有利的条件。在学校融合过程中，管理层预计到教师融合可能会出现的问题，并提前做了一些准备，包括对办公室内教师的座位进行精心的安排，邀请专家进行团队合作方面的讲座等。表面上看，学校风平浪静、其乐融融，教师们意气风发。一场风波却让管理者意识到融合并非易事。12 月的一天，分校区的学生到本校区参加活动，临时占用会议室，事后没有打扫会议室的卫生，相关教师因此事在 QQ 群里发生了争吵，各持其理。以往这样的情形，一般是当事人发生争吵后，其他教师好言相劝，管理层出面解决。这一次，一位旁观教师在QQ上联系了自己校区的教师，并发了一个"抱抱"的表情符号表示支持。一时间，教师纷纷站队，都联系自己原来学校的教师，并发"抱抱"表情符号以示支持，QQ群里呈现泾渭分明的态势。虽然后来经过调解事情得以解决，但是这也让管理者意识到，两校文化传统不一样，思维习惯不一样，甚至体制上也有差别，融合并非易事，此后必定还会经历更多的矛盾和冲突。

一、矛盾的基本内涵

(一)哲学意义上的矛盾

辩证法的矛盾是指事物自身包含的既对立又统一的关系。在《矛盾论》中，毛泽东指出："事物的矛盾法则，即对立统一的法则，是唯物辩证法的最根本的法则。"法则即规律，矛盾规律就是对立统一的规律，对立统一规律是宇宙的根本规律。矛盾问题研究就是运用对立统一的辩证思想对组织中的基本矛盾和不同时间不同条件下的主要矛盾进行调整、平衡和适应的过程。①

(二)狭义的矛盾

狭义的矛盾是指事物互相抵触或排斥。从管理的角度来讲，是指人们因目标、利益、立场、个性、情感不同或信息沟通不畅等而产生的异议、对立、冲突、甚至斗争。本书中所提到的矛盾为狭义上的矛盾。学校管理者与被管理者因为相互有所期待，却由于立场不同、个性不一、情感交流不畅、资源分配不公，而在交往中感到彼此的目标不相匹配、利益没有得到满足等，进而表现为双方间的矛盾冲突。

二、矛盾的产生

第一，矛盾的产生源于相互间依赖。组织中的人际关系具有相关相依性，如一个人的行为可能会受控于另一个人，一个人的表现可能会被另一个人评估等，所以矛盾是不可避免、客观存在的。

---

① 参见王树文：《企业成长与矛盾管理》，2～3页，北京，经济管理出版社，2003。

第二，矛盾的产生源于个体的差异。人与人之间的矛盾可能因个性不同、立场不同，在做事情时意见不一致，或者是情感上不合拍而产生。

第三，矛盾的产生源于机制的滞后。外部环境或者内部环境已经发生变化，但是组织没有及时进行调整，目标不一致、组织机构设置不合理、制度和管理没有跟上、考核评价不当、信息沟通不畅等也会导致矛盾产生。

第四，矛盾的产生源于对他人的期待。人与人之间常常因为所做的没有满足对方的期待，或者对方的行为未达到自己的期许而产生矛盾。

然而，并非所有的矛盾冲突都是具有破坏性的。人与人之间的分歧、竞争、敌对以及其他矛盾冲突，对于其个人以及所在的组织来说通常都是具有积极作用的，我们将这些有积极作用的矛盾冲突称为建设性的矛盾冲突。但是，我们也看到，有些矛盾冲突会削弱各方的力量，分散管理者的精力，僵化组织内部的人际关系，并可能导致对现实的曲解。我们将这些矛盾冲突称为破坏性的矛盾冲突。

从学校管理实际来讲，本书主要讨论如何化解学校人际关系构建中的矛盾冲突，以及如何化解教师发展、品牌塑造、学生培养、效率提高、信息沟通、健康与安全管理等方面的矛盾冲突。

三、矛盾存在的意义

美国行为组织专家理查德·E.沃尔顿认为，冲突管理未必意味着避免、缓和，或终结冲突。它更包括设计有效的宏观战略以减少冲突的破坏功能，增强冲突的建设功能，从而达到强化组织学习和提高组织效益的目的。

管理学和组织行为学的研究表明：矛盾冲突问题的研究和管理在管理实践中是十分重要的。成功的管理者能更准确地理解和把握矛盾冲突管理，并且愿意花费时间化解矛盾冲突。矛盾管理是任何组织都无法避免或忽视的重要管理工作。因此，能否学习和掌握矛盾管理的科学知识和处理技巧，有效地实施矛盾管理，驾驭矛盾冲突，是管理者自身目标能否实现的重要因素，对于组织、群体和个人的生存和发展也至关重要。

学校管理过程中出现矛盾冲突是正常的现象。某些矛盾冲突可能会增强个人的动力和激情，推进工作的创新，促使岗位人员在对话过程中阐明自己的观点，从而更好地理解自己的岗位要求。学校管理就是通过"和谐—矛盾冲突—

新的和谐—新的矛盾冲突"的模式不断推进学校发展的。同时我们也应该看到，有些毫无意义的矛盾冲突也会分散其成员的精力，学校管理者需要通过矛盾管理，将破坏性矛盾转化为建设性矛盾。矛盾管理能力是学校管理者的一种重要素养。

学校的矛盾冲突大多数是非暴力性的矛盾冲突，主要是学校管理者在参与学校管理过程中由于与被管理者在角色立场、知识背景、性格特征、思维方式和行为方式等方面存在差异而形成的矛盾冲突。因此，学校管理者对矛盾冲突进行管理并非要消除矛盾冲突，而是要把矛盾冲突管理作为学校管理的一个重要方面，实现矛盾冲突转化，即把破坏性矛盾冲突转化为建设性矛盾冲突。

第三节　矛盾管理的原则和措施

研究任何过程，如果是存在着两个以上矛盾的复杂过程的话，就要用全力找出它的主要矛盾。捉住了这个主要矛盾，一切问题就迎刃而解了。

——毛泽东

打开一扇窗①

某一天，在哈佛大学图书馆一个很小的房间里，有人想要把窗户打开，而我则想让它关着。于是，我们打开了对面无人房间的窗户。如此我们都得到了自己想要的东西。我并不是想要一个封闭的房间，只是不想让北风直接吹到我身上；同样，和我在同一个房间里的这个人也未必非要哪扇特定的窗户开着，他只不过想让房间里多一点新鲜空气。

矛盾是不可避免的。适宜的、有效的管理能够很好地将矛盾转化为发展的动力；而不适宜的、低效的管理只会让矛盾进一步激化，进而阻碍发展。因此，对学校管理者来说，若能够把握矛盾管理的基本原则，熟悉矛盾管理的基本流程，掌握矛盾管理的基本路径，就能够提升自身管理水平，从而逐渐成长为智慧型和艺术型的学校管理者。

---

① 参见 Mary P. Follet，"The Psychological Foundations：Constructive Conflict," in Henry C. Metcalf, ed., *Scientific Foundations of Business Administration*，Baltimore，William & Wilkins Company，1926，p. 116。

一、矛盾管理的基本原则

对矛盾的重视和管理最早产生于企业管理中。陈云在其《企业高层管理团队冲突及其管理》一书中提出，企业高层管理团队冲突的管理原则包括公平原则、合作原则、尊重原则、共识原则、效率原则五个方面。[①] 学校管理和企业管理有着很多相似之处，比如都强调组织内部的合理分工与高效运转，都强调投入与产出的关系等。学校管理与企业管理也有着很多不同之处，比如企业的产品多是物，为社会创造的是财富；而学校的"产品"是人，为社会输送的是多样化的人才。物品的生产与人的培养是绝对不同的，这就从本质上决定了学校管理与企业管理的不同。基于此，学校矛盾管理应该把握以下几个原则。

(一)尊重原则

"看见"每一位教师

在学校管理中，我们力求"看见"每一位教师，践行信任文化，相信教师，激发其活力，大力营造"我和你"而非"我让你"，"跟我上"而非"给我上"的学校文化，整个学校氛围简单而纯净、积极而透明。在学校的大事件、大活动中，我们同舟共济、同频共振、同甘共苦。针对外来的一些非教育教学干涉，我们从学校层面为教师左右抵挡，尽量为教师减负松绑、撑腰打气。尤其在家校关系上，我们要努力成为教师的坚强后盾，让教师能挺直腰杆工作。

尊重原则也称人本原则，是学校矛盾管理中首先要把握的原则。它不仅体现了学校管理者作为管理人员的管理观，更体现了其作为教育工作者的教育观。尊重原则包含如下两层含义。

第一层含义，即管理学中所倡导的含义——对矛盾的尊重。尊重矛盾的前提是认识和理解矛盾。作为学校管理者，首先应该有一个大的矛盾观，要认识到矛盾是不可避免的，一所学校的发展过程正是其基本矛盾运动的过程；同时要理解矛盾，矛盾之所以产生，一定是基于某种客观、真实的缘由，分析并理解这个缘由，就能理解矛盾并能尊重矛盾。

---

①　参见陈云：《企业高层管理团队冲突及其管理》，74～76页，北京，知识产权出版社，2011。

例如，在很多学校，管理者与教师之间总会出现各种各样的矛盾。管理者认为教师不服从管理，教师认为管理者不尊重自己，而分析其背后的原因，常常是管理方式不恰当。王良认为，目前推行的学校管理方式是较为严密的等级模式，十分注重上下级之间的服从关系；而学校是以专业技术人员为主组成的组织，一般来说专业技术人员具有较强烈的民主参与和自我管理的意识。① 正是由于这样的错位，管理者认为教师作为下级应该服从上级的安排，教师认为管理者应该给予自己充分的专业自主空间，因此管理者与教师之间的矛盾不断。面对这样的矛盾，学校管理者应该充分尊重和理解，并从优化管理模式、调整教师心态等多方面采取有针对性的措施进行化解。

第二层含义，即更深层次的含义——对人的尊重。对矛盾的尊重本身也体现了对人的尊重，因为管理者是站在矛盾产生主体的角度上充分理解矛盾产生的缘由，进而做到对矛盾的尊重，反之，则难以真正做到对矛盾的尊重。

对他人的期待常常是产生矛盾的根源。在学校里，教职工按时完成了任务，但管理者很可能不满意，因为教职工并没有满足管理者的期望。所以，要想有效化解矛盾，就必须相互理解、相互尊重。首先要降低自己对对方的期待，多站在对方的角度去思考问题，并能恰当地提出自己的期待；其次要了解对方对自己的期待，努力提高工作质量，尽量超出对方的预期，如此便能有效化解矛盾。

此外，学校管理者也是教育工作者，培养人、发展人、成就人是自己工作的核心目标。因此在矛盾管理的过程中，要时刻以人为本——以教师为本，以学生为本，要时刻记得"人是目的"，切忌一味追求"和谐""无矛盾""无冲突"，而忽视了人的需求、人的发展。严华银认为，"以教师为本"至少有两层含义。一是要理解、尊重并关注、关心教师的劳动、身体和精神。他们不仅仅是完成本职工作的劳动者，更是活生生的生命个体。二是要注重教师在工作、生活过程中的提高和发展，这也是课改之后学校管理者对教师功能、作用和地位认识的本质飞跃。②

① 参见王良：《教师管理中的矛盾冲突及其化解对策》，载《教育发展研究》，2004(1)。

② 参见严华银：《让学校安静——严华银讲教育》，上海，华东师范大学出版社，2013。

只有兼顾两层含义的尊重原则，学校管理者才能够以一种包容、理性的心态面对学校里纷繁复杂的矛盾，从心烦气躁走向心平气和，而且会以发展的眼光合理分析矛盾、利用矛盾，进而促进师生发展、学校发展。

(二)公平原则

过程公正

教师间事实上存在着竞争关系，我们都默认了这种关系存在的合理性。在提干、评职称、分配奖金和进行各项评估上，资源的分布是无法均衡的，"不公正感"侵蚀了教师们的心灵，抱怨油然而生。那么怎么办？显然重点在于两个方面，一是学校规章制度应在协调共识的基础上产生；二是执行者(管理干部和评价者)应受到制度的严格管束。如果这两方面做到完美，就意味着过程公正，至于结果，请你认了吧。①

学校管理中矛盾产生的原因复杂而多样，但最主要、最常见的原因仍然是人的不公平感。社会系统学派创始人切斯特·巴纳德(Chester Barnard)的"组织平衡理论"提出：组织向成员个人提供或分配的诱因同个人的贡献相等或超过时，组织就保持平衡。诱因指组织给予成员参与者的报偿，贡献指参与者对组织的报偿。② 美国心理学家约翰·斯塔希·亚当斯(John Stacey Adams)提出的"公平理论"指出：人们总会自觉或不自觉地将自己付出的劳动代价及所得到的报酬与他人进行比较，并对公平与否做出判断，而判断的结果直接影响其工作的积极性。③ 无论是"组织平衡理论"还是"公平理论"，都向我们昭示了一个事实，即公平是一个组织和谐、平衡的主要因素，不公平则是矛盾产生的主要因素。

基于此，学校管理者首先要尽量创造一个公平环境，让师生能够获得公平感，这将能在很大程度上降低矛盾发生的频率。同时，当矛盾产生时，管理者要把握公平的标尺，做到程序公平、信息公平、机会公平，进而达到结果相对公平。不能在公平感已经偏低的情况下，继续"火上浇油"，那将会进一步激化

---

① 参见郑杰：《给教师的一百条新建议》，143页，上海，华东师范大学出版社，2004。

② 参见张东娇：《学校文化冲突发生、表现与管理策略》，载《教育科学》，2016(2)。

③ 参见罗珉：《管理学》，188～191页，北京，机械工业出版社，2008。

矛盾，甚至将自己卷入矛盾之中，最终导致管理的失败。例如，有的学校管理者在处理教师之间的矛盾时，由于平时与其中一名教师来往较多、关系更为密切，在有意无意中比较偏袒这位教师，让另一位教师感到不公平。另一位教师进而将矛盾转向管理者，从而导致新的矛盾产生。

正如案例所言，只有起点、过程、结果三者公正才能有效化解矛盾，然而这样的公正是很难实现的。为此，学校管理者能做的，是力求过程公正，如共建学校的规章制度，做到依法治校；在注重过程公正时，兼顾对弱者的人文关怀；等等。

(三)共识原则

校长与教师

在学校中，校长与教师有时是矛盾的双方。校长作为一校之长，作为一所学校的管理者，他首先考虑的往往是学校如何健康发展，如何提高办学质量，如何提高管理品位，如何改善学校条件，如何赢得上级支持，如何得到社会肯定，等等。也就是说，校长一般是以学校为本位的。而教师往往处于被管理者的地位，他们首先考虑的往往是个人利益，如何受到尊重，如何有公平的待遇，等等。校长做出的决定有时不一定能够满足所有教师的需要，甚至会触及一部分教师的利益。在这个时候，校长与教师之间就容易产生冲突，教师就容易抱怨校长，对立情绪就会产生。[①]

很多时候，双方主体是从各自的角度出发看问题，因而产生了矛盾，然而，矛盾往往不是绝对的，学校管理者应该站在更高的角度，从侧面寻找到双方主体的共同点，进而达成共识。这样的共识一般体现在目标层面或价值层面。寻找矛盾双方的共识是矛盾管理的一个有效方法，学校管理者应该牢牢把握住这条原则。例如，学校管理层一般常把目标定位在教育教学质量的提升、学校品牌特色的形成、学校办学品质的提升等层面，而教师多以个人工作能力的提升和生活幸福的获得为目标。在这样的矛盾下，学校管理者会觉得力不从心，自己想做一些事情，但是教师不是"叫苦连天"，就是"躲避退让"，自己的宏图大志无人支持和响应，最终导致目标难以实现；而对教师来说，也并不觉得舒坦多少，每天被要求做这做那，无法安下心来做自己想要做的教育，过自

---

① 参见朱永新：《致教师》，208～209页，武汉，长江文艺出版社，2015。

己想要过的生活，工作中所获得的幸福感可想而知。面对这样的情况，如果学校管理者善于寻找两者之间的共同点，即若能使得两个主体的目标最终指向是趋同的，就能够有效化解矛盾。如教师的幸福感来自工作带来的成就感，而这些工作恰好可以服务于学校管理层的目标的实现。因此学校管理者可以以人本化的措施帮助教师提升幸福感，帮助教师实现一个个小目标，进而实现提升学校整体品质的大目标，这就是共识原则。

达成共识有一个重要的途径就是共建学校文化体系。管理者和师生有共同认可的价值观体系，有利于在实践中化解矛盾。

此外，共识原则还有一层含义，即矛盾主体双方要对管理过程和结果充分认同，不能心怀不满，只有这样矛盾才算真正化解。

(四)效率原则

不能"留尾巴"

校长处理每件事都要有结果，不能"留尾巴"，不能拖泥带水，更不能留下后遗症，否则会使自己陷入无休止的事务中，更谈不上效率管理。[①]

企业管理中，"任何策略都是以增进人们之间的相互理解、提高企业绩效为目的"[②]的。学校管理中，同样要把握效率原则，但学校管理的"效率"与企业管理的"效率"并不完全相同。教育关乎国家和民族发展之根本，学校是教育的主阵地，除了提升教育教学水平，更要承担起相应的社会责任。

因此，学校管理者在矛盾管理时应具备执行能力，要有明确的目标导向，并反应迅速，以一种积极的、负责任的态度，选择并实施适宜的策略，以增进人们之间的相互理解，保障学校长期发展，提高教育教学质量。例如，在管理实践中，很多学校管理者为了不得罪人，产生矛盾时，选择消极回避的管理策略，或者充当"老好人"，任由矛盾自生自灭。这样的管理策略即使没有在短时间内导致学校内部的不稳定或产生直接性损害，但从长期来看，其对矛盾双方主体造成的影响一定是不可弥补的。这就是失败的矛盾管理，这样的学校管理者也是失职的。

---

① 成彦明：《校长如何成为时间管理的高手》，载《中小学管理》，2007(12)。
② 陈云：《企业高层管理团队冲突及其管理》，74～76页，北京，知识产权出版社，2011。

(五)发展原则

会议改革

从教师的角度感受周前例会，最无奈的就是听领导读文件；最难忍受的就是听领导重复讲话，教导主任讲后，政教主任讲，总务主任讲，然后副校长强调，校长强调，书记再强调。我决定从开短会入手，树立高效率的领导形象……一年后，我们对会议规则进行了再改善。一是设立不同的会议主题，双周为教学暨教科研会议，由分管副校长主持；单周为教师学习暨德育会议，由校长主持。二是会前设"教师论坛"。三是校长讲话更精练。①

管理实践中，学校管理者往往单纯地把矛盾看成亟须解决和克服的问题，而忽略了矛盾所特有的价值和意义。矛盾是一个契机，矛盾是一种资源，合理、充分利用矛盾，能够促进学校发展。因此，学校管理者要把握发展原则，审视矛盾的价值和意义，并加以利用，将以往令人头疼的问题变成促进学校发展的契机和资源。如上述案例，学校管理者若一味强调会议纪律而不强调会议规则，只能赢得暂时性的成功，这样的矛盾还会一而再，再而三地产生，成为管理者最为头疼的问题，而如果将其看成一个契机，可以借助矛盾，重新审视相关制度是否合理，不断修改完善，达到最优化，进而提升教师工作积极性，促进学校良性发展。

二、矛盾管理的措施

(一)冲突管理理论对学校矛盾管理的影响

冲突管理是一个跨学科的研究领域，内容相当广泛。单就管理学而言，冲突管理涉及领导学、战略管理、企业文化、人力资源管理、组织行为学等领域。20世纪70年代，区域科学创始人艾萨德(Walter Isard)较为系统地提出了冲突管理的理论和方法。此后，冲突管理理论逐步发展到冲突事件的事前预防、事中监控、事后处理等多个层面，成为全过程的系统模式。对冲突的本质、冲突管理的基本理论和方法的研究也拓展到心理学、社会学、人类学等多

---

① 参见陈钱林：《我们这样开会》，载《中小学管理》，2010(5)。

个学科领域。冲突管理理论的思维方法和原则对学校管理中的矛盾管理有着重要的借鉴意义。

第一，倡导建设性冲突，避免破坏性冲突，把冲突控制于适当水平和适当类型的原则。在学校管理过程中，对冲突进行管理并非要消除冲突，而是应该把冲突管理作为学校管理的一个重要方面，实现冲突转化，把破坏性冲突转化为建设性冲突。

第二，以人为本实行全面的冲突管理，而不是仅限于事后的冲突控制和解决的原则。现代冲突管理理论认为，对冲突的问题要实行全过程、全要素、全对象的管理，在此基础上，才能把较低层次的冲突事后管理提升到冲突的事前、事中和事后管理相统一的全面管理层面。学校管理中，不仅是应对事后的冲突控制，更应该将矛盾管理贯穿整个学校管理过程，并对涉及的所有要素、所有对象进行全面管理。

第三，从组织的文化和人力资源特点出发，不走极端的冲突处理原则。学校中的冲突大多数是非暴力性的冲突，因此，对学校冲突的管理更应该坚持"持中、贵和"的原则，可采取对话策略。对话策略是指冲突双方通过真诚对话使冲突得到解决。学校管理者应将对话策略作为一种常态管理方式，与冲突方相互尊重、平等对话。通过对话解决冲突是冲突双方自愿并用心解决冲突的最佳方法，也是学校管理者解决冲突经常采用的管理方法。

第四，具体问题具体分析，"因地制宜"进行冲突管理的原则。冲突管理中的一项任务就是通过不断抑制冲突行为或避免触发导火索来降低破坏性冲突发生的频率，从而最大限度地减少既定冲突行为带来的损失。通过采用多种多样的控制策略，可以缓解冲突，甚至可以彻底解决一些冲突带来的附加问题。面对错综复杂的冲突要素，学校管理者要结合学校的实际、冲突双方的个性特征等"因地制宜"进行冲突管理。

第五，有备无患，预防为主，确立应急对策，处理破坏性冲突（或危机）的原则。研究制定冲突管理规划，对管理学校冲突有重要意义。冲突管理规划又称冲突管理策划，它是指经过有条理地设计，通过对有关冲突问题的认识、分析、评估等，分清冲突的性质和冲突中的主次问题（或矛盾），发展与问题一致的管理策略和处理方法，克服不必要的冲突，将实质性冲突（或主要矛盾问题）

导入建设性的解决问题的轨道，从而妥善而高效地实施冲突管理的一套系统性方法。①

(二)矛盾管理的一般流程

正确的矛盾观告诉我们，学校矛盾管理绝不是简单的"问题解决"或"灾害控制"，而是一个集管理学和教育学为一体的综合管理过程，而这个过程的复杂性、关键性是对学校管理者最大的考验。经过梳理，学校管理者在矛盾管理时大致要经过矛盾认知、矛盾分析、矛盾决策、矛盾处理、矛盾反馈五个环节。

1. 矛盾认知

小王老师能评优吗？

小王老师是一名在教学上表现一直比较突出的老师，既是备课组组长，又担任班主任，还承担着每周 18 节课的工作量。但是在一次评优当中，小王老师被检举经常"消极怠会"，不应该入选，具体表现为经常在开会或者各类学习培训时迟到、早退，就算在会场，不是在备课、批改作业，就是在看手机、看闲书，有时还经常中途溜出会场。

学校管理者在处理矛盾时首先要明确矛盾双方主体之间的对立关系，即矛盾认知。在日常工作中面对的矛盾可分为显性矛盾和隐性矛盾两种，矛盾认知也随之有所不同。

显性矛盾即已经爆发出来的冲突，冲突的对立面很清晰，如两位教师因为某件事情发生争执。对于这种矛盾，学校管理者认知起来是相对比较容易的，能够很清楚地判断矛盾产生的对象主体。同时，在冲突爆发的过程中，对立面或多或少会进行辩论、争执，那么二者之间的对立关系也会在这个过程中逐渐明朗，这也在某种程度上降低了学校管理者矛盾认知的难度。

而在学校管理工作中遇到得更多的是隐性矛盾，这类矛盾往往披着一层问题的外衣，即矛盾没有直接显现出来，而是隐藏在一个个亟须解决的问题之中。对于这类矛盾，就需要学校管理者仔细剖析问题，揭开问题的表象，认清问题背后存在的矛盾，以及矛盾双方主体之间的对立和依赖关系。例如，学校

---

① 参见马新建：《冲突管理：基本理念与思维方法的研究》，载《大连理工大学学报(社会科学版)》，2002(7)。

教师工作积极性存在较大的问题，如果仔细去分析这些问题，则可以发现其背后的原因可能是教师付出与薪酬之间存在矛盾，不能达到和谐平衡状态。有了这样的认知，问题解决就有了方向。当然，这类矛盾认知对学校管理者来说也就有了较高的要求。

具体到实际中，显性矛盾和隐性矛盾并不能完全区分，往往显性的矛盾之下都会隐藏一些更深层次的矛盾。上述案例，经调查，小王老师的确是利用开会时间备课、批改作业、看书，但迟到、早退、中途离场都是为了处理学生工作。我们看到的是在评优选先中暴露出来的教师之间的矛盾，而学校管理者也要分析学校的会议时间管理是否存在问题，是否有学校行政工作与教师教学工作之间的矛盾，是否有一线教学与教师自我提升之间的矛盾，是否有教师培养施压过度导致教师负担过重的矛盾，等等。

再如师生冲突事件，师生双方言语的碰撞是显性的冲突，但分析其背后隐藏的矛盾则是非常复杂的。有学者表示师生冲突的实质是教育共识的缺乏，即师生之间在价值意识层面存在着诸多矛盾。[①]　而这诸多矛盾在长期得不到解决的情况下，最终造成了言语的碰撞。由此说来，显性矛盾往往也是隐性矛盾的最终出口。因此在面对显性矛盾的时候，学校管理者不能仅浮于表面，在解决当下的、表面的矛盾之后，还需进一步认知其背后是否还存在矛盾。只有解决了最根本的矛盾，才能杜绝同类矛盾的再次发生；同时，如果能够做到未雨绸缪，则会有效提升管理工作的效率。

2. 矛盾分析

矛盾分析即对矛盾产生的原因及其未来发展趋势进行全面细致的整理与判断，为后期的矛盾处理奠定坚实的基础。

矛盾产生的原因有很多，如目标的不一致性、资源的稀缺性、价值观的差异性、利益的不同性等[②]，因此不同原因导致的矛盾会有不同的处理方法和策略。如令很多学校管理者头疼的绩效矛盾，其实其中的原因有很多，有可能是绩效制度本身不合理，也有可能是绩效过程不透明、信息不对，等等。

---

① 参见李长伟：《共识断裂与师生冲突——基于功能论的视角》，载《北京社会科学》，2017(2)。

② 参见王树文：《企业成长与矛盾管理》，18～19 页，北京，经济管理出版社，2003。

针对不同原因导致的矛盾处理方法和策略就完全不同。学校管理者在分析矛盾时首先要把握矛盾产生的原因，找到矛盾解决的切入口，提高矛盾管理的针对性。

矛盾分析最为重要的一点是要判断矛盾的发展趋势或者后果，这直接决定后续矛盾管理应采取的具体措施。有的冲突只会导致破坏性结果，如人与人之间因为情绪问题导致的争吵。这类冲突使得人际关系遭到破坏、团队凝聚力受损，需要管理者尽早介入，并及时处理，防止事态进一步恶化。有的冲突则会导致建设性结果，如大家围绕一个工作任务进行理性辩论，就事论事，这会让工作思路越来越明晰，工作推进更容易。面对这类冲突，管理者可以进行适当鼓励和引导，以促进工作效率不断提升。当然，更多的冲突是既会有破坏性结果，也会有建设性结果，这就需要管理者权衡利弊，在后续管理中规避弊端，放大利益，将其结果转化为建设性的。因此，学校管理者在对矛盾进行基本的认知后，必须要判断矛盾的发展趋势，判断矛盾的后果是破坏性的还是建设性的，或者是两者兼备的，进而提升矛盾管理的适宜性。

总之，矛盾分析就是要对矛盾的前因后果了解清楚，进而采取更有针对性、更加适宜的处理措施，杜绝低效、盲目，甚至起反作用的管理。

3. 矛盾决策

矛盾决策即学校管理者对矛盾管理的目标、方法及具体措施进行决定、计划和风险评估。

学校管理者在对矛盾进行认知和分析之后，首先要明确该项矛盾管理的目标所在。针对不同的矛盾，管理者在进行矛盾管理时所要达到的目标就不尽相同。如破坏性矛盾的管理目标以化解矛盾、增强团队凝聚力、解决突出问题等内容为主；建设性矛盾的管理目标则以利用矛盾、达到某种更优状态、解决某些隐藏性或根本性问题等内容为主。当然，这其中也有一个共同点：任何矛盾的管理都要以增进人们之间的相互理解、提高学校办学质量、促进师生共同成长等为目标。

在目标确定的基础上，学校管理者还需确定自己在管理过程中所持有的态度（否定、肯定），所扮演的角色（参与者、旁观者），以及所采取的方法和策略。如果是简明、单一的矛盾，做到心中有数即可；如果是比较复杂、需长期管理的矛盾，则最好以书面的形式制订计划，进而有序地推进管理工作，达到最终目标。

在进行矛盾决策的过程中，有一项工作必不可少，即对自己介入后矛盾的发展态势进行风险评估，也就是对自己的干预措施进行风险评估。矛盾本身是复杂的，而矛盾的核心因素——人，也是复杂的，因此在矛盾管理的过程中有诸多不可控因素，事态的发展往往不会完全按照预期的设定，有时甚至与预期背道而驰。因此，作为学校管理者，首先要尽可能地对不可控因素进行预先分析，并进行备案，为自己预留缓冲时间和空间，进而尽可能地减少风险的发生；同时，也要对后续发展的风险进行再三评估，权衡之下如有相当的把握，可以推进，如没有，则需更改计划。总之，学校发展容不得半点耽搁和误导，学校管理者在矛盾管理时要"打有准备的仗"，要将事态控制在可控范围之内，这样才能保障学校正常的教育教学秩序。

4. 矛盾处理

矛盾认知、分析和决策都是矛盾管理的准备环节，矛盾处理是矛盾管理真正的实施环节，是矛盾管理流程中最为核心的一个环节。矛盾处理是将矛盾决策中制订的计划和措施一一实施，进而逐渐达到预先设定的目标的过程。

在矛盾处理过程中，原则上要坚定自己在矛盾决策中做出的决定和计划，即使遇到一定的困难，也不能轻易更改管理的目标、方向及措施。当然，在遇到特殊情况时，也要随机应变、灵活处理。如在风险情况发生时，可以启动备选方案进行应对；又如产生了新的矛盾或事态发展与预料情况完全不一致时，管理者需要沉着应对，及时进行矛盾的再认知、再分析、再决策，修订管理目标，进而采取新的措施予以应对。

矛盾处理的过程有长有短，有缓有急，有进有退，是一个非常复杂的过程。这决定了矛盾处理既是一门科学，也是一门艺术。要想在矛盾处理过程中权衡各方力量，做到张弛有度，并且顺利达到自己的管理目标，学校管理者既需要前期充分的分析和准备，也需要相关方法和技术的学习，更需要多年工作经验的沉淀和反思。解决矛盾的最好方法不是回避和压制矛盾，而是找到矛盾的根源并对症下药、化解矛盾。善疏则通，能导必安。在心理学上有一种"避雷针效应"，就像建筑物上端的避雷针起到了疏导作用那样，如果我们能够在学校里装一个"避雷针"系统，就能及时化解学校内部的矛盾。当学校有冲突、有分歧的时候，学校管理者就应发挥"避雷针"的作用。

5. 矛盾反馈

矛盾反馈是学校矛盾管理的最后一个环节，具体指学校管理者在完成矛盾处理之后，对矛盾管理目标的达成度，矛盾管理过程的科学性、适宜性等内容进行评估，进而进行反思、总结、提升，以促进后续工作的改进与优化。同时，针对某些人与人之间的矛盾，还需将评估情况反馈给矛盾双方，让其知晓矛盾处理的过程和结果。

从内容上来说，矛盾反馈的内容主要包括矛盾管理目标的达成度，矛盾管理过程的科学性、适宜性两大方面。经过矛盾处理，预设的管理目标是否达成，达成度的高低是判断矛盾管理成功与否的首要标准。在目标达成度评估的基础上，要对自己在矛盾管理过程中的管理行为是否科学、是否适宜进行分析和评估，考虑学校矛盾管理的人文性和发展性特点，要杜绝"为达目的不择手段"的现象发生。"不择手段"的管理虽能取得短暂的效果，但会带来更为严重的矛盾和冲突，只有以人文本、科学适宜的管理才能带来长久的发展。

从对象上来说，矛盾反馈的对象主要是学校管理者自己，即在完成矛盾处理之后的反思，看看自己对矛盾的认知、分析、决策以及处理是否准确、科学和合理。当然，在某些人与人之间的矛盾管理过程中，也需要对矛盾相关主体进行反馈，在某种程度上来说其属于矛盾处理的范畴，是矛盾处理的一个方法或措施，因此对矛盾相关主体的反馈并不是"矛盾反馈"这一环节的主要内容。

从功能上来说，矛盾反馈的功能除了评估之外，更多的是发展。评估是矛盾反馈的基本功能，即要通过对目标达成度、管理过程科学性和适宜性的评估判断矛盾管理的成效。发展是矛盾反馈的根本功能，矛盾管理是一个非常复杂的过程，需要管理者不断在实践中反思问题、总结经验、提升自我，矛盾反馈就是一个反思问题、总结经验、提升自我的过程。通过矛盾反馈，管理者需要审视自己在矛盾认知、分析、决策、处理等过程中的优缺点，总结经验，不断丰富自己矛盾管理的策略体系和案例库，为后续长久的管理工作奠定坚实的基础。

矛盾认知、矛盾分析、矛盾决策、矛盾处理和矛盾反馈五个环节形成了一个闭环，构成了学校矛盾管理的一般流程（见图1-1）。

图1-1 学校矛盾管理的一般流程

在学校管理实践中，不是每一个矛盾的管理都要经历完整的五个环节。学校管理者可以结合实际情况，也可以根据自己的优势和特长，对环节的数量、顺序、侧重点等进行调整和优化，进而更具针对性、更具个人特色地化解各类复杂的矛盾，提高管理效率，增强人与人之间的理解，提高团队凝聚力，提升办学质量。

(三)学校矛盾管理的三大路径

"管理理论之母"玛丽·帕克·福列特(M. P. Follett)提出冲突处理的方式主要有三种：控制、妥协、整合。控制是一方战胜了另一方，这是处理冲突最容易的方式，但其效果是短暂的；妥协是每一方为了和平都退让一点，但没有人真正想去妥协，所以这种方法也不彻底；整合是将双方的要求整合起来，满足双方要求，达到双赢，这是福列特最为提倡的一种方法。福列特列出了整合的具体措施，如将双方差异公开化、分解需求组成要素等。① 托马斯-基尔曼冲突模型根据冲突管理的目标达成重视度和关系和谐重视度，将冲突管理方法分为回避、克制、妥协、竞争、合作五种。② 我国学者王树文根据矛盾各方目标是否一致、行动方案结果是否确定两个维度对矛盾管理方法进行了梳理。例如，对目标一致、结果确定的矛盾，按照"程式化"的方法进行解决，将有关实施情况进行汇总，一一列出，选择对大家一致同意的目标有最佳预期效果的那种行动方案即可；对目标一致、结果不确定的矛盾，按照"判断"的方式进行解决，管理者通过分析，判断出各种方案的结果，进而进行选择即可；对目标

① 参见[美]玛丽·福列特：《福列特论管理》，21~36页，吴晓波、郭京京、詹也译，北京，机械工业出版社，2007。

② 参见于静静、蒋守芬、赵曙明：《冲突管理方式与团队学习行为对员工创新行为的交互效应研究》，载《科技进步与对策》，2015(11)。

不一致，结果确定的矛盾，按照"讨价还价"的方式进行解决，管理者通过权衡、引导，最终使得双方目标一致；对目标不一致，结果不确定的矛盾，按照"摸索"的方式进行解决，这类矛盾处理起来最为困难，没有一定的方式，只能在实践中不断摸索前进。[①] 陈云在企业高层管理团队冲突管理研究中，将矛盾冲突分为破坏性冲突和建设性冲突，并分别提出了管理方法，如针对破坏性冲突的管理方法——FACE法，即直面冲突（Facing）、回避（Avoiding）、沟通（Communicating）、强迫（Enforcing）；针对建设性冲突的管理方法——TEAP法，即培训（Training）、鼓励（Encouraging）、调整（Adjusting）、拖延（Postponing）。[②] 关于矛盾冲突管理的方法和技巧，管理学领域的学者已对其进行了大量的研究，为学校矛盾管理提供了丰富的参考。

学校矛盾管理涉及学校工作的方方面面，包括人、财、物、事、时间、信息、空间等，整体而言，学校矛盾管理具有以下三大路径。

1. 优化组织，重新梳理人与人之间的关系

座谈会

在 TZ 学校有一个惯例，就是一年一度的教师座谈会。校长用三天的时间，与教师们座谈，有时是分年龄段座谈，有时是分学科座谈，但是无论如何分组，都会覆盖所有教师。教师 12～15 人一组，座谈时轮流发言。教师可以对学校、个人方方面面的问题提出意见和建议。校长能当场答复就当场答复，不能答复的就记下来，做到每个问题有回应，每个建议有研究。教师一开始主要是抱怨负担重、待遇低、学生不听话，随着时间推移，教师逐渐由抱怨开始转向提出自己的想法、建议。最开始只是校长和办公室主任、记录员参与，逐渐地分管校级干部也参与进来。管理层倾听一线教师的心声，能当场答复便当场答复，不能答复的认真记录，专题研究。另外，对教师不理解的决策，学校领导也当场做出解释。

学校矛盾管理的核心是处理人与人之间的矛盾。具体包括管理者与管理者、教师、学生、家长之间的矛盾，教师与教师、学生、家长之间的矛盾等。

---

① 参见王树文：《企业成长与矛盾管理》，22～24 页，北京，经济管理出版社，2003。
② 参见陈云：《企业高层管理团队冲突及其管理》，78～80 页，北京，知识产权出版社，2011。

这些矛盾往往是因学校管理层职责分工不清楚、部门与部门之间功能划分不清晰而导致的。例如，学校科层制的管理体制与教师个人专业自主之间的矛盾，被动完成任务的教研活动与教师专业发展之间的矛盾，教师的权威性与学生个性发展之间的矛盾，等等。因此，要化解这些矛盾，需要通过组织变革，重新梳理人与人之间的关系，让职责得以明确，让权力得到监督，让所有利益相关者感到公平。

近些年来一些学校积极探索扁平化管理，民主治校。一方面，集思广益，扩充校长办学思路，为其提供更多资源；另一方面，也让命令客观化，让命令不要成为管理者决定的，而是由情境决定的，将权力平等化，让教师、学生参与管理，分散责任，有效地化解教师、家长、学生与学校管理者之间因为角色不同而造成的矛盾冲突。① 权力分散这个方法在学校管理中的使用由来已久。例如，很多学校会利用全体教职工会议审议通过学校重要制度或改革举措，设置绩效委员会、职称评定委员会等机构处理容易引起矛盾的敏感事务，也会在设置家长委员会帮助学校或班主任与广大家长沟通协调，还有个别学校设置了由学生组成的机构参与学校管理，这不仅能够有效填补学生与教师、与学校之间的鸿沟，更能够培养学生的民主意识，可谓一举多得。总之，权力分散这个方法在学校矛盾管理中使用频繁，效果良好，值得学校管理者进一步借鉴。

2. 更新制度，形成更加适宜的场域秩序

学校矛盾的产生往往也反映出制度的不合理。制度不合理具体包括三个方面：第一，制度本身的不合理，如教师考评制度过分看重结果，而忽略对过程的关注；第二，制度功能的不合理，如当下学校制度多以规定、约束和限制为主，而少了一份"契约"精神的存在；第三，制度产生方式的不合理，某些学校制定制度，教师、学生、家长等利益相关者的参与少之又少，这样产生的制度难免会让其他主体产生对立情绪。杨小微认为，开明的态度当使制度"契约"的产生过程成为知情透明的过程，每一个参与"游戏"的人要亲身参与"游戏规则"的制定，且制定的过程经历了充分的对话与协商，是"共议"出来的制度，这样

---

① 参见张东娇：《学校文化冲突发生、表现与管理策略》，载《教育科学》，2016(2)。

才有"共循"和"共享"的社会基础。①

因此，更新制度，形成更加适宜的场域新秩序是另一条化解学校矛盾的途径。通过一个矛盾的化解，建立起更加适宜的新制度不失为发挥矛盾正面积极作用的典范，这样的例子在现实中也屡见不鲜。例如，很多学校为了避免教师与学生之间因为班级管理而产生冲突，鼓励班主任召开专题班会活动，与学生一起通过对话与协商，"共议"班规："每天谁负责打扫卫生"，"违反了班规该接受怎样的处罚"，等等。如果一系列的制度都是在这样的讨论下制定的，参与者对其中的每一条都能够理解并认同，并且以一种"契约"的精神来要求自己遵守，那么后续的班级管理就能够简单、有效。这样的班会活动不仅有助于日常班级管理，而且对学生民主意识、规则意识、契约精神的培养都是一个很好的契机。

3. 文化调试，让矛盾化解从被动走向自觉

文化调试简单来说就是营造氛围，是一个需要长期坚持的缓慢过程，但也是一个一劳永逸的办法，应该为所有学校管理者所追求。一个学校犹如一个小型社会，如果有良好的、和谐的、积极的文化氛围，那么学校内各个成员就能够更加信任彼此，相处更加和谐，目标更趋于一致，工作效率更高，矛盾也会更少，即使产生矛盾，也能通过良好的文化浸润而自行消化解决，真正实现让矛盾化解从被动走向自觉；反之，如果没有这样的文化氛围，成员之间相互猜忌，各有各的心思和目的，那么力量就会分散，工作效率就会降低，矛盾和冲突就会更多，管理就会更加困难。因此，建立一个良好的文化氛围，进行文化调试，能够有效减少矛盾的产生，也能够给学校管理者带来诸多益处，不失为学校管理者矛盾管理的一个上上策。然而，文化氛围的营造不是一朝一夕的事情，需要学校管理者未雨绸缪，长期谋划和坚持，这也对学校管理者的智慧和能力提出了更高的要求。

---

① 参见杨小微：《学校管理创新：以促进学科教学改革与教师发展为旨归》，载《课程·教材·教法》，2010(1)。

第二章　提升素养——有效矛盾管理的关键

对组织负有责任，能影响组织经营成果的人，就是管理者。

——［美］彼得·德鲁克

在现代学校治理中，有效矛盾管理的关键，不在于有效地管理别人，而在于有效地管理自己。虽然学校的制度建设与人本主义精神非常重要，但从另一个角度看，学校管理者的个人素质在管理实施过程中，对提升学校管理效益有着极为重要的作用。素质主要是指人的政治思想、道德品质、知识技能、人格魅力以及运用它们解决实际问题的能力水平。由于学校管理者对学校的发展及管理的决策有决定作用，因此提升管理者的素养，是有效矛盾管理的关键。

2013年，教育部印发《义务教育学校校长专业标准》，明确了国家对义务教育学校合格校长专业素质的基本要求，开门见山地指出了义务教育学校校长应具备的基本素养。该标准首次系统构建了我国义务教育学校管理者的六项专业职责，明确了校长专业发展的路径，体现了倡导教育家办学的要求。2015年，教育部印发了《普通高中校长专业标准》《中等职业学校校长专业标准》《幼儿园园长专业标准》，明确了各学段的校（园）长应具备的基本素养。

对于学校管理者应当具有怎样的角色意识和素质，美国学者认为：校长应是学校教学的领导者，他能为教师提供良好的教学环境，能指导教学，有较高的哲学理论水平；校长应是学校文化的建设者，他能领导师生建立良好的校风，建设合作性文化，创造良好的学术氛围；校长应是永不满足、不断追求高质量的领导者；校长应是仆人式的领导者，他是学校的典范，其人格能把各种力量变成自己的支持者、追随者；校长应是一种伯乐式的教练，他善于发现人才、使用人才，少发布命令、多创造条件；校长应是高明的策划者；校长应是因地制宜的创造者。

日本对校长素质的要求包含：要有研究精神，不断学习新知识；要有度量，胸怀宽广，不拘小节；要有领导能力，能坚持原则；要有使命感，对事业一往无前，坚韧不拔；要有积极性和干劲；对学生有深厚的爱，一视同仁地爱护每一名学生；要有广阔的视野，眼光远大、富有理想；身体健康，性格开朗，办事光明磊落；谦虚、诚实，努力培养自己受人爱戴的品质；要善于培养优秀的接班人。

澳大利亚从30年前开始实施"未来学校计划"，根据调查分析，认为"未来学校"的校长应满足以下条件：具有远见卓识和开拓精神、有教育领导能力、有坚定的教育信念、有广博的基础知识、有较强的组织管理能力、有较强的协调沟通能力、有榜样作用等。

尽管各国对学校管理者素养的要求不尽一致，但仍有许多相同之处。概括来说，一是强调学校管理者要有正确的教育思想和良好的职业道德；二是强调学校管理者的专业知识和实践经验；三是强调学校管理者的教育领导能力、学习思考能力，包括分析判断能力、组织管理能力、教学指导能力、协调沟通能力、社会交往能力、高效平等地利用教育资源的能力、适应变化的能力等；四是强调学校管理者要具有创新精神，有远见卓识，不断地追求卓越。①

由此可见，学校管理者的职业道德、专业知识、工作能力、个性品质直接关系到学校的办学水平，关系到学校的生存与发展，关系到党和国家教育方针的落实，关系到每一个学生的健康成长。

第一节　学校管理者的职业道德

道德普遍地被认为是人类的最高目的，因此也是教育的最高目的。

——［德］赫尔巴特

尚德是中华民族的优秀传统，党的十八大提出"始终把立德树人作为学校

---

① 参见刘阳：《论现代中小学校长素质的构建》，载《辽宁教育行政学院学报》，2007(11)。

教育的根本任务"。学校选用的管理者应该符合以德修身、以德服众、以德领才、德才兼备的重要标准。

美国当代教育管理学家托马斯·J. 萨乔万尼（Thomas J. Sergiovanni）经过对教育领导问题的长期研究，提出了学校道德领导思想。这一研究成果在当今教育管理学界有很大影响。萨乔万尼认为，教育管理者领导活动以及校内其他人领导活动的权威来源，是学校共同利益意识及对每个人的良好愿望、承诺与职责。[①] 也就是说，在以道德领导的学校中，一种清晰的、被广泛认同的价值观规范着人们的行为，形成了一种以道德为驱动的具有校园文化特色的团队精神。

一、学校管理者的职业道德的内涵

学校管理者作为推动教育事业发展的重要人物，肩负着神圣的历史使命。在新的教育形式下，要推动整个社会的和谐发展，学校管理者的示范引领作用和正确价值观导向作用显得尤为重要，面对教育管理中出现的新局面、新挑战，学校管理者的职业道德也被赋予了新的内涵，具体包括如下几个方面。

(一)政治素质过硬

学校管理者须有较高的政策理解水平和敏锐的政治觉悟，能把握好意识形态的内容，能运用正确的理论、观点、方法分析和解决问题，有全局和大局意识。要认真执行党的教育方针和政策，并使之与学校教育教学实际相结合，在具体工作中有远见、有创造，正确地将教育理论运用于学校管理实践，时刻将教育方针的落实放在首位，坚持党的领导，坚持正确的办学方向，认真落实课程标准，面向全体学生，对学生终身发展和进步负责，为社会培养德智体美劳全面发展的社会主义建设者和接班人。

(二)爱岗敬业，具有奉献精神

在当今复杂的外部环境影响下，学校管理者更要以热爱教育事业、无私奉献作为基本的职业道德情操。只有热爱本职岗位才能不断完善自我，才能以极高的热忱投入到工作中去，才能在工作中找到乐趣，有所收获。梁启超先生曾

---

① 参见蔡怡：《萨乔万尼道德领导思想研究》，上海，华东师范大学博士学位论文，2006。

说过："我确信'敬业乐业'四个字，是人类生活的不二法门。"他认为把一种劳作做到完美，唯一的秘诀就是"敬"，如此便也能从自己的职业领域中收获成就感和趣味感。只有热爱本职工作，才会甘愿承受工作的繁重与艰辛，才能在平凡岗位上成为卓越的人。

热爱教育事业、具有奉献精神是对学校管理者的基本要求，也是其必备的品质。正如陶行知先生所言："捧着一颗心来，不带半根草去。"

(三)具备诚信品格，以诚管理

诚信是每个公民应具备的最基本道德要求和关键品格，而学校作为引领社会主义核心价值观的重要阵地，更需要倡导和弘扬诚信，这就对学校管理者提出了更高的要求。学校管理者首先必须要具备诚实守信的品格，以诚管理，以诚待人，以诚谋事，如此才能培养出符合社会主义现代化建设需求的人才。

学校管理者首先要尽心尽责对待自己的岗位，不为当前利益所诱惑，不忘初心，担当使命。学校管理不仅是实施管理理念的过程，更是管理者与从教者、学生心灵接触和情感交流的过程，只有以诚待人、以诚育人才能使师生产生认同感，才能实现良好的交流和沟通。

(四)具有人文精神，关爱学生，服务教师

人文精神是以人为出发点，并以人为终极关怀的思想，要尊重人、关怀人、发展人，把促进人的发展、开发人的创造性潜能作为学校教育的最终目的。学校要确立以生为本、以师为本的思想。

关爱学生是衡量学校管理者职业道德水平的一把尺子，它不仅是学校管理者人品、学识、亲和力的展现，也是其对祖国、对人类、对未来热爱之情的表达。"'不因其资质差而少交往，不因其基础弱而少促膝；不因其仰天大笑而视之为离经叛道，不因其伏桌酣睡而言之无心向学。'教育管理人员对学生的爱意味着信任、勇气和希望，它是连接情感的纽带，是学生进步的催化剂。"[①]

20世纪70年代初，罗伯特·格林利夫(Robert K. Greenleaf)出版了一本关于领导力的书，书名叫《仆人式领导》。仆人领导思想主张领导者要想下属之所想，要关怀下属。仆人领导注重信任、倾听、换位，尊重每个人的参与，无

---

① 舒婷玮：《新时期教育管理人员职业道德内涵浅议》，载《赤峰学院学报(汉文哲学社会科学版)》，2009(6)。

条件地接受他人。仆人领导思想就是一种道德管理、道德领导的思想。

学校管理者的言行是教育管理价值体系的呈现，需得到特别的心理机制——"良心"和"义务"的支持。"良心"要求学校管理者以真、善、美去抵制假、恶、丑；"义务"要求学校管理者正确地履行自己的职责，维护自己的荣誉和尊严。诸如此类的心理机制的支持使管理者在管理过程中不断地校正自己的行为动机，调整自己的行为方向，在千变万化、充满竞争的处境中使自己的行为符合社会公认的教育管理价值体系，从而推动教育管理事业的前进和发展。

二、学校管理者的职业道德的作用

学校管理者的职业道德直接关系到一所学校的精神品位，影响着一个群体的道德品格。学校管理者的道德品质应该是一所学校的精神高地。具体表现在以下几个方面。

(一)有利于提高管理者的威信

具有良好的职业道德是学校管理者威信的源泉。这种威信不是自封的，而是群众和社会认可的，是靠管理者的严于律己而在群众中形成的一种威望和信誉。管理者的思想品质、道德情操、审美观念、意志行为等必须是师生的楷模。在学校管理过程中，管理者的威信必不可少。一所学校需要意志统一，学校集体需要有威信的管理者。如果一位管理者态度傲慢、动辄训人、冷酷无情，把功劳归于自己，将错误推给别人，他必然会脱离群众，以致丧失自身的威信。只有有威信的学校管理者才会顺利地、合理地、有效地管理学校，使之产生强大的凝聚力和向心力，最终建立起团结一致的学校集体。

(二)有利于约束、指导管理者的行为

道德是在人类的社会实践活动中形成，又是在社会实践活动中约束人们行为的规范的总和。一定的道德会引发一定的道德行为动机，进而产生一定的道德行为。从这种意义上讲，道德对学校管理者在管理工作中的行为起着定向指南的作用。这种作用通过道德评价的手段体现出来。[1]

---

① 参见缪国顺：《学校道德管理植根于校长领导角色》，载《小学教学研究》，2012(5)。

(三)有利于提高学校整体道德水平

目前个别学校还存在急功近利、形式主义、官本位思想等现象。这就要求学校管理者在管理工作中充分发挥道德引导作用，努力消除这些不良现象，正确处理好教学管理过程中产生的矛盾。只有管理者注重自己的教育道德规范，正确认识和使用自己的权利，履行自己的职责义务，良好的校风才能逐步形成，才能抵制各种不良风气。若学校管理者能在工作中形成良好的管理道德，重视并不断提高广大教师员工的道德水平，就能够使他们在教育活动中将道德风尚传递给教育对象，进而扩展到学校的每个角落，从而使学校道德风貌得到改变，使整个学校的道德水平得到提高。

己欲立而立人

"瞿校长，我们获奖啦!"李老师兴冲冲地进了校长室，"这是我们的奖状，给您看看!"瞿校长看着眼前这位快乐得像个孩子似的美术教研组长，笑容漾开了。

"我们学校这次获奖真是光荣，全省只有七个单位获得这个称号，这个奖的分量很重哦，嘿嘿。"李老师的眼里闪着光彩。"这是你们美术组的成绩呀，是你带领得好，祝贺你!"瞿校长拍拍李老师的肩，轻柔的声音里包含着激情，"我真为你们高兴。"是的，对瞿校长来说，感受着教师的幸福，她真的很高兴。她曾入选"全国百名优秀语文教师"，她爱学生，喜欢和学生在一起，在学科教学方面有很多的智慧和成绩。担任同辉(国际)学校的领导后，她分管的工作就多了，肩上的担子也重了。李老师是美术学科组组长，学校特色木艺工作坊的负责人，瞿校长的办公室是李老师最依赖的地方。"有困难来找我，我们一起做。"瞿校长常对教师们这样说。将心比心的瞿校长知道建立学科特色这样的工作需要一个长期思考和实践的过程。一个校长，必须时时设身处地为教师着想，这是同辉(国际)学校管理的基础理念，也是历任校长一直在认真践行的生活准则。

从建校起就开始探索的木艺课程一直是同辉(国际)学校的品牌课程，吸引了很多学校领导和教师到校观摩学习，在市区也有一定的影响力。一次，四川省的几个美术教研员来到学校考察木艺工作坊的工作，虽然有很多赞赏，但是也提出了几个尖锐的问题：木艺课程与学校的课程体系有什么样的关系？课程的设计依据是什么？怎样延展？一个个问题把李老师问得不知所措。有一段时间，李老师的情绪显得十分低落。那时的瞿校长更像个大姐姐，她对李老师说："要说有错，责任在我，我应该和教学部一起深入研究这些问题，可以当作重点课题去探索……"瞿校长的话，点燃了李老师的信心。李老师说："我们一定能做得更好！"校长的期待、鼓励，对教师来说，就是巨大的动力。

瞿校长亲自执笔，写了一篇《为你，提供需要的课程》，厘清了木艺课程与学校课程的关系，同时组织教学部门和学校骨干教师认真梳理特色课程的校本读本，积极对接这一领域的专家到校为学校诊断、出谋划策，带领艺术组参与了教育部美育课题"中小学艺术工作坊活动模式的研究"，以此为平台，组织教师开展专题艺术教育理论研究，不断提高艺术教育教师的理论和执教水平，促进艺术教育的特色发展。学校的木艺课程做亮了，上级部门请学校做经验分享，瞿校长推荐李老师上台发言。李老师说，这是学校和领导的功劳，应该校长去发言，而瞿校长却说："这都是你的智慧和坚持的成果，这次发言对你以后的发展很有好处。"就这样，李老师也成了"名人"，校长多次推荐她参加区级、市级的经验交流会，李老师也成为课题主研人员，一步步成长为市优秀青年教师、区特级教师。李老师很感激瞿校长，感谢她用包容、豁达的心胸给一位青年教师创造机会、搭建平台，并甘心做幕后的英雄。

在同辉（国际）学校，领导理解、欣赏每一位师生，用温情与期待唤醒师生发展的主体意识。校长时常通过问卷调查、随机访谈、走访家庭、召开教职工代表大会等形式及时了解教师的想法，倾听学生的心语，接受家长的建议。同时在这个过程中也鼓励教师参与学校管理，用更大的视野看待一所学校的发展、一个学生的发展。学校也引导教师把个人的发展和学校的发展紧密联系在一起。每位教师都有个人的发展规划，学校为其创造多种学习、考察、讲学的机会，帮助教师更多地展示自己，这一切赢得了教师的尊重、信赖。学校、教师之间互相扶持，彼此包容，团结协作，在这个大家庭里，大家都沐浴着爱的亲切与温暖。大家及时交流情感，沟通信息，在交流中倾诉，在沟通中理解，在理解中形成发展的合力。

这个管理案例向我们提出了学校管理中的一个重要命题——道德管理。瞿校长把"仁者爱人"，"己欲立而立人，己欲达而达人"等儒家经典思想与现代人本管理思想有机结合，打造和谐的校园文化，探索道德管理的模式与策略。道德管理已成为当今学校治理中一个新的走向。在现代学校管理中，成功的学校管理者若要实施有效的领导和管理，就必须践行道德管理的思想，即要把道德既作为管理的目标，又作为管理的手段，最终实现提高学校整体道德水平的目标。

第二节　学校管理者的专业知识

如果你想成为一个好校长，那你首先就得努力成为一个好教师，一个好的教学专家和好的教育者。

——[苏]苏霍姆林斯基

有德而无才的学校管理者可能会让学校在原有的水平上不倒退，但难以取得更上一层楼的发展。新的形势和任务对学校管理者的专业知识提出了更高的要求。21世纪的学校管理者应该是"通才"，而不是掌握一两门专业理论的"专才"。具体来说，学校管理者要有"三个功底"：一是有深厚的政治理论功底，二是有丰富的专业知识功底，三是有与时俱进的现代教育理论功底。学校管理者必须树立终身教育观念，做到孜孜不倦、刻苦钻研，克服完全凭经验管理学校的思维定式，系统掌握教育学、心理学、管理学、社会学、财经学、法学等重要学科理论知识，更好地掌握适应新时代的办学规律，形成正确的教育理念。

一、专业化素养是学校管理者成长的基础

学校管理者专业化的根本是有效的专业知识的积累。所谓"有效的专业知识"指的是学校管理者在长期思考、探索和解决问题的过程中形成的、经过实践检验的并真正内化了的知识。没有稳固的专业知识做基础，学校管理者的专业化是不能实现的。比如，从校长个体的角度看，校长专业化被称作"校长专业发展"，是指校长的内在专业结构不断更新、优化和多元化的过程。如果现有的知识储备不能为解决突出矛盾提供参考，学校管理者的专业化就失去了现实性。

二、终身学习是学校管理者成长的助推器

当前社会知识信息迅速更新，科学技术频繁换代。在这样一个时代，专业化的成长需要学校管理者终身学习。终身学习不仅是一种观念、一种态度，更是一种需要、一种必须。学校本身就是学习的磁场，学校管理者是组织学习的人，学校管理者要站在新时代教育改革的前沿，时刻关注教育的发展动态，不断加强学习，树立终身学习观念，不断获取各种专业的知识，促进学校管理工作与时俱进。

三、学校管理者知识体系构建的基本原则

怎样的知识储备才能支持学校管理者的专业化发展，才能使这种职业成为专业，标准又是如何设定的呢？有西方学者认为，评价学校管理者专业发展应具备的知识基础质量标准，大致包括一致性、简明性、包容性、解释力、可学习性与增值能力等内容。一些学者在论述专业的标准时，都把具有"系统的知识体系""明确的知识体系"和"长期的专门训练"视为重要的专业特征。

基于专业发展知识的质量标准，结合我国中小学实情可以归纳出以下几点知识体系构建的基本原则。

(一)教育性原则

学校管理者是学校这个育人组织的领导者，他们所从事的教育活动区别于其他职业的特征就是其具有教育属性。哪些专业知识具备教育属性，对于不同类型的管理者并不能提出一个统一的标准，但若只强调学校管理者要学习教育学、心理学、管理学等方面的内容肯定是不够的。例如，校长也可以掌握一些方法论方面的知识、企业管理的知识、哲学方面的知识等，可以跳出教育看教育；后勤管理人员可以学习一些美学方面的知识，提高审美、鉴赏的能力，从而在工作中不断优化校园文化建设，为师生构建优美的校园环境；教学管理人员可以多阅读各类期刊，从中汲取新理念和新经验，不断加强学习和研究，为教师做好榜样，为学习型校园的建立打下坚实的基础。以上都是基于教育属性的学习，能提高个人修养和专业素养，是师生进步、学校发展的有力保障。

(二)发展性原则

学校管理者专业成长是一个发展的过程。学校管理者应具备系统思考的能

力，始终把管理者、教师的个人成长与学校的整体发展、长远发展统一起来。学校管理者要尊重教师的个体差异性发展意愿，促进教师间彼此帮助、共同发展。

(三)知识性与实践性相结合的原则

学校管理者应学有所长。苏联教育家苏霍姆林斯基曾说过，"如果你想成为一个好校长，那你首先就得努力成为一个好教师"，"成为一个有威信、博学多识的教师的教师"。他身体力行，不仅钻研各门学科知识，而且悉心探究教育教学规律。也正是因为这样，他才能够对教师的教育教学工作进行具体的指导和帮助。大多数学校管理者都具有丰富的一线教学经验，成为管理者后既是学科教学的指导者，又是学科教学的实践者。因此，学校管理者要在知识学习和研究的基础上，再以实践为本，立足本校实际，尽量做到理论与实践相结合，增强知识的可操作性与实效性。

学习型的学校组织正是学校适应教育变革和学校管理创新需要而生成和发展起来的一种崭新的管理模式，昭示学校教育管理本质的回归，凸显以人为本差异发展的理念，增强学校组织成员的持续性变革能力和创新性学习能力，促进学校管理者、教师与学校的整体协调和可持续性发展。[①]

文武韬略，治校尽在心胸[②]

《国学常识》《中国大历史》《万历十五年》等文史著作，此刻正在北京市丰台师范学校附属小学(以下简称"丰师附小")校长田昆升的书架上安静地等待着主人来翻阅。虽然作为一校之长，事务繁忙，但惜时如金的他仍保持每天读书一个多小时的习惯，涉猎广泛。"走进丰师附小就像进了图书馆一样"是他力求营造的办学氛围。

············

1996年开始担任丰师附小校长职务后，他有幸到樟木头镇参观学习。东南沿海地区的电子化科技教学让他深深感受到不同地区教学条件的差距，这在

---

① 参见程振响：《学校学习型组织建设与校长专业化发展》，载《河北师范大学学报(教育科学版)》，2004(5)。

② 参见彭帅：《栉风沐雨：四十载勤耕不辍桃李芬芳——记北京市丰台区师范学校附属小学校长田昆升》，载《教育》，2015(28)。

田昆升校长的心中产生了巨大的影响。较大差距的现实甚至带给他一丝悲哀的感触。"如果学校故步自封，不跟东南沿海的办学条件缩小差距，又怎么跟欧美发达国家的办学条件相比较。每个孩子都是民族的一分子，如果孩子在这样条件下学习，又怎么能够担负民族的重任。"田昆升校长顿时感到肩上多了一些使命，要培养出更有品质的学生，应该一扫设备陈旧的困局。于是，以现代化的技术来推动教学发展的思路逐渐在他脑中清晰显现，在那个电脑和电子技术并不普及、人们的思想意识尚属保守的年代，他毅然为自己设定了实现教学"现代化"的目标，开始了长达 13 年的不懈追求。

然而，敢为人先的勇气并没有让他在追求教学手段现代化的路途上坦荡平顺，强烈的孤独感始终萦绕心头。很长一段时间，几乎没有人能够理解他的良苦用心，但田昆升校长始终坚持自己"应该用最先进的东西改变学生思想"的教育理念，深信课堂数字化将一改一支粉笔、一块黑板办教育的传统方式，引导学生进入更丰富的思维世界。在十多年校长岗位上，他花费了大量心思改善丰师附小的教学条件，不断把最新的技术设备引入课堂，努力实现课堂数字化，并将十多年的心得都融入自己参与和主持的课题当中。"中国基础教育现代化实施策略研究"，"运用现代教育技术 促进素质教育实施"，"在信息技术条件下教学模式的研究"，"基于现代信息技术环境下学与教的理论与实践研究"等课题都体现了他寓技术于教育的先进理念。技术在田昆升校长的倡导和推行下不是提升形象的花架子，而是有了实实在在的用途，"教学教育现代化之后，把课堂节省出来的时间用到其他地方，可以全面提升学生的基本素质"。他以语文教学为例，举证了信息化的诸多优势："很多课文光靠说是讲不清楚的，通过电脑教学的方式直观地展示在学生面前，可以在他们脑中构建更加清晰形象的记忆。"

··············

田昆升校长是一位具有战略性眼光的管理者，有扎实的专业知识，丰富的思想，这源于工作之余的时间全用在了自我学习上。他坚持校长要知识全面的理念，静心阅读、修身储能，积极参加研修班开阔视野。作为一校之长，他把自己定位为战略者，始终保持最先进的眼光，很好地把握了学校前进的方向。

第三节　学校管理者的专业能力

对于一个意志坚强的人来说，无事不能为。

——[英]海伍德

学校管理者是学校的中枢神经，其自身素质、教育理念、决策能力、工作技巧的优劣直接关系到教育教学工作中各个环节的顺畅与否以及学校的办学质量的高低。学校管理工作的质量与诸多因素有关，特别与学校主要管理者的能力有着密切的关系，这种能力是一个人的学识、修养、意志、品格等在工作过程中的体现。

一、学校管理者应具备的八种关键能力

（一）系统思考的能力

系统思考是指从整体上对影响系统行为的各种力量与相互关系进行思考。系统思考不只是一种分析问题、解决问题、制定决策的方法，也是一种深入认识客观世界、应对复杂性挑战的技能。[①]

苏霍姆林斯基认为，校长要实施"教育思想上的领导"，包括两层意思：一是指校长必须"充当教育科学和教育实践两者间的中介人"，并率领全体教师充当这种人；二是指校长不仅是教育科学理论的实践者，而且充当着教育科学规律的探索者，其应带领全校教师去"创造性地发展教育思想"，并形成自己的教育信念。[②]

系统思考，反思实践，对于学校管理者的成长与发展起着不可估量的作用。在现实中，学校管理者大致可以分为三种类型：第一种是循规蹈矩、无所作为、一事无成的学校管理者；第二种是有所作为但不会反思的学校管理者；第三种是积极创新、不断反思的学校管理者。比较而言，第三类学校管理者既

[①] 参见王前明：《"第五项修炼"在建设学习型学校中的实践运用》，载《贵州教育》，2010(13)。

[②] 参见徐军辉：《校长思想领导的实践研究》，南京，南京师范大学硕士学位论文，2010。

有改革、创新的精神，又能不断反思，不断总结。他们能通过反思实践，使理论性知识转化为实践性知识，在行动中学习，在学习中行动，不断改进和提高自己。在这样的管理者的领导下，学校才能持续、健康地发展，才能一直充满生机和活力。

校长要做思想者

2009 年，成都市教育局开展了"千名校长大练兵"活动。第一阶段是对全市近 1100 名校长进行集中培训，通过邀请全国著名专家开设讲座，开拓其视野，明晰其思路，激发其干劲。第二阶段便是"跟岗实训"，把校长分为三个组，分别就文化建设、常规管理、学校特色三个主题到全市优秀的中小学校进行为期四天的跟岗学习，让校长们现场感受管理的真谛。在特色学校展示中，按照常规的做法，展示学校会把方方面面的特色逐一呈现给跟岗学习的校长们。由于没有一根线把它串起来，这些散乱的"珍珠"常常会让校长们眼花缭乱，而不能留下深刻印象。所以这次各展示学校特别注意做好顶层设计、系统思考、有效整合、集中展示。例如，成都市龙江路小学可以展示的特色是很多的：愉快教育，环保教育，"新三好"评价（家庭的好孩子、社会的好公民、学校的好学生），长短课（15～70 分钟），教学节（每年一个主题），无水日，亲子运动会，毕业年级音乐会，家校交流周，"二次入队"，社区志愿者服务队，龙娃娃俱乐部，科技制作等。学校管理者通过认真研究，用"愉快教育"把这些工作串起来集中展示，受到了跟岗学习的校长们的高度赞扬。再如，成都师范附属小学为了做好展示工作，做了大量的准备工作，征求教师们的意见后认为教材解读、情知教育、精细管理等是他们可以展示的特色；调查社会后认为工作扎实、师资强大、教学质量高等是他们可以展示的特色；咨询专家后认为"素质教育"办学模式、情知教学模式、多元课程模式、主体学堂等是他们可以展示的特色。其实这些都是从不同的角度对成都师范附属小学工作的认可，同样需要系统思考和有效整合。学校管理者综合各方面意见，最后用"万类霜天竞自由"的核心理念把相关工作串起来进行展示，大获成功。

(二)科学管理的能力

教育的改革和发展离不开科学。尊重科学、学习科学、运用科学是学校管理者应该具备的一项重要品质。科学管理就是要管理者充分调动人、财、物等资源的有利因素进行各种生产活动。因此，一所学校管理水平的高低、办学质量的优劣，很大程度上取决于学校管理者科学管理能力的高低。

学校管理涉及很多方面，要抓住关键，做到有的放矢。一是要树立以人为本的理念，学校管理者要积极引导和组织广大教师和管理人员学习教育科学知识，大力支持教师和管理人员用科学理论指导自己的教育教学和管理实践，要培养自身科学管理的能力，不断增强学校的向心力、吸引力。二是要建立科学的管理制度，完善评价体系，这是学校落实科学管理的依据和目标。在制定管理规范时，要明确各个环节的责任人，制度建设既要具有科学性，又要具有可操作性。科学的制度是一切工作的基础和保障。三是要注重管理方法，统筹各种管理因素，综合考虑，善于抓住主要矛盾，解决主要问题，确保中心任务的顺利完成。①

学校管理的基因学、关系学、效率学

成都市龙泉驿区东山国际小学及向阳桥小学创办于 2018 年 9 月，是该区首批"两自一包"办学体制改革试点学校。"两自一包"即教师自聘、管理自主、经费包干。这样的新机制是全面深化基础教育办学体制改革的一种创新尝试，是落实管办评分离的一种积极有益的尝试，目的是让"管"更清晰，"办"更有活力，"评"更有针对性。"教师自聘"关乎"人"，"管理自主"关乎"事"，"经费包干"关乎"财"，"两自一包"的功能和挑战就在把"人"选优、用活，把"事"做精、做细，把"财"保够、用好。

面对这样的新学校、新机制，学校校长陈志刚迎接着新挑战。虽有过成都市泡桐树小学副校长、泡桐树小学都江堰校区校长的经历与经验，但此时他又面临新的课题。有效的小学办学管理至关重要，在陈志刚校长的思考、探索与实践中，他对学校管理有一些自己的理解。在他看来，质量是管理的目标，队伍是管理的核心，学校管理应该是基因学、关系学与效率学的有机融合。

第一，学校管理是一门基因学，要找寻学校的"文化基因"（把规矩立正）。学校的发展与人的发展一样，形成的基因很重要。学校在发展中，陈志刚逐步沉淀、提炼、固化自己的管理"文化基因"，概括为 24 个字：遵循规律、优化结构、制度立校、人文兴校、履职尽责、宽严相济。

---

① 参见孙长义：《谈校长的科学管理意识》，载《成才之路》，2008(1)。

以优化结构为例，探索现代学校治理结构，"重服务强管理"，尝试"两部"＋"五中心"＋"年级组"的管理服务体制。"两部"即财务部和外聘的法务部，"五中心"即课程研发中心、教师发展中心、学生发展中心、后勤服务中心、交流宣传中心。再如制度立校，探索现代学校分配激励机制，"既优劳又优酬"，取消基本工资与教龄和职称的高度正相关关系，不单纯以年龄和职称决定工资，鼓励兼岗兼薪，多劳多得，建立"警戒性指标＋基础性指标＋发展性指标"的三级奖励性绩效考评体系，试点推行奖励性绩效积分制，激励多干事、干成事。

第二，学校管理是一门关系学，要构建学校的"社群关系"（把人才聚好）。教育是温润一米之内，而不是决胜于千里之外。个体归属感来自对组织价值理念的认同。学校主张并逐步形成"抱团成长"的社群关系，积极做好三个方面的工作。

首先，做好"呈"人之美与成人之美。重视"选优—培智—用好—激活"的四环节闭路管理，通过专家引领——"贴身"关注教师发展，校本研修——发挥优势资源共享，导师实训——深入课堂倾力指导，菜单培训——按需选培提升能力，教育实践——施展才华张扬个性。通过搭建成长平台，强化过程管理，既"呈"人之美，又成人之美。

其次，打造"T形"专业学习共同体。学校以教师为中心，以需求为导向，构建"T形"专业学习共同体，"T"即足够的专业宽度＋足够的专业深度，分层分类，因人施策，倡导与鼓励教师进行源于一个小切口目标的沉浸式持续研究，做微问题、微研究、微合作。

最后，实施年度暖心行动。通过开展教师节表彰嘉年华活动（请教职工家属参加）、每期末学校给教职工家属写"感谢家书"等年度暖心行动，关爱教师，凝心聚力。

第三，学校管理是一门效率学，要保障学校的"发展效率"（把事情做精）。有质量才能有品牌，有品牌必须有质量。为了提升质量，形成品牌，创新是其中一种路径，学校进行着一些创新与探索。

例如，在深化"岗位责任制"的同时试点推行"项目合作制"。依托"两自一包"机制，全体教职员工采取独立、联合或跨学科等方式自主申报各种项目，定方案、定周期、定人员、定目标、定奖励，形成"项目申报—项目论证—项目实施—项目评估—项目激励"的闭环式链条。如体育组全体教师在疫情防控期间开发的"小学生520亲子居家体育锻炼打卡行动"就是学校"项目合作制"的一个成功实践。

又如，用心做亮"班主任专业化共同体＋家校共育协作体"两大德育特色。在班主任专业化方面加大对"班主任专业化负责人""班科联席会""班主任菜单式培训"的试点范围和推广力度；在家校共育方面，深化"家长重返校园"、家长开放日等活动，深入推进"一对一家长会（3.0版）"等。

（三）果断决策的能力

无论是学校长期的发展规划，还是具体的环节实施，都要求学校管理者有在自己权限范围内的果断的决策能力。果断决策，就能抓住机遇，促进发展。新时代的学校管理者必须具有全球视野，高瞻远瞩，善于展望未来、预测未来趋势，把现实放在未来的发展路径中去考察，在工作中能够根据党和国家的教育方针、政策和法规，制定部门和学校的中长期发展规划，善于从多种决策中寻求时机，随机应变，善于创造条件，顺势而行，成功决断。

（四）专业的教学指导能力

随着国家新课程改革的实施，全国基础教育开始了一场革命，革命的成败取决于学校管理的层层落实与否。学校管理者需基于学校、地域实际，争取各方面的支持，带领学校师生员工，开展创造性的实践探索。

学校管理者应该是"教师之师"。要想提升教学指导能力，就必须加强自身的业务修炼，努力成为一名"专家型教育人"。学校管理者要做教学的行家里手，首先要潜心钻研，广泛进行社会调研，始终把握教学的正确导向，如此才可以引领学校的教学发展。学校管理者的教学指导能力主要体现在听课、评课上，只有深入课堂教学第一线才能摸清课堂教学的真实情况，从而分析学校教学的动态，抓住主要矛盾，研究如何改革教学过程和教学方法。学校管理者的关注点是学校的发展，通过听课、评课能关注教师的工作态度、成长规律、学校教学团队的普遍水平等，能为教师的课堂教学提供专业的支持。

且行且思，做课堂的先行者[①]

作为一名小学校长，刘可钦非同一般的专业水准让她卓尔不群。她不仅是

---

① 参见李爽：《且行且思 享受教育——访中关村四小校长刘可钦》，载《中国教师报》，2010-10-14。

数学特级教师，还是国家督学、全国劳动模范、北京市中小学特级校长、北京市政协委员……就是这样一位当代教育名家，也曾经历过教师的职业倦怠期，是教育研究激发了她追求与进步的永不枯竭的动力。……"在研究中实践、学习、反思、改进"已经成为她的工作方式。

…………

尽管事务性工作繁多，刘可钦始终清醒地认识到：只有到一线，才能找到鲜活的经验和问题的症结，才能与教师平等对话。所以，她坚持走进课堂，带头上课，用实际行动告诉大家"教学是学校的中心工作，课堂教学质量才是学校发展的生命线"，发挥所长引领大家理解新课程的精神、探索有效的教与学的方式。……刘可钦引导教师从身边的小事入手，俯下身子体察、了解学生，关注每个学生的变化，关注自身的教学与教学效果、学生发展之间的关系，帮助教师提升专业自信，形成教育的大智慧。

有一种人，只是静静坐着，也会吸引众人的目光；有一种人，还未开口说话，别人已被他说服。刘可钦校长就是这样的人。她从未离开教学一线，始终用自己的专业去引领和影响更多的教师。在执着的教育研究和实践中，刘可钦像一条"渐行渐宽"的河，在平和而从容的自我超越中，在真诚而宽厚的爱中，微笑着默默行走，矢志不移地追寻着做教师的幸福。

(五)高超的合作能力

学校集体形态从属于社会形态，是作为社会大系统而存在的一个子系统。学校是通过一定教育组织关系而形成的群体，是有一定目标、各组织成员心理上相互认同的合作体。学校管理者要根据学校内、外部条件，制定学校组织的目标与策略，协调各方面的关系，监督、控制实施的过程，形成和谐的人际关系和融洽的心理气氛，形成积极、健康的舆论背景，激发组织成员的工作热情和积极性，使他们和学校共同发展。

20世纪教育改革的主题词是"学会生存"，而21世纪教育改革的主题词则是"学会关心，学会合作"。学校管理者应做最好的表率：要增加合作意识，向同人学习，向教师学习；要首先成为合作者，实施人文的、民主的、开放的管理方式，构建以学校为基础的合作互学模式。

凝聚团队，拔节生长

已在成都市泡桐树小学西区工作了5年，担任主管信息化和人事工作的副校长吴雨珂接到一个新任务：到刚成立两年的泡桐树小学都江堰校区担任校长。接到这个任务很突然，她来不及思考和准备，就匆匆上任了。

泡桐树小学都江堰校区是一所由名校集团"泡桐树教育集团"异地领办的公立学校，传承了泡桐树集团"爱，使我们在一起"的团队精神。"和喜欢的人，在喜欢的泡小，做喜欢的事业"是泡桐树小学教师宣言中最触动人心的一句话。

吴校长始终相信，所谓团队，就是要凝聚在一起，为共同的目标努力。"喜欢"是团队建设的内驱力，更是和谐氛围的保障。为了让教师喜欢自己的团队，吴校长下了很大功夫：改造办公室硬件环境，建设教师健身中心，定制统一的校服，拍摄高颜值艺术工作照，组织开展插花艺术培训等工会活动。教师们在学校体会到了家一样的温暖，心情愉悦地工作，和工作伙伴也能成为生活中的朋友，这样的团队氛围大大节约了工作中的沟通成本，也提高了工作效率。

和谐的氛围是团队建设的第一步，要增强管理效能，还需要缩小团队体积。在学校这个大团队之下，每个年级就是一个小团队，基于年级组的团队建设可以精准地关注到每一个团队成员，更有利于发挥每一个教师的主体性作用。学校管理团队在每个年级中选出"灵魂"人物担任年级组长，再派出一位中层行政人员深入年级组指导年级组长工作，这样年级组的发展既可以和学校大方向一致，也能各具特色。

经过一段时间的实践，学校整体呈现好的发展态势，团队面貌积极向上，工作效率大幅提升。

吴雨珂校长注重团队的培养，把合作能力看成学校发展的重中之重。她给予团队充分的空间去谋事，教师的积极性得到了发挥，管理队伍得到了锻炼，还形成了民主化管理的氛围。这种经验值得借鉴。

(六)突出的创新能力

发展是现代学校的根本性特点，创新能力则是对现代学校管理者的基本要求。学校管理者首先应该具有创新精神和创新能力，不断研究探索教育工作的新形势、新思路、新方法，锐意进取，引导全校师生转变观念、开拓进取，开展创造性的工作和学习。学校管理者还应当具有坚定的信心、创造性的知识结构和思维方式，不仅自己追求教育的变革，还能带动全校师生接受变革、参与变革，进而推动学校的创新发展和师生综合素质的提升。

　　创造性也是一切科学研究的本质特征，学校管理者也应该带领教师开展教育科研，在一次次解决问题和困难的过程中，促进自己和教师研究能力即创新能力的提高，进而促进学校办学品质的提升。

做改革与创新的领路人

　　2018 年 11 月 14 日，成都市青羊区教育科学研究院课题组发言人正在偌大的珠海国际会展中心向来自全国各地的教育同人们介绍着他们的科研成果"从传统走向现代：推动区（县）教科研机构转型的三大机制"。现场很多人都在举着手机拍照、摄像，大家争先恐后地向台上介绍经验的课题组发言人提问，台下相关人员也在忙不迭地为咨询的同行解答相关事宜。近年来，青羊区教育科学研究院不断改革创新，以科研的思维推动自身转型，研究成果获得四川省人民政府第六届普通教学成果一等奖，被中国教育科学研究院《科研与决策》专报领导决策参考。这一次，青羊区教育科学研究院被第四届中国教育创新成果公益博览会主办方邀请，向全国各地教育同人展示和交流最新的研究成果。

　　早在 2012 年，青羊区教育科学研究院经过认真梳理，结合自身实际，认识到新时期在工作运行上存在的问题，如职能定位模糊不清、内部结构僵化、工作效率不高等。基于此，领导班子带领团队借助省级课题"区（县）教科研机构工作机制创新实践研究"这一契机，从职能定位、结构调整以及工作方式优化三方面展开了创新研究。经过近 6 年的探索，青羊区教育科学研究院确定了"智之源·师之苑"的职能定位，并且构建了以"仁"为核心的文化体系；搭建了院长负责制下的"扁平化"管理结构图，转变了教研员身份角色；创新了"四合一"调研体系、教师培训"课程链"与"课程魔方"、教育质量监测体系以及全面系统的制度规范。

　　通过改革创新，青羊区教育科学研究院得到了全方位发展。职能定位更加清晰，教研员工作充满活力，工作效率也得到了大幅度提升。2019 年，新中国成立 70 周年之际，青羊区教育科学研究院也迎来了自己的 40 岁生日，举办了隆重的周年庆典活动，出版了专著《青羊教研四十年画卷——区县教研文化的田野调查研究》。该著作得到了上级领导、全区学校教师乃至社会的一致好评。

青羊区教育科学研究院的发展离不开科学的管理和引领，更离不开管理者的创新精神和能力。正如时任院长所说："在改革与创新的过程中，我们不是没有遇到过困难和阻碍，我们不是没有想过放弃，但我们既然在这个岗位上，就有责任带领大家变得更好，就有责任做好这个改革与创新的领路人。"正是管理者坚持不懈的自我革新，才带领着单位全体教职员工从安于现状和故步自封中走了出来，才取得了令人骄傲的成绩。由此可见，作为管理者，自身必须具备突出的创新能力，因为只有这样，才能做好开拓者和引路人，才能带领一所学校、一个单位走向更美好的未来。

（七）超强的协调能力

从目前的管理体制来看，学校管理者要协调各种关系，具体包括内部协调和外部协调两个大类。内部协调主要是协调学校内的上下级关系，要做到有为而不越位，出力而不出界；协调与教师之间的关系，对教师关心、爱护要讲方法、讲分寸，助人发展，为教师提供施展的机会和舞台；还要协调与家庭教育之间的关系，要多与学生及学生家长沟通对话，合力促进学生的健康成长。外部协调主要是积极取得社会各方对学校工作的支持和配合，使学校的工作顺利开展。

（八）知人善任的能力

学校管理者的光荣在于成就教师，用人的艺术是学校管理者能力的一个关键体现。众所周知，百年大计，教育为本；教育大计，教师为本。想要有高质量的教育，必须要有高质量的教师；有高质量的教师，才可能有高质量的教育。

有远见卓识的学校管理者，深深懂得教师对学校发展和学生发展的重要性，无不把教师队伍建设放在首要位置，把教师看作学校的首要资源，重视提高教师队伍的整体素质和专业化水平。学校管理者知人善任的能力主要包括两方面：一是在基本人员配备上要综合考虑教师的年龄结构、业务能力、业务特长等因素，在用人上，要尽量做到人尽其才、优势互补、优化组合；二是在培养后备干部上，学校管理者都应该具有爱才之心、识才之能、用才之法、容才之量、育才之职，要善于做"伯乐"，善于培养、选拔和使用优秀的青年干部。通过培养和锻炼，使学校形成年龄梯度差异适宜、优势互补的后备干部队伍，为学校的可持续发展提供坚实的人才保障。①

二、学校管理者能力提升的思考

学校管理者的综合素质不是自然生成的，也不是一蹴而就的，而是在参与学校管理实践中积累、锻炼出来的。在由中国互联网新闻中心主办的"2018 中国教育家年会"上，相关专家与大家交流学习了习近平在全国教育大会上的重要讲话精神，分享了关于校长领导力建设行动策略的有关思考，对学校管理者很有借鉴意义。

(一)把握根本宗旨，坚持立德树人

立德树人是教育的根本宗旨，也必然是质量建设的核心内涵与本质要求。坚持立德树人就是要始终着眼全体学生的健康成长，以立德为中心培养全面发展的人；就是要采取综合措施，彻底消除功利主义的广泛影响，尽快扭转唯考分、唯升学率等不科学的价值追求与评价导向，使学校事业发展聚焦教学工作，使教育教学工作回归到对学生综合素养的全面追求；就是要通过管理创新形成科学的评价机制和一种育人氛围，引导广大教师自觉教书育人，以更真诚的情感关注学生成长，以更大的工作热情投入教育教学工作。

备好每一课，上好每一课，认真批改作业，精心组织各项教育活动，多给学生一份关爱与微笑，立德树人必须这样才能真正落实，教育质量也只有这样才能逐步提升。

(二)聚焦工作重点，深化课程改革

教育改革要向哪里深化？答案非常清楚，教育改革一定是向教学领域深化，教学改革的深化方向一定是课程改革。课程体系、课程标准是教育质量和培养目标最集中的体现，所以教育教学的改革工作重点一定要高度集中到课程改革。可以认为，在学校管理者的领导力体系当中，教学改革或课程改革领导力是最具专业性也是最具有实践意义的构成。

在实践中，首先要有大视野，就是要高度关注和深刻领会国家关于课程改革的整体设计与政策精神，始终把握课程改革的正确方向及价值追求；其次要

---

① 参见郑金荣：《打造有灵魂的教育》，载《教书育人》，2011(32)。

综合设计、整体布局，要以课程改革为中心，统筹设计教学、管理、评价等方面的系统改革，为深化课程改革提供可靠的制度与资源支持；最后要充分激发调动广大教师关注课程改革和参与课程改革的工作热情，切实发挥广大教师在课程改革实践中的主体作用，这是一切课程改革成功的基础性条件。

(三)把握发展趋势，重视信息技术

现代信息技术的快速发展已经对教育教学组织方式、人才培养、质量建设产生了全方位、系统性的影响。

因此，把握当前的发展趋势十分重要的一点就是要强化以信息化推动教学改革，以信息化推动质量建设的意识，加大有关工作的力度。

所谓重视信息技术，就是要强化思想认识，坚持以信息化带动教育现代化，以信息化推动教学变革创新，以信息化促进质量建设的基本战略；要有大格局，既要有技术理念，同时也要能跳出技术理念；要着眼于未来学校和智慧校园的整体格局，着力于信息化教学资源开发和教学组织新模式的建设，真正实现现代信息技术与教育实践的深度融合；要深入思考和积极探索，在信息技术化的教育教学过程中使传授知识、启迪智慧和净化心灵的价值目标得到统一实现。

教育教学过程与信息技术的深度融合为加快推进人才培养模式的全面系统创新带来了前所未有的巨大机遇，但同时可能给学校管理和教育教学工作带来新的挑战和问题，如如何管理和净化校园网络信息等。当然，还有一些深层次的问题，如在信息技术化的背景下，教育的价值目标如何全面实现。教育的目的之一是传递知识，在这个层面上，现代信息技术确实给我们提供了前所未有的巨大机遇，显示出无与伦比的魔力。

教育进一步的价值和追求是增长人的智慧，培养人的道德。智慧需要基于知识，也需要超越知识的系统的科学的思维训练；道德也需要在社会实践中长期积累，需要人与人之间的精神的感应和心灵的交流，需要通过丰富的社会生活和多彩多样的人际关系来提升。

因此，面对信息技术化的教育教学过程趋势，在传授知识的同时，如何有效启迪学生的智慧，如何有效强化学生的道德修养是我们必须深入思考的新问题。

(四)健全诚信体系，培育育人生态

教育生态就是一种文化、一种氛围，这种文化、氛围是强大的教育力量。如果说目前我们的教育生态还存在一定缺陷，缺乏健全的诚信体系恐怕是突出的问题之一。

诚信缺失，这是影响当前教育评价、考试招生制度改革难以深入下去的深层原因，也是教学管理和质量管理难以严格规范的内在病理，因此在教育生态中急需加强教育诚信体系建设。

学校管理者要有一种强烈的责任担当，从教育自身做起，加快构建诚信体系，净化教育生态，以教育诚信建设带动社会诚信体系发展；要将诚信原则贯穿教学活动和考试评价等各个方面，建立完善监督惩戒制度并落实到学校组织管理的各个环节；要将诚信作为人才培养价值体系的重要内容。

要将诚信教育融入教育教学的全过程，大力培养重诚信、讲诚信的一代新人。我们不能寄希望于在社会诚信体系全面完善之后再回过头来考虑或者建设教育诚信体系，这种思维或工作设想不符合教育事业的重要战略定位。

在社会经济发展的全局中，教育具有先导性的战略地位，教育的先导性极其重要的内涵就是要引领社会风尚发展，引领社会核心价值体系的建设。

(五)加强队伍建设，夯实发展基础

人才培养，关键在教师。教育教学质量建设，关键也在教师。全国教育大会明确要求各级党委和政府要把加强教师队伍建设作为最重要的基础工作来抓。各位学校管理者作为教师队伍的领导者，因此也一定要把加强教师队伍建设作为最重要的基础工作来抓。

在学校教师队伍建设实践中，也可以借用现在教育行政体制改革的基本方向，即以"放、管、服"统筹协调的工作思路来明确行动路径。

"放"就是要充分相信和尊重广大教师在质量建设、人才培养当中的主体地位，积极创造条件和提供空间，发挥广大教师在教育教学工作中的主导作用。

"管"就是要规范管理，要强调教师的职业道德，严格要求落实教师职业行为规范。

"服"就是要强化对教师的服务意识，自觉开发各种资源，积极搭建多种平台，为广大教师排忧解难，为其成长提供全方位、多方面的服务。

第四节　学校管理者的个性品质

一个人事业的成功，只有15％靠他的专业技术，另外的85％靠人际关系和处世技巧。

——［美］戴尔·卡耐基

在中小学教师专业标准中，教师的专业理念与师德是放在第一位的，其中除了强调对职业的理解与认识、对学生的态度与行为、对教育教学的态度与行为外，还特别强调个性品质。这些个性品质包括富有爱心、责任心、耐心和细心；乐观向上、热情开朗、有亲和力；善于自我调节情绪，保持平和心态；勤于学习，不断进取；衣着整洁得体，语言规范健康，举止文明礼貌；等等。

在具体工作中，这些个性品质常常被一些人所忽视，而恰恰其在教师和学校管理者的专业成长中又是非常重要的。美国著名人际关系学大师，现代成人教育之父戴尔·卡耐基（Dale Carnegie）针对10000人的记录进行分析，发现一个人事业的成功，主要靠人际关系和处世技巧。美国威廉博士也从另外一个维度诠释过这个结论。通过对被解雇的4000人进行研究，他发现，不称职者仅占10％左右，其中约90％的人被解雇是因为没能处理好人际关系。所以，重视个性修养，构建良好的人际关系，在学校管理者的专业生活中尤其重要。

根据学校管理的特点，结合学校管理者专业生活实际，我们将学校管理者的个性品质形象地归纳为如下六个方面。

一、谦虚、谦让，好合作组建好团队

著名的管理专家、超级畅销书《基业长青》的作者之一吉姆·柯林斯（Jim Collins）根据自己的一项研究，提出一个观点：一个生性羞怯但专注的人，可能是最佳的领导者；像明星般光彩夺目的领导人，反而可能是团队的"致命伤"。所以，谦虚、谦让，善于合作的管理者能够组建好的团队。在学校管理中，有些管理者自恃有一定的能力，在指导工作时喜欢指手画脚，以自我为中心，听不进别人的意见和建议，因而缺乏团队意识，不得人心，也就很难取得事业上的辉煌。

慢慢来，服好务，共成长！

尊敬的各位领导、各位老师：

大家好！

刚才，党办××主任宣布了局党委的任职决定，××书记对教科院未来发展提出了殷切的希望和要求，对我个人寄予了厚望。我对局党委的信任表示深深的感谢！对老师们的接纳和刚才热情的掌声表示诚挚的谢意！

但说句实在话，担任教科院院长，我一开始是很不愿意的，前段时间我找了所有的领导，提出了我不当院长的申请，说出了我的几点不足：年龄偏大、身体较差、底蕴缺乏……当然最后还是成了事实，我只能说，不是我选择了院长这个职位，而是院长这个职位选择了我。但我们这代人有一个特点，可以有诉求，可以不答应；但如果既成事实，干了这项工作，就要有担当，就要把它做好。大家知道，我担任过7年学校校长，7年进修校校长和教研室主任，又在我们教科院担任了7年副职，经历是一种历练，经历是一种财富，经历也常常让人看到风雨之后彩虹的壮丽。这一切，对于今天我担任院长赋予了更多的底气和信心。请大家相信我能做好，会努力做好，也请大家接纳我、理解我、支持我、帮助我。

这几天我把我的就职讲话想了想，就浓缩成一句话"慢慢来，服好务，共成长"吧，这句话体现了三层意思。

一是慢慢来。这几天有人问我，新官上任三把火，你的第一把火是什么？我说，说实在话，我的火不旺，更不会简单地烧几把火。我们都知道，教育是一项系统而复杂的工程，教师教育更不能急功近利，不能好大喜功，不能搞速成，而是需要用慢火来煨炖。人的变化是越慢才越真实的，太快了会失真、扭曲、混淆。一个单位的发展同样如此，况且像我们这样的单位，本身基础就较好。历任院长都非常优秀，都对教科院的发展有辛勤的付出和做出了卓越贡献。在教科院这块沃土上，更是浸透着一代又一代教职员工的心血和汗水。俗话说，创业容易守业难。我想，我们的责任就是要守住这份家业，让我们的日子越过越红火。作为院长，不仅要管理好教科院，更要发展好教科院。任何一位院长的任期都是有限的，但教科院的发展可以像无尽的长河一样。所以，任何一任院长都是教科院发展的无穷链条上的一个中间环节，起的都是承上启下的作用，都是既在前任院长成就的基础上工作，又为后任院长打下工作基础。

所以，我在工作中会做到既不割断历史，又不迷失方向；既不落后于时代，又不超越阶段，脚踏实地，一步一个脚印，将工作做到位、落到实、夯到底。我知道老师们也许对我有观望，也有很多期待，但我想说的是，请老师们给我一点时间，我会带领大家慢慢地走，慢慢享受沿途的无限风光！慢慢地走向我们美丽的教育理想。

二是服好务。记得刚到教科院时，我就说过一句话："我到教科院是看重这个平台，是想做一点事的，不是来做官的。"但说实话，这些年在我们领导和老师们之间好像有一道无形的鸿沟。记得去年我想加入我们教科院的 QQ 群，有老师给我说，你当领导的不能加。不经意的一句话，其实我反思了很久。我不怪老师们，但我确实时时在警醒自己。我们常常埋怨老师们不理解我们，但反过来想想是不是我们的服务不到位呢？什么叫领导？领导就是服好务。我这儿的服好务有两层含义：一是作为单位领导，一定全力为大家服好务，比如，我前面说年龄偏大、身体较差、底蕴缺乏是我的致命弱点。是的，年龄偏大可能就会缺乏想象力、创造力，但我完全可以用我的判断力，以冷静和客观的判断去选择最佳主意，挖掘老师们富有想象力的主意，使之变成单位的财富。是的，我身体较差，我更能体会"身体是革命的本钱"的内涵，我完全可以在工作上、生活上、学习上给予老师们更多的关爱、关心。是的，我底蕴缺乏，能力不行，但分管各领域的干部职工、分管各学科教研员底蕴深厚。我自己不一定样样才干超群，但我一定可以训练自己超群的用人才干，用人所长、容人所短、用人不疑、大胆用人。二是作为教科院的教研员，要为学校教师服好务。大家知道吗，上学年教育局委托第三方机构对直属单位进行民意测验，教科院在直属单位中居然排名靠后。有个领导给我说了几次，"你们做了大量的工作，为什么最后是这样一个结果"。如何改变这种现状？那天在校长会上，××局长就提高满意度提出三个要求，值得我们思考：要在扩大群众参与上下功夫，要在促进教师发展上下功夫，要在研究学生（教师）需求上下功夫。

三是共成长。老师们，从现在开始，我们将一起踏上一段新的旅程。在这段旅程上，可能有鲜花密布，也可能会荆棘丛生，但无论如何，我们都要一起去面对，一起去担当，一起去开拓我们心中最理想的教师教育风景。我这儿突出一个"我们"，涵盖我们教科院的干部、教科院全体教职员工、当然也包括全区师生。

首先是我们要共同祝愿教科院的明天更美好。我常常说，中国式的管理确实与西方不一样，西方是典型的个人主义国家（我的地盘我做主，我的责任我来负）；而我们却是一个典型的集体主义国家，我们任何人走出来都是代表我们的家庭，代表我们的集体。一个好单位和一个差单位的人走出去，别人对你的看法都会不一样，所以我们只要是教科院的人，任何时候都应该衷心祝愿教科院发展得更好，有更好的口碑和地位，那样我们才真的可以雄赳赳、气昂昂。

其次是我们要相扶相携，共同成长。我深切地期望，在我们教科院这个群体里，当有人跌倒时，大家都能伸出自己的手；当有人悲伤时，大家能帮他擦掉脸上的泪；当别人成功时，能给以真诚的祝贺；当别人受挫时，能给予及时的鼓励；当别人需要倾诉时，能奉献出自己的一点时间；当别人无助时，能借他一个肩膀……大家别看我是一个大男人，其实我是很感性的。我真的希望通过情感管理，不断释放情愫，不断沉淀和堆垒，坚持不懈地吐丝，编织和营造一张情感的网，产生更好的情感效应，解决了心情就一定能解决事情。如果我们每一个人都能尽心竭力，就没有落实不了的工作，就没有做不好的事情，就没有办不好的教科院。

老师们，我相信，一切，才刚刚开始；一切，会悄然改变；让我们共同期待，共同努力吧。

最后一句话，我能力有限，在远行的路上，不敢说我能做到尽善尽美，但我敢说，我一定会尽心尽力，尽职尽责！

谢谢大家！

案例是一个教育科学研究院院长的就职演讲，是作为一个学校管理者的工作承诺，"慢慢来，服好务，共成长"九个字也成为该教育科学研究院的工作理念，字里行间透露的谦虚、谦让也为组建优良团队打下了坚实的基础。

二、执着、敬业，好机会带来好发展

我们这里是借鉴吉姆·柯林斯的观点——最佳的领导者可能是生性羞怯但专注的人。专注的人是指那种"干一行，爱一行，专一行，精一行"的人。因为执着，因为敬业，好的机会就会带来好的发展。

机遇总是垂青于有准备的人。我们常常看到很多成功人士头上的光辉，却没看到其背后艰苦卓绝的付出。

一篇课文，三次备课

于漪老师1978年入选全国首批特级教师，先后荣获"上海市劳动模范""全国先进工作者""全国三八红旗手""全国教书育人楷模"等称号。2018年，党中央、国务院授予其改革先锋称号，颁授改革先锋奖章。2019年，国家主席习近平签署主席令，授予于漪"人民教育家"国家荣誉称号。于漪的成长经历是很有代表性的。她于复旦大学教育系毕业，后来改教语文。为了上好一节语文课，她备课常常会用十几小时甚至二十几小时，从语法、修辞、逻辑到中外文学史，甚至哲学、天文学、地理学等，所有与教学相关的知识都一一学习，天天明灯伴夜到三更。她"一篇课文，三次备课"的原型经验非常值得我们好好学习与借鉴。第一次备课——摆进自我，不看任何参考书与文献，全按个人见解准备教与学方案。第二次备课——广泛涉猎，在图书馆查阅大量材料，分类处理各种文献的不同见解，仔细对照，"看哪些东西我想到了，人家也想到了，哪些东西我没有想到，但人家想到了，学习理解后补进自己的教案。哪些东西我想到了，但人家没想到，我要到课堂上去用一用，是否我想的真有道理，这些可能会成为我以后的特色"，然后再修改方案。第三次备课——边教边改，在设想与上课的不同细节中，区别顺利与困难之处，课后再"备课"，修改教案。

于漪老师的成功再一次告诉我们，"名师之所以成为名师，是因为他们努力要成为名师"。作为学校管理者专业成长的根本动因还是"自主发展"：强烈的专业发展意识，强烈的成就动机与欲望，与时俱进的创新精神和能力，坚定执着的性格与独立思考的习惯等都是必不可少的。

三、亲切、乐观，好心情做出好事情

亲切、乐观是一个学校管理者的职业基本功，但有的学校管理者有一个错误的认识，总觉得树立威信就是要把脸拉长，管理就得严肃、严厉、令人敬畏，于是整天板着一张脸，师生常常对其敬而远之。我们提出的亲切、乐观，不是让学校管理者整天都嬉皮笑脸或皮笑肉不笑，而是强调一种发自内心的、真诚的微笑。

管理师生"五字"秘诀？

张校长从师范院校毕业后被分配到一个九年一贯制学校工作。由于能力较强、踏实肯干、教育教学业绩良好，工作几年后他就开始担任校长。但由于年轻，经验不足，再加上学校也较大，所以一开始在管理上不知道如何入手。张校长很虚心，就去拜访相关老领导，请教学校管理的有关问题。老领导听了张校长的叙述，理解作为年轻校长的苦衷，于是告诉了他很多学校管理的策略，其中特别告诉他管理师生的"五字"秘诀："嚣、哄、吓、诈、严"。其实这是当地语言的通俗表达，所谓"嚣"，就是在管理中要说好话，逗人开心；所谓"哄"，就是在管理中要说假话，骗人相信；所谓"吓"，就是在管理中要说狠话，使人害怕；所谓"诈"，就是在管理中要说浑话，逼人服从；所谓"严"，就是在管理中要严肃、严厉，令人敬畏。张校长还真听进去了，整天在校园里心绪凝重，表情漠然，满脸阴郁。一段时间后，师生们笑而敛，欢而收，校园缺少应有的生气，显得活力不足，气氛压抑。但表面上"镇"得平静，"压"得和气，也只能是虚假的现象，貌似平静的状态难保不被"潜涌"和"暗流"所冲破。师生看见一脸严肃的校长都远远躲开，敬而远之，当面不说什么，背地里却议论纷纷；偶尔"哄"一次有效，但不可能次次都有效；另外"骗"得了一时，但不可能骗得了一世，况且一旦被揭穿，产生的矛盾更是无法收拾。时间长了，干群关系非常紧张，矛盾逐渐激化，甚至出现了教师和校长骂架甚至打架的现象……

我们在上述案例的标题上加了一个问号，说明了它不是真正的管理的秘诀。我们还是倡导学校管理者要亲切、乐观一些，让校园充满温馨、快乐与和谐。作为学校管理者，要把亲切、乐观作为营造温馨的"催化剂"，酿造快乐的"发酵剂"，构造和谐的"黏合剂"，把它书写在交往间，展露在工作场，贯穿在过程中，凝聚人气，聚积人缘，构建人脉。这样师生自然而然就会感到"吹面不寒杨柳风"的惬意和舒坦，继而产生良好的工作和学习状态，进而激励师生在工作和学习之中获得"辛苦并快乐着"的心境和意趣。

四、憨厚、宽容，好人缘就是好资源

学校管理者不一定非得像明星般光彩夺目，很多时候需要"大智若愚"。所

以，憨厚绝不是指呆头呆脑，而是指学校管理者要多一些憨厚老实、勤奋好学、真诚随和、正直善良，有了好的人缘一定就会有好的资源。

同时，在工作中要做到宽容大度，大事清楚，小事糊涂。有人提出，一个好的学校管理者应该做到"三不"管理。一是看不见，也就是作为学校管理者，当我们完善了管理体系以后，要把工作落实到每个人身上，而不要随便干涉他人的权限。教职工中出现的一些非原则性的问题，不要抓着不放，而要保护教职工的自尊，要假装看不见，智慧处理，让教职工自我教育，自我改正。二是听不到，也就是作为学校管理者一方面要少听小道消息，更不要挑拨、发动教职工互相监督，为领导提供影响和谐人际关系的信息；另一方面要有主见，有原则，不要被别人牵着鼻子走，不要人云亦云，不要是非不分，要做个有原则、有底线的人。三是做不了，也就是作为学校管理者应该让教职工多想、多做，开启其智慧，培养其工作能力。有的学校管理者喜欢事无巨细，事必躬亲，这样做反而把自己拖进繁杂的事务之中，也让教职工养成了依赖的心理，影响工作效率。

五、精神、自信，好心态产生好状态

人是要有一点精神的。作为学校的管理者，常常管理几十甚至几百人，所以管理者要明确身上的职责，要有理想、操守、志向、信念、品格；要精神饱满，充满激情；要严于律己，尽心尽职，对师生员工负责。走上管理者的岗位，就要有一种积极的情感，要有发自内心的自我肯定，要有相信自己的勇气和力量，执着坚守、自觉践行。学校管理者有了这种自信，才敢在自己身上"下赌注"："我担任这个管理者一定会做到最好"；学校管理者有了这种自信，被管理者才敢在管理者的身上"下赌注"："跟着这样的领导一定会有未来"。

树立自信　打造特色[①]

每一所学校的发展，都需要走一条符合自我实际情况的管理道路。面对一所薄弱学校，如何提升管理，革新除弊，使学校工作步入正轨，不断向前，摆

---

① 参见李晓霞：《树立自信　打造特色——浅谈运用特色提升学校管理的几点体会》，载《中国科教创新导刊》，2013(6)。

脱薄弱？在深入实际，反复思索之后，我采用了"树立自信，打造特色"的工作思路，提升学校的管理工作。

"自信教育"是一种教育理念。通过较长时间实践积淀，我校对"自信教育"这一教育理念有了正确的理解和普遍的认同，并在各自的工作和学习中自觉地去践行"自信教育"。

在学校领导分工上，校级领导负责全校的教育教学工作，又指派具体的校级干部分别负责学校一年级到九年级的日常教育教学管理。在分工负责之后，为了更好地培养干部队伍，增强他们的自信心，我定期检查、倾听思路，再提建议。在培养干部队伍的过程中，注重发挥每个人的特长，取长补短，不揭其短处，以表扬赏识为主。有时责任领导的工作出现一些问题，我会替他们承担责任，在群众面前给他们做主，这样的做法为其在群众中树立了威信，使校级领导有信心干好工作。我的信任与放手，促成干部之间紧密合作，在自信中提升管理质量。

六、热情、真情，好关系就有好效应

学校管理者管理的主要对象是人，人是有感情的，人最需要的慰藉是感情得到满足，所以人们常说"要解决事情，先解决心情"。在学校管理中，学校管理者要常有管理热情，点燃师生激情；常存管理真情，落实以人为本；常怀管理深情，编织感情之网。做到从情入手，以情感人，建立和睦、友好的干群关系，形成和谐融洽、和衷共济的工作环境，而有了好关系就会有好效应。

中小学校长"三情管理法"探析[①]

热情管理。热情管理是指校长用爱岗敬业的精神鼓舞人，用高尚的品质感召人，用人格的力量吸引人的过程。它具有自律性、辐射性和热固性。黑格尔说过："没有热情，就不能完成世界上的伟业。"它要求校长做到：①酷爱教育事业，达到管理育人，教书育人，服务育人和环境育人的境地。②凭党性为国尽忠，靠良心为民服务，用热心对生传道。③咬紧一个底线：唯物主义。调好两种心态：大处着眼，小处着手。风度勿傲勿暴勿急，神态宜和宜静宜庄。

真情管理。真情管理是指校长在计划、实施、检查、总结的全程中，以真

---

① 参见李善富：《中小学校长"三情管理法"探析》，载《教学与管理》，2003(22)。

诚管校，用真诚兴教，拿真诚助师，切忌虚情假意、矫饰做作、哄骗耍小权术。天不言自高，地不言自厚，真情越是自然发酵，也就越甘越醇，越醉人，越具有穿透力。真情是发自肺腑对人的关怀和凝视，而不是居高临下的怜悯和预支。真挚的情感比金子更可贵，也更能开启任何斑锈的感情之锁和紧闭的心灵之闸。真情管理应注意如下几点：①对人忠诚。发自内心诚心诚意的感情，才能引起师生的共鸣；反之，言不由衷，耍小权术，师生会渐觉校长虚伪，从而产生逆反心理。准确地把握与时俱进、科教兴国、素质教育的精髓，是对人忠诚的底蕴所在；说了就干，干好就奖，这是对人忠诚的底线。②对事公平。不因人设岗，不因人论事。在焦点和热点问题上实行阳光作业，严禁暗箱操作，还校长一个清白，给师生一个明白。③对物尽用。不搞形式主义和面子工程。购置时注意一个"全"字，过程管理中力避一个"粗"字，使用中掌握一个"巧"字。

深情管理。深情管理是指校长以服务为先导，以质量安全稳定为目标，不断释放情愫，不断沉淀和堆垒，坚持不懈地吐丝、编织和营造，从而产生情感效应的过程。深情管理是爱的孜孜不倦的播种，是义不容辞的服务，是细腻入微的体贴。它能建立起亲密无间、和睦融洽的关系，它能形成高度的向心力和凝聚力。深情管理的方法有：①六祝贺。教职工结婚，添生子女，工作取得成绩，子女上大学，教职工入党，老教师光荣退休。②五必访。教职工生病，意外事故，家庭不和产生矛盾，亲属有严重疾病，工作受挫折。③三到场。节假日教职工值班，教职工家中有事，教职工生活有困难。深情管理不是象征性地干一两件事情意思意思，关键在于心中有教职工。部属最困难的时候，也是最能体现校长体恤的时候，雪中送炭远胜于锦上添花。校长若能像"春蚕"吐丝不止，像"蜡炬"照亮下属，那么他就一定能和大家建起固若金汤的感情共同体，迸发出不可估量的积极向上的能量。

上述案例中的校长注重教职工的情感需要，理解、尊重、关心、爱护教职工，从细节入手，通过行为感动、心理感化、真情感染，树立了学校管理者的威信，调动了教职工的积极性和主动性，增强了学校管理者与教职工之间的情感联系和思想沟通，进而形成了和谐融洽的生活、学习和工作氛围。

第三章　和谐交往——良好人际关系的构建

第一节　和谐交往的重要性

独学而无友，则孤陋而寡闻。

——《礼记·学记》

三国刘备

三国时期刘备的成功，在一定程度上可以说得益于善处人际关系。他能以仁待人，以德服人。"桃园结义"，以其忠义豪侠之举将关羽、张飞归于麾下；"三顾茅庐"，以礼贤下士之行将诸葛亮请于帐中；"携民渡江"，以其善良宽厚、爱民如子之形象赢得民众拥戴。刘备三分天下居其一，与其说是打来的，不如说是他善处人际关系处来的。

红顶商人胡雪岩

胡雪岩，安徽绩溪人，是19世纪七八十年代中国商界名人。胡雪岩长于经营之道，被誉为一代巨贾；同时也是官员，所戴朝冠上饰以镂空珊瑚，俗称"红顶子"，故又被称为"红顶商人"。作家高阳在《红顶商人》中这样描述胡雪岩："其实胡雪岩的手腕也很简单，胡雪岩会说话，更会听话，不管那人是如何言语无味，他能一本正经，两眼注视，仿佛听得极感兴味似的。同时，他也真的是在听，紧要关头补充一两语，引申一两义，使得滔滔不绝者，有莫逆于心之快，自然觉得投机而成至交。"

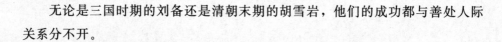
无论是三国时期的刘备还是清朝末期的胡雪岩，他们的成功都与善处人际关系分不开。

一、认识人际关系

马克思说，人的本质是一切社会关系的总和。人类在与他人的交往中认识自我、发展自我，也在与他人的交往中认识世界、影响世界。无论身处什么样的社会群体，建立良好的人际关系都至关重要。学校是一个小型的社会，学校管理者、教师、学生、家长等不同身份的人相互联系，相互交往，形成一个错综复杂的关系网络。这个关系网络的形成是必需的，是每一个生活在这个环境之中的个体的基本需求，也是学校向前发展的不竭动力；但这个关系网络中也存在很多的矛盾和不和谐因素，如争论、吵架、孤立、冷暴力等。学校管理者是保障学校正常运行的核心人员，如何管理这个人际关系网络，建立良好的人际氛围，是其必须要思考的关键。

(一)人际关系的概念

人作为一种社会性、群居性的生物，在生存过程中必然需要与周围其他的人交流沟通，通过沟通实现信息的传播，也使独立的个体之间建立联系。这个交流沟通就是我们所说的人际关系。

人际关系是一个社会学概念。在社会学中，人际关系是指人为满足生存和发展的需要而在相互交往中形成的全部关系的总称。它是人类社会特有的、普遍的、复杂的社会现象，对个人与社会均有重大的影响。

人际关系又是一个心理学概念。在心理学中，人际关系是指人与人在相互交往过程中所形成的心理关系，是在彼此交往的过程中建立和发展起来的，表明人与人相互交往过程中心理关系的亲密性、融洽性和协调性的程度，包括亲属关系、朋友关系、学友(同学)关系、师生关系、雇佣关系、战友关系、同事关系及领导与被领导关系等。

(二)影响人际关系的因素

一个人不能独立于他人、独立于社会而生活，因此，人际关系必然会受到文化背景、社会背景、思想观念以及其他因素的影响。

1. 文化背景

文化背景包括人际交往的语言环境，交往双方的接受教育程度、文化素质，以及文明水平等。比如，语言不通的人无法一下子在新环境中广交朋友，便是文化背景对人际关系的影响。

2. 社会背景

社会背景主要包括社会地位、社会角色、个人身份以及年龄、性别等方面。比如，贾府的焦大绝不会爱上林妹妹，就是社会背景造成的，悬殊的社会差异，必然影响人际间的交往。

3. 思想观念

思想观念也会影响人际关系。具体来说，交往双方的思维定式、价值观念、情绪状态、气质性格、道德品行等，均能影响彼此交往的层次和深度。

4. 其他因素

其一，态度的类似度。人与人之间如有相同的理想、价值观或兴趣爱好等，就容易引起思想上的共鸣与行为上的同步，从而建立密切的关系，俗称"物以类聚，人以群分"。对某人或某种事物持有相似的态度可以使两个以前不交往的人因为有共同的目标而成为朋友，甚至挚友。

其二，需要的互补度。当人意识到自己有某种不足时，就会发自内心地羡慕具有这种特点或能力的人，愿意与其接近，希望取长补短。

其三，交往的频繁度。交往频率越高，越容易形成共同的经验，产生共同的语言和感受，即交往频率与人际关系的密切程度成正比例关系。反之，长久不交往，关系就逐渐疏远。当然，交往频率也跟人与人之间的地理位置相关。俗话说"远亲不如近邻"，地理位置越接近，越容易建立人际关系。

二、认识良好的人际关系

(一)良好的人际关系

良好的人际关系，是指人与人在社会交往过程中，基本利益一致，双方心理距离接近，心理相容性强，彼此感情认同。在社会实践活动中通常表现为人与人之间能够求同存异、取长补短、通力合作、配合默契，情感比较容易沟通，在工作协作配合中心情愉快，继而能充分调动和发挥主观能动性，使能力和才华得以更好地施展。因此，良好的人际关系可以使学校中的群体产生凝聚力、战斗力和创造力，不和谐的人际关系可能制约甚至影响学校的进步与发展，人际关系对于学校管理者来说，是实施管理的一个重要组成部分。

人与人的不同决定了其交往方式、交往能力的千差万别。在实际生活工作中，我们经常听到人们评价某人，"是一个受欢迎的人"或"是一个不受欢迎的人"。

受人欢迎的人总是容易得到别人接受，俗称"人缘好"。国外有研究表明，受人欢迎的人一般具有如下特征：聆听重于表达，尊重别人的隐私，不过分谦虚，犯错误时勇于承认及坦诚道歉，不为自己的不当行为找借口，不过分讨好别人，珍惜自己和别人的时间，等等。

不受人欢迎的人就是人际交往因个性特征等而受到阻碍。不受欢迎的人的特征主要表现为：不尊重他人，以自我为中心，过于功利，过于依赖，以及妒忌心强、自卑、偏激、退缩、不合群、充满敌意等。

(二)构建校园良好人际关系的重要性

1. 良好的人际关系有助于管理者工作的推进

每个学校管理者都希望高效率地完成他的领导任务，要达到这个目标，与教师建立良好的人际关系则是必不可少的。良好的人际关系，可以使学校管理者的工作事半功倍。

首先，良好的人际关系有利于学校管理者和教师身心健康。如果学校管理者和教师间的人际关系融洽，互相信任、互相帮助，就有助于双方精神轻松、心情愉快，从而有利于双方身心健康。

其次，良好的人际关系有利于群体的团结。团结就是力量，学校管理者都知道单靠自己个人的力量是无法完成群体的任务的，因此，尽最大的努力来团结教师，与他们建立良好的人际关系，是完成教育教学目标的重要保证。如果学校管理者和教师之间情感上互相疏远、格格不入，教师就会产生防范心理、不安全心理，甚至恐惧心理。长此以往，学校管理者就会失去影响力，群体就会失去凝聚力。

最后，良好的人际关系有利于提高工作效率。工作效率取决于很多因素，其中人的工作热情和创造精神占有重要的地位，而学校管理者和教师的人际关系对教师的工作热情和创造精神有直接的、重要的影响。研究表明，良好的人际关系可以增强教师的责任感和自信心，使他们心情舒畅、精神振奋，从而激发他们的工作热情和聪明才智。

2. 良好的人际关系有助于信任机制的建立

首先，良好的人际关系可以促进学校内部信息交流的通畅。对学校管理者而言，畅通的信息交流可以促进其了解教师的需求和愿望，了解教师目前存在的问题、思想状况等信息，为其提供思考的第一手资料。学校管理者与教师交流时要尽可能地表达自己的思想和对学校的感情，以学校发展、教师成长为主线，从而增强教师工对学校管理者的信任感。

其次，良好的人际关系可以促进教师的自我发展和自我完善。对学校教师而言，与学校管理者的有效沟通能促进其对自身的了解，在保证自身身心健康的同时，获取学校管理者的意见和建议，从而寻找自己的价值，促进自我发展。

3. 良好的人际关系有助于学校文化的形成

在学校，管理者与被管理者都不是孤立的个体，而是生活在集体中的一员，个体的行为在很大程度上会受到集体中其他个体的影响。校长与其他管理者、校长与教师、其他管理者与教师之间的良好人际关系，有助于形成一种积极、友善、向上的学校文化。而积极、友善、向上的学校文化能增加学校内部的凝聚力，很好地协调各利益群体的关系，发挥组织协同效应。在这样的环境中，激发教师的积极性、创造力不再是难事，实现学校的发展目标指日可待。良好的学校内部人际关系还可以扩展到学校同社会的联系层面，帮助校长或其他管理者掌握更多的社会资源，在必要的时候为学校的发展提供支持和帮助。

(三)影响良好人际关系的因素

在学校这个大家庭中，学校管理者对自己角色的认知会直接影响其管理行为，并在潜移默化中形成自己的人际关系。每一位学校管理者都想成为校园中受欢迎的人，因此，学校管理者需要努力消除影响良好人际关系的因素。

1. 认识偏差

学校管理者或以貌取人，或一好百好，或道听途说，由此对被管理者产生认识上的偏见、偏差，又或是因为双方在某些问题上意见相左，甚至互不相容而产生人际排斥。

2. 情感排斥

学校管理者与被管理者在过去交往过程中已有了隔阂、对立或矛盾，从而产生了否定性情感，导致双方在其他问题上也相互排斥。

3. 消极性格

学校管理者在被管理者面前表现得高高在上，如显示自己手中有职权、有优越感，或是其自身存在其他不良性格等，都会使被管理者或望而却步，或敬而远之。

4. 信息失真

学校管理者与被管理者之间信息传递的通畅和准确是双方建立良好人际关系的基础，如果信息传递渠道不畅，或信息失真，都会影响双方良好人际关系的建立。

三、建立良好人际关系的原则

在现实生活中，人际关系表现得很复杂。想要构建良好的人际关系，学校管理者必须重视以下几个原则。

(一)广泛性原则

学校管理者与被管理者良好的人际关系应当建立在广泛交往的基础上。如果一个学校管理者仅局限于与少数教师交往，那就很难说这位学校管理者的人际关系达到了一个良好的水平。

(二)相容性原则

学校管理者的相容性是指在与被管理者的交往中能做到宽宏、容忍和承让。"尺有所短，寸有所长"，每个人都有自己的优点和缺点。宽容待人的学校管理者能做到对教师的长处不嫉妒，短处不歧视，因为其懂得宽容是人际关系的润滑剂，其能淡化分歧，减少摩擦，避免不必要的内耗，增强团队的凝聚力，有利于推进各项工作的开展。

(三)情感性原则

良好的情感是人际关系维系的纽带。学校管理者与被管理者情感是否融洽是人际关系好坏的重要标志。良好的情感主要表现为双方互敬互谅、互相关心、互相爱护、互相帮助。

(四)建设性原则

良好的人际关系对学校工作有积极的、建设性的意义。学校管理者与被管理者的人际关系相容、亲密，有益于学校工作的开展，有益于学校发展、学生成长，有益于教育教学目标的达成。

第二节 影响和谐交往的矛盾

管理者的最基本功能是发展与维系一个畅通的沟通管道。

——[美]切斯特·巴纳德

我们身处一个价值多元、兼容并包的时代，各个行业都有其固有的矛盾和冲突，学校也是这样一个矛盾共同体。

学校管理中最重要的两个层面，即管理层和执行层。管理层包括以校长为核心的管理团队，执行层包括教师、后勤工作人员和学生等。这两个层面的不同群体中交织着各种矛盾与冲突。我们要思考和重点解决的，是站在管理层的角度，如何去发现并正确化解管理中的矛盾。

一、因理念不同而产生的矛盾

理念冲突是指人们因对同一事物所持有的观念、观点不同而形成的认识差异。理念冲突会导致个人在工作学习或团队合作中出现状况，如情绪低落、焦虑，工作学习效率低下，甚至通过语言、行为向外攻击，等等。学校内部的理念冲突主要有纵向理念冲突和横向理念冲突两种。

纵向理念冲突，是指校级管理层与教师执行层之间的理念冲突。具体表现为学校管理层在办学定位、管理指向、考核考评、活力激发和关爱教师等方面的举措与教师群体内心期待之间有差异。

横向理念冲突涉及四个层面：一是校级管理层之间的理念冲突；二是中层管理层之间的理念冲突；三是教师群体之间的理念冲突；四是其他人员之间的理念冲突。

优质校领办薄弱校

某农村薄弱学校在市区县教育局的关心下，与市里一所有百年历史的优质学校签订了领办协议，成为优质学校的分校，优质学校向薄弱学校派去了校长和部分教师。领办前双方热情满满，领办中却矛盾重重，最后因矛盾化解不到位导致领办结果不尽人意。

矛盾双方：分校教师与新校长。

矛盾一：分校教师的期待与新校长了解的现实情况差距太大。

薄弱学校的教师认为：自己的学校是该优质学校的分校，期待管理模式、招生政策、教育资源、考核绩效、后勤保障等可以和优质学校一样。他们寄希望于这次领办带来的政策调整，期待在新学年招生时能一改过去生源差的问题，更期待好生源铸就好声誉，在物质保障和职业认同上得到根本性的扭转。

新校长的前期调研结果：①分校师资与本部师资差距较大；②分校管理层的办学观念与本部明显不同；③教师执行层的进取精神、创新意识、协作力度动力不足；④分校招录生源层次不高；⑤分校内部督学氛围不浓；⑥分校办学思想没有实现"目标远、站位高、定位准"，自上而下缺乏高效、进取、竞技、赶超、督学的管理体系，没有在家长、学生、教师、学校层面进行高度整合。

矛盾二：新校长在"破冰"会上的讲话。

新校长在"破冰"会上讲话要点：①自己的什么关系(人事关系、工资关系、组织关系等)都在本部，自己到这里来的初衷是和大家协手共创分校的美好明天，自己不会借用这个平台获取什么，自己是来提供帮助、提供指导的，并会将本部的先进管理理念移植到这里，使分校能和本部实现有效接轨。②分析分校教师的教育教学态度和能力，希望教师看到问题、分析问题，并共同解决问题。

分校教师的自行解读：①新校长和学校、和我们一点关系都没有，我们所期待的管理模式、招生政策、教育资源、考核绩效、后勤保障的改变是不可能实现的。②我们招收的学生都来自农村城郊接合部，还是其他学校选剩下的，学生群体基础差、习惯差、能力弱、学习动力不足是历届新生的通病。面对这样的学生群体，仅凭"出口成效差"就质疑教师的能力与敬业精神，多数教师感到委屈，感到不被理解，心生不满情绪。

矛盾三：分校教师期末考核绩效仍执行本地标准。

分校教师普遍感到之前的期待只是一厢情愿，甚至总结道："在工作要求上，分校按优质学校标准执行，但考核绩效却还是原地踏步。与同地区的其他学校相比，与同地区的其他教师相比，无论是物质层面还是精神层面都没有任何优势。"因此，反过来质疑新校长的治校理念。

尾声：矛盾冲突最终演变成为分校教师的"软对抗"，即你提你的要求，我做我的"本分"；你讲你的理念，我有我的"现实"……

这个案例涉及的矛盾冲突很多，如管理标准问题、执行标准问题、考核体系问题、利益分配问题等，但最为重要的还是理念冲突问题。如对领办的认知和理解，以及在推进领办的过程中，如何实践，如何改善，领办对分校来说究竟意味着什么，领办会给分校带来什么利与弊，本部与分校的关系是什么，在落实领办过程中，会给分校教师带来哪些实质性的改变，等等。如果新校长没有对分校的历史、师资的构成、学生的素质等有充分的了解，没有站在"分校"教师的立场上观察和思考问题，这样的领办就很难真正出效果、出成绩。

二、因利益不同而产生的矛盾

每个人都有自己的价值取向。马斯洛（Abraham Maslow）的需求层次理论将人的基本需求分为五个层次，具体包括生理需求、安全需求、归属与爱的需求、尊重的需求、自我实现的需求。如果学校能保障教师基本权益，保障教师衣食无忧，使教师无论是收入上还是尊严上都得到应有的满足，那么教师就会真正心无旁骛、一心扑在教书育人上。然而，在学校这个大家庭里，事情的发展并不是一帆风顺的，因利益不同而产生矛盾的情况时有发生。

学校的做法对吗？

某校是一所普通高中，教育教学成绩平平，每年在全县教育系统的考核中排名总是最后。学校领导希望能够有拿得出手、叫得响的"特色"，一改全校的"颜色"。综合学校的实际，思前想后，各方权衡之后，校长觉得可以以心理健康教育作为学校的特色加以发展。然而，该校共有 2500 余名学生、260 余名教职员工，仅有一名心理健康教育教师。

主管教学的副校长的认知：①"心理健康，高考不考"——无重要性可言；②高考成绩好，无法证明是心理健康教育做得好出的成绩；③高考考得差，我们也不会怪你心理健康教育做得不好——学校管理层不重视心理健康教育工作。

学校的行为：①没有开齐、开足课程；②心理健康教育教师做个案不计入工作量；③心理健康教师开展工作困难重重，心理社团活动没有时间保障，班主任和德育处以心理社团活动占用学生休息时间为由，禁止学生参与活动；

④心理健康教师希望能够参加有实效的学习培训，学校以经费紧张和没有教育局的文件为由，拒绝外派……

心理健康教育教师的行为：①努力做好自己分内之事；②努力进行学生个案研究、教学案例研究；③自费参加各种学习培训以提高自己的教育教学水平和处理个案的能力，并积极撰写论文、案例、课例，积极参加市级、县级的优秀教育成果评选；④积极创造条件开展学生社团活动，并注意收集各种资料。⑤在创建"心理健康教育实验学校"时，拿出了从课程体系建设，到个案咨询记录，到影响力辐射，到经验交流推广，到丰富有趣的学生社团活动，到心理健康教育校园读本等大量有力的支撑材料，使学校的创建工作一举成功，成为"心理健康教育实验学校"。

矛盾：心理健康教育教师申报专业技术岗位时，学校却以"课时未达到全校平均水平"为由，将该教师的申报材料直接剔除，不予参加考评。心理健康教师找考评小组组长了解情况，找校长反映此事，都没有得到合理的答复。

结局：心理健康教师将自己的不公平情况反馈到了教育局。

在这个案例中，主管教学的副校长始终认为，高考不考的心理健康教育无重要性可言，而且争创"心理健康教育实验学校"，表面上看来是为学校争得了荣誉，但实际上也变相增加了学校考核的内容，增加了学校的负担。案例体现了利益冲突给学校心理健康教育工作、整个教育教学工作和学校的教师队伍安定团结带来的影响，从侧面也反映出主管教学副校长对学科的认识不公平，对教师的付出不尊重。

三、因学科不同而产生的矛盾

术业有专攻。因所受的专业训练不同，擅长的内容不同，不同学科的教师都会本能地认为自己的学科是最为重要的，应受到极大的关注和重视。在学校中，学科重要性之争，由来已久，课时工作量折算比例、绩效考核标准的制定、学科教师话语权、评优晋级的名额分配，甚至学科教研组人数多寡等都可被视为学科重要性的表现。学校一方面依托"教书育人，育人为本"理念，另一方面兼顾中高考学科权重，约定俗成地形成了对各学科工作量、绩效考核的标准，教师之间表面上也无异议。然而，现实中教师间还是会因专业不同而产生矛盾。

秦老师想得通吗？

某学校毕业年级办公室。物理老师秦老师因周同学最近的物理学习表现太过"随意"，请周妈妈(周同学家长)到学校了解情况。

周妈妈刚走进年级办公室就被数学老师方老师叫住。

方老师：周妈妈，你过来看看，你儿子这几天的数学作业……

秦老师：周妈妈，是我通知你来的，我马上有课，我们先说说。

方老师：我也有课嘛，我先说。周妈妈你是知道的，升学时数学的分高，学好数学才是关键。

周妈妈左右为难。最后说：方老师，我先听秦老师说，然后我等你下课后咱们再交流。

…………

周妈妈离开办公室后，秦老师、方老师两人为此事发生争执，秦老师认为方老师凭什么看不起物理学科，一定要讨个说法。两人的争吵引来了年级主任，年轻的年级主任对两位老教师好言相劝，但是一句不恰当的劝解让矛盾升级：秦老师，算了算了，方老师说的也是事实，升学时物理学科的分值的确没有数学的高，这是事实，你也要想得通。

秦老师：哦，原来你们领导就是这样想的。方老师不尊重人，你也不尊重我们学科。我教了快30年的物理了，现在才知道我们在你们眼里是这么不重要，那我们那么努力地教这个书有什么意义呢？今天这个事情一定要讲清楚，讲不清楚我们就到校长面前去讲清楚……

学科教师热爱本学科，愿意捍卫其地位和重要性，本无可厚非，甚至在某种程度上还应该加以鼓励和支持。可是，如果这种热爱之情沦为狭隘的"山头主义"，那么教师就已经失去了其称为"教师"的依托——"教书育人，育人为本"。年级主任不恰当的"解围之语"让物理老师感受到学校对自己学科的不尊重，其会认为年级主任代表的就是学校领导的意思，对这件事的议论也会对其他学科的教师产生影响，继而影响学校教师的安定团结和教育教学质量的提升。学校教育的目标是育人而不是分数，缺了哪一学科都是育人内容的缺失。

四、因精力冲突而产生的矛盾

在学校教育教学工作中，一线教师承担的责任很大，除了专业素质过硬外，还要接受来自教务处、德育处、科研处等部门的要求：备课笔记检查、作业布置和批改检查、坐班考勤检查……教师的精力真是不够。

你的精力够用吗？

德育处要求每月检查教师的"学生思想工作记录"，每月不少于 4 次。每学期德育处要求教师上交一篇德育论文。

教科室要求教师每学期上交一篇教学案例或课例，每学期按时完成相应的"继续教育"。

教务处要求教师参加教研组活动，每周一次，要有发言有记录。教师每月初交备课本检查，其备课节数不少于当月的实际授课课时数，每课课后需有不少于 50 字的反思。其中：

语文学科每月不少于 2 次大作文，4 次小作文，作业全批全改，每月组织一次测评，当天完成，次日评讲，要检查学生对于作业、作文、试卷的修改情况。

数学学科……

…………

在这种高强度的教学和检查任务的压迫下，教师的专业自主性无从谈起。他们每天忙于完成各种"检查"和"要求"，无暇思考、获取自身发展所需要的专业知识和技能，教学进度和顺序也因为考试的限定而不得不全年级统一……教师变成了生产线上的工人，学生自然也就成为教师加工的"产品"，教学成了整齐划一的有衡量标准的操作。

"一千个读者心中有一千个哈姆雷特"，同样的教学内容、教育对象、教育现象可能引发不同教师不同的思考和不同的行为表现。"因材施教"体现了教育教学过程中每一个教学参与者对教学对象的差异性本质的考虑。如果学校管理者认为"人缺乏自主意识、缺乏创造性、缺乏反思能力，需要被强制地约束行为"，并以此制定相应的制度来管理教师，那就违背了教育的出发点和理论基础。

第三节 和谐交往之道

一个篱笆三个桩，一个好汉三个帮。

——中华谚语

安德鲁·卡内基

美国钢铁大王安德鲁·卡内基在 1921 年付出 100 万美元的超高年薪聘请一位执行长夏布。记者访问卡内基时问："为什么是他？"卡内基说："因为他最会赞美别人，这也是他最值钱的本事。"甚至，卡内基为自己写的墓志铭是这样的：这里躺着一个人，他懂得如何让比他聪明的人更开心。

这段文字夸赞了两个人，一位是执行长夏布，卡内基认为他最值钱的本事是赞美人，另一位是卡内基本人，他自认为是懂得让比他聪明的人更开心的人。文字深处透露出两位成功人士和谐交往之道。

和谐可以凝聚人心，和谐可以团结力量。"家和万事兴"，家庭成员和睦相处，家庭就会万事顺意。学校管理也是如此，学校管理者要努力营造和谐交往的氛围，要做和谐交往的主人，努力团结人心，凝聚力量，减少矛盾，增加教师的幸福感和成就感，提升教育教学质量。

一、管理者要营造和谐交往的氛围

(一)宏观上做好学校的制度建设

"无规矩不成方圆"，没有制度，就无所谓管理。建立健全各种规章制度是学校管理的前提，严格执行制度是学校良性运转的保证，也是学校人际关系和谐的重要基础，学校管理者要高度重视制度的制定和执行。

首先是要建立健全规章制度。学校在制定制度的过程中，应该遵循一些基本原则，如制定的规章制度要结合学校实际，是合情、合理的，是必要的，是能保障大多数教师利益的，是能推动学校发展、教师提升、学生的成长的；应充分发挥行政会、教代会、校务会的作用，要深入调研，反复征求教职工意见；要吸引师生员工参与其中，保证制度严肃性，要让师生员工乐于接受、自觉维护；制定的规章制度要清晰、具体，要让师生员工明确适用条件和背景；

制定的制度应少而精，应该是最基本、最适宜的；制定的规章制度表述以正向引导为主，多用积极语言等。

其次要重视规章制度的执行。规章制度建立后，一定要严格执行，科学实施，要遵循一些基本原则，如教育引导师生员工敬畏规则，让规章制度有"尊严"；管理者要严于律己，带头遵守规章制度；要灵活运用规章制度，既要保证规章制度的权威性，又要确保最大限度地减少师生员工的对抗心理；要不断检查师生员工对规章制度的理解情况；规章制度的执行要合理、合法，要有教育意义；把惩罚条理化、具体化、明晰化，要及时提醒引导，惩罚不是目的而是手段，要关注师生员工行为养成的各个方面；执行要公平、公正、公开，坚持标准，一以贯之，等等。

"变味"的签到

王校长在巡视校园时，发现总有个别人或早退，或工作时间找不到人，于是就制订了签到和签离制度。制度刚开始执行时，确实起到了一些积极作用，但随着时间的推移，这个制度好像慢慢"变味"了。

现象一：离上班时间还差 15 分钟，校长室的门还是紧锁着的，教师办公室里已是炸开了锅，这边一句："让我们签到，他们人都没有，他们要不要签到。"那边又来一句："干脆把名字签在他们的门上。"这一句立即得到大家的响应，大家拿出粉笔在校长室门上签起名来，没过一会儿，门上已写满了各式各样的签名。第二天，签到表由校长办公室"转移到"了教师办公室，教师签到方便了，然而校长室的门还是像往常一样在上班时间到之前一点点才打开。

现象二：午休时间，学校安排了写字课，要求每个教师都要提前 20 分钟来校。如果你今天没有课，按照正常上班时间到校，也算迟到，然而每次在写字课下课的时候，校门口总会出现王校长的身影……

现象三：为了赶上签到，杜老师总是早早来校签上一个名，然后就放心大胆地去一个固定的地方睡觉去了，甚至在中午下班的时候就把下午要签的名字签好了，因为签名了，就不算迟。如果今天来迟了，他也会把时间写得早早的，让领导无据可查。

这个案例虽然反映的是管理制度在实行中的细节问题，但从细节处可见管理的全貌。学校管理者为了对下属的不良行为进行管制，而采取签到制度，这样的制度确实能够对被管理者的不良行为进行抑制，但学校管理者在管理的过程中所运用的方法和表现出来的态度令被管理者觉得难以接受，从而做出过激的举动。如"现象一"中，教师竟然将名字签到校长室的门上，这是教师对学校管理者行为的不满的表现，是一种对强权的挑战。学校管理者对人不对己、人我不一的态度，只会造成管理中矛盾的激化，从而使管理的效果大打折扣。"现象二"就更能体现学校管理者在对待自己和被管理者之间的人我不一的不公平现象，也正是这种管理中的不公平现象导致管理制度流于形式，正如"现象三"中的老师把签到表当成了签名表，只要上面有名了就算签到了，根本不把管理制度放在眼中。这样签到又有什么意义呢？只有让学校管理者和被管理者位于同一平台上，进行统一的管理，才能体现公平，这样也才能让管理真正有效。学校管理者千万不能以管理者自居，强调自己管理者的身份，从而凌驾于制度之上，而忽视了自己同时也是制度的管理对象。学校管理者的一言一行都时刻影响着被管理者，如若学校管理者不一视同仁，对人对己搞两样，而强压被管理者，被管理者将会产生抵触，学校管理将一塌糊涂，无法正常开展下去。久而久之，这样流于形式的管理方式，将影响到正常的教育教学工作。

(二)微观上培养教师的和谐意识和理念自觉

校园和谐需要制定一套能够反映学校发展要求的规范体系，还需要一个能够在各个方面支持和保障规范得到真正落实的环境。一个不明是非、不辨美丑的行为者，是不可能自发形成促进身心健康的意识的。

心理学上有个"斑马效应"：一匹斑马，你可以说这匹斑马原来是白马，后来有了黑斑；你也可以说这匹斑马原来是黑马，后来有了白斑。看问题的角度不一样，给予的解释就不一样。工作中，学校管理者要从不同的角度看待问题，善用表扬。表扬是零成本、零风险、起效最快的激励工具。

不同的表扬方式

某学校的小王老师做事干练，班主任工作也做得耐心细致。最近班上的吴同学因长期在家上网课，与父母相看两生厌，钻了牛角尖，出现了一些心理问题。小王老师发现问题后立刻报告了德育主任，同时联系家长，询问吴同学在家的情况，还与吴同学交心谈话，和吴同学的好朋友谈话，用了很短的时间就把这位学生的问题调查清楚，并做好了后期工作的预案：安排吴同学的好朋友陪护吴同学，保证每两天与此学生交流一次，保证每两天与学生家长交谈一次……德育主任非常满意，于是决定好好表扬小王老师一番。

第一种表扬方式："小王老师，干得不错呀，我非常满意！小伙子年轻有为，好好干吧！"

第二种表扬方式："小王老师，我观察了这两天你处理吴同学问题的情况，你与家长沟通，与学生交流，问题抓得很准，想得周到，做得到位。昨天我又看了你关于吴同学心理辅导的后期预案，很好，操作性很强，既保护了吴同学脆弱的心理，也能很好地调动家长参与到辅导中，而不是旁观或者帮倒忙。可见你作为班主任责任心很强，工作效率也非常高，有创造力。你的这种工作态度和精神特别值得大家学习，辛苦了！"

此案例中，小王老师肯定觉得第二种表扬方式更受用。

第一，作为学校管理者，表扬教师时一定要抓住表扬的三个核心要素：行为、影响和肯定。

行为——就是学校管理者在表扬教师时，应该具体明确地指出教师的哪些地方做得好等行为细节。

影响——就是学校管理者应该说出教师的表现所带来的影响与贡献。

肯定——就是学校管理者要肯定、鼓励教师，告诉教师对他的表现很满意，还可以与教师握握手或者拍拍其肩膀，以此表示对教师出色表现的肯定。

在第二种表扬方式中，"我观察了这两天你处理吴同学问题的情况，你与家长沟通，与学生交流，问题抓得很准，想得周到，做得到位。昨天我又看了你关于吴同学心理辅导的后期预案，很好，操作性很强"，这是对小王老师行为细节的表扬；"既保护了吴同学脆弱的心理，也能很好地调动家长参与到辅导中，而不是旁观或者帮倒忙"，这是对小王老师具体行为影响的表扬；"你作为班主任责任心很强，工作效率也非常高，有创造力。你的这种工作态度和精神特别值得大家学习，辛苦了"，这是对小王老师的肯定和鼓励。在这样的表扬中，学校管理者和教师建立了和谐的人际关系。

第二，学校管理者表扬教师时要掌握教师的心理。例如，校长要表扬教师，就应明白作为知识分子的教师，更多的时候是想让校长认可自己"有用武之地"的"自我实现的需要"，因此校长在选择表扬的内容时就应该更多地定位在能体现教师教学水平、教研成果的方面。这样可以使教师获得极大的心理满足，从而保持旺盛的精力，以高昂的斗志投入到教学、教研工作当中。表扬的本质不是领导的说话内容，而是推动教师的行为。

第三，学校管理者要选择在工作场合表扬自己的教师，而不是在非工作场合。另外，是公开表扬还是私下表扬，也要思考后为之，并不是所有的表扬都需要公开进行，有的时候，到办公室单独给予表扬和奖励，效果会更好。一般而言，如果只想表扬一个人，私下进行比较好；如果想赞扬一件事，或表扬一个团队，公开进行比较好。

第四，表扬也是一门管理艺术。有人曾总结说，表扬先进人物的方式——响鼓也要重锤敲；表扬后进分子的方式——挖掘心灵深处的闪光点；表扬中间队伍的方式——无功便是过。这是有一定道理的。对于先进人物，学校管理者应在表扬时强化他们的雄心，以免其安于现状；对于后进分子，应唤起他们的上进心，以免其破罐破摔；对于中间队伍，应激发他们的潜能，以免其甘于平庸。

第五，表扬有"五忌"。

一忌没有针对性。例如，案例中第一种表扬方式。

二忌以偏概全。例如，某次青年教师汇报课后，校长进行了点评：杨老师，你是这批年轻老师里面最努力、最聪明的，这节课上得很好！出乎我的意料，我太高兴了。

三忌明褒暗贬。例如，年轻的杨老师第一次参加完教学比赛，兴高采烈地向指导老师田老师汇报成绩。

杨老师：谢谢田老师，这次我拿了一等奖。

田老师：这个级别的比赛拿一等奖，很不错！还是第一次参赛，嗯，很好！

杨老师：谢谢田老师，是您指导得好！

田老师：我听说××中学的殷老师也参赛了，她也是一等奖吧？

杨老师：殷老师这次是特等奖。

田老师：还是有差距哈，你回去反思一下主要差距在哪里。

四忌带有预言。例如，年轻的杨老师第一次参加完教学比赛，兴高采烈地向指导老师田老师汇报成绩。

杨老师：谢谢田老师，这次我拿了一等奖。

田老师：这个级别的比赛拿一等奖，很不错。

杨老师：谢谢田老师，是您指导得好！

田老师：你很聪明，也努力。我记得这个比赛设置了特等奖，相信下一次你一定能拿个特等奖回来！

五忌盲目比较。例如，年轻的杨老师第一次参加完教学比赛，兴高采烈地向指导老师田老师汇报成绩。

杨老师：谢谢田老师，这次我拿了一等奖。

田老师：很不错，这个级别的比赛拿一等奖，可以了！一等奖是最高奖次吗？

杨老师：不是，殷老师是第1名，特等奖，第2至第4名是一等奖。

田老师：还有点差距哦！继续努力。

表扬是一门管理手段，更是一门艺术，不是说几句好听的话就可以了。学校管理者可以通过有节奏的表扬、有选择的表扬、深思熟虑的表扬，激励教职工队伍，让正确的价值观念深入人心，从而"征服"其心灵；让和谐意识和理念自觉地在主观上获得确认，从而构建和谐校园。

二、管理者要做和谐交往的主人

和谐，并不是完全的统一，而是指事物协调、均衡、有序的发展态势，即"和而不同、求同存异"。学校管理者不能仅根据表面情况对问题进行判断，而要对问题深入分析后再行动。和谐的校园人际关系是"合作型"的人际关系，学校管理者与教师之间要有努力办好学校的共同愿望，互相理解、互相支持、顾全大局、遵守制度。

(一)和谐交往"有深度"

学校管理者要有大局观、前瞻性。深度决定跨度，心法决定技法。在上一节"优质校领办薄弱校"的案例中，新校长的问题在于没有深度调研被领办学校的历史，没有深度思考被领办学校教师需求与学校近期、远期目标，也没有站在被领办学校、教师的立场上思考产生矛盾的根源和化解矛盾的办法，因此领办过程矛盾重重，领办效果不尽如人意。

青蒲联盟某托管学校三年实现"弯道超车"①

2016 年，成都市某中学按成都青蒲联盟（青羊区与蒲江县教育联盟）协议托管蒲江某九年义务教育学校。三年托管结束后，学校教学质量总积分居蒲江县同类学校前列，并成功通过成都市"新优质学校"审核。2018 年，该校还被成都市教育科学研究院评为市教育科研先进单位，并通过蒲江县高效课堂教学合格学校评估验收，成为县"高效课堂教学合格学校"。

托管成效显著的背后，是托管学校管理团队在托管前对被托管学校的深度了解和定位。在托管前和托管中，管理者关注大局，预测全局工作要点，而不是被动地等待上级的安排，或者出现问题后的"灭火队"。

◆深度思考——协议前"三步曲"

第一步，以执行校长为主的管理团队充分调研了被托管学校现状，与上级主管部门（蒲江县教育局）充分沟通，了解蒲江县招生政策、考核办法，了解教育局对该校的定位和预期，以及全县的综合情况等。走进被托管学校调研，了解学校的教师师资、学生生源、管理现状、亮点特色等情况。

第二步，充分分析被托管学校的优势与劣势，以及托管学校能够为被托管学校提供支持的人、财、物的能力，同时，到自己的上级部门（青羊区教育局）争取最大的支持。因托管学校是纯初中学校，而被托管学校是九年一贯制学校，在小学教育教学管理方面需要得到其他小学的支持，必须得到上级主管部门的批准。

第三步，认真准备与被托管学校教师的第一次见面会。执行校长在见面会上认真分享了自己对被托管学校的现状了解和思考，以及自己学校能够提供的真实帮助，对未来托管工作的期许，然后认真听取了各层次教师对托管后的想法和期望，能当场回答的，就马上回应或承诺，对于不能立即回答的认真做好记录，让被托管学校的中层干部和教师感受到托管学校真心是来帮助他们的，而不仅仅是为了完成上级派发的任务。

◆深度行动——协议后"三步曲"

第一步，人员输出。随校长到被托管学校的共有 7 名"青羊教师"，其中有

① 参见李建国、苏微：《农村薄弱学校提质增效的实践与反思——以浦江县甘溪镇九年制学校委托管理为例》，载《教育与教学研究》，2018(9)。

2位教师坚守了3年。支教教师作为先进教育理念最直接的传播者，让被托管学校感受青羊教育的深度。

第二步，制度输出。重建被托管学校的管理体系，推行先进的教育教学理念。对被托管学校的干部进行了权、责分工，责任到人，制度上墙，重建"教代会""学生会"等民主管理机构，设置校长微信，公开校长电话，广泛听取教师、学生、家长对学校发展的意见和建议，制定并完善学校章程和各类制度。

第三步，资源共享。重建被托管学校的教研体系，提升教师的业务能力。两校的教学管理实施"四同步"，即"教材同步""教辅同步""教研同步""考试同步"。建立"教研、教学、培训一体化"专业发展机制：(1)同步教研，交流帮扶。两校不定期集体备课、共同教研，推进被托管学校教师专业成长。(2)聚焦课堂，实战帮扶。被托管学校骨干教师到托管学校参加"影子跟岗"培训，托管学校派出30多人次的骨干教师到被托管学校听课、评课。2017年一年内托管学校安排了5名教师到被托管学校"献课"。(3)专题培训，引领帮扶。托管学校每学期都安排干部、骨干教师到被托管学校开展专题讲座，有班主任管理、学科教学经验分析，也有"中考秘籍"等学术交流。

…………

通过这些措施，被托管学校的教师感受到了执行校长的深度管理，执行校长聚拢了人心，团结了队伍，改变了教师的思想和行为，推进了教育教学质量的提升，实现了"托管"的初衷。"帮扶"协议结束后，两所学校又再次成为青蒲联盟学校，携手共创两校的辉煌。

总之，学校管理者要善于用共同的奋斗目标来凝聚人心，把正确的思想和科学的教育理念传递给班子中的每一个成员。在统一的思想和统一的理念的引导下，班子中的成员容易形成共识，减少推诿和摩擦，营造和谐氛围。

(二)和谐交往"有力度"

"一个好校长就是一所好学校"，这句话诠释了学校管理者对于学校建设的重要性。从众多优质学校与薄弱学校的合作事例中，我们发现，真正影响学校发展的是学校管理者的管理差异，以及其对学校的价值认同，而不仅仅是教师业务能力、业务水平的差异。

在前面"学校的做法对吗？"的案例中，就是由于心理教师和主管教学的副校长对心理健康教育工作的重要性认知不同，对于学校教育的职责、宗旨、内容、目标等方面的认知不同，而产生了矛盾。这种矛盾，说小了是沟通不畅的问题，说大了就是学校教育在价值观层面出现了问题。心理教师按照自己对其工作意义价值的预设和理解，根据自己现有的条件创造性地开展工作，做出了一定的成绩，而在主管教学的副校长看来，高考不考的心理健康教育无重要性可言，甚至认为心理教师的"折腾"表面上是为学校争得了荣誉，但实际上是变相增加了学校考核的内容，增加了学校的负担。副校长这种"一叶障目"的做法，不得不让人质疑该学校教育的初衷是什么，学校文化、教师文化是什么。

第一，学校管理者的管理要有章可循。学校管理者要有宏观的视角，对学校文化、教师文化、学生文化有一个明晰的愿景；对学校发展、教师考评、学生考核要有明确的规定。学校管理者应利用好信息占有优势，将教师个人发展目标与学校中长期发展规划进行整合，培养教师、发展教师、成就教师，从而实现学生学业有成、教师实现价值、学校得到发展的"学生、教师、学校三赢"的局面。

第二，学校管理层应达成共识。前述案例中校长想通过抓心理健康教育出特色、出成绩，副校长却认为心理健康教育没什么实际用途，还是抓教学成绩更实际。对于争创"心理健康教育实验学校"是大力支持还是适当阻止，管理层应达成共识。从目前学生的心理成长来看，在中考、高考前，加强心理健康教育的力度，也许是必要的。

第三，学校管理者要及时与教师沟通。要主动约谈教师，倾听教师心声，宣讲学校的愿景，通过和教师深入细致地讨论，让教师主动将个人的发展计划整合到学校的发展规划之中。同时，应根据学科特色，合理地拆分学科工作内容，并给予相应的、合理的价值认同，避免教师因为工作得不到承认而挫伤工作的积极性。

校长的用人艺术[①]

某中学吴老师的教学业务水平高，工作能力强，在学校具有一定的影响力。学校交给他的工作都能按时保质完成。他不仅在学生中有威信，也深得家长信任，但他总是爱与领导抬杠，发表一些"高见"。学校工作确实难做，有时

---

① 参见程凤春：《学校管理的 50 个典型案例》，上海，华东师范大学出版社，2009。

难免会出一些问题，他就抓着不放，那种傲气实在让人难以接受。

学校进行课改实验，成立课改实验领导小组，按惯例校长担任领导小组组长，副校长、教务主任依次排列为组员，但是小组也需要有一线教学的教师，于是请到了吴老师。吴老师爽快地答应了，同时也提出一个条件："要我参加可以，要给我一定的权力，这样我才能调动其他人。"校长考虑后，同意了他的要求，任命他为课改实验领导小组副组长。果然，他不负众望，出色地带领教师们进行课改实验，并取得了一定的成效。

"知人善任"是管理者的用人艺术。在一个健康的学校组织中，每一位教师都可以成为联合解决问题和完成任务的合作者。对吴老师的启用简单地看是一个"刺儿头"型人物的成功转型，往深处看就是校长"选、用、养"干部的魄力。

第四，学校管理者要关注教师的发展。在教师开展工作的过程中，学校管理者要加强跟进，必要时提供支持或者提出建议，促进教师产生适宜性行为，这样既能让教师感受到来自校方的关心和支持，促进教师出成果，又能随时掌握进程，帮助教师避免一些因为视野受限和信息缺失带来的偏差，进而避免给教师本人和学校带来不必要的损失。

总之，学校管理者要善于学习、善于创新，要有现代教育科学理论知识、学校管理理论知识以及丰富的实践经验。只有这样，学校管理者才能对教育政策有敏锐的解析能力和理解能力，才能因地制宜地制定决策并及时调整。

(三)和谐交往"有温度"

学校是个大家庭，显然也要有家的温度。学校管理者要善于营造宽松的工作环境，搭建让班子成员或教师放手工作的平台。

第一，学校管理者要有宽广的胸怀，要允许别人干，允许别人干出成绩，也要允许别人有缺点，尤其允许别人克服缺点和改正错误，这是和谐校园构建不可或缺的条件。同时，学校管理者要建立完善的监督机制。监督主要有三个方面：上级领导部门的监督、群众的监督、班子成员之间的相互监督。监督能增加透明度，是保障，反之，暗箱操作、校务不公开等会降低班子成员之间的信任度，会让彼此猜疑，产生隔阂。

第二，学校管理者要知冷知热，尽自己所能为教师挡风遮雨，排忧解难。现如今，社会对教育的要求很高，教师的生活压力、工作压力很大，学校管理者就需要做好心理辅导员的角色，及时对教师进行心理疏导，关心他们的生活和工作，了解他们的困难和压力，能给予帮助的给予帮助，不能帮助的也要让教师有倾诉的机会。

第三，制度是冷的，但学校管理者可以为其披上温暖的外衣。很多学校都会有这样的事情发生：某个教师因违规违纪而被追究教育教学事故，在实施处罚前，校长或主要负责干部往往会先找当事人谈话，与之进行和风细雨的交流，条分缕析，从而让教师认识到问题，接受处罚。处罚的目的不在"整人"，而在"整事"，在于对事件的认识和对他人的警示。事故的追究不能引发矛盾，但也不能因为怕引发矛盾而不追究责任，学校管理者的"温度"能使上下关系和谐，学校管理有序。

第四，决策执行一定不是学校管理者的"独舞"，学校管理者的"温度"还体现在合理授权上。

学校的大小事务都由校长说了算吗？[①]

某中学年轻的李校长，35岁，当过班主任、年级组长、教导主任，在教育教学方面是市区骨干。上任以来，他保持了自己一贯的工作作风，兢兢业业，雷厉风行，真抓实干，希望通过自己的努力，使学校在短时间内有较大的变化。

一次，李校长检查教师教案时，发现有些教师写得比较简略，他马上找到有关教师，指出问题和改进意见。这让主管教学的副校长很尴尬，因为他曾经在一次教研组长会议上讲过，不同教师的教案可以有不同的要求：青年教师要求详案，老教师可以写得简略一些，希望教师把主要精力放在钻研教材教法、努力提高课堂教学质量上。

又一次，李校长看到总务主任正在指挥工人建自行车棚（校务会议已决定）。李校长认为地点选择不好，应放在操场边的围墙附近。总务主任却认为，放在操场围墙边离办公楼太远，不利于教师上下班存取自行车。可是李校长还是坚持让总务主任把自行车棚地址改了。

期中考试前，几位教师向李校长反映，学校活动安排太多，牵扯了学生和教师过多的精力，影响了教学。李校长认为反映有道理，就要求政教处把一些

---

① 参见程凤春：《学校管理的50个典型案例》，上海，华东师范大学出版社，2009。

活动推迟到考试以后，政教主任只好按校长的意思办。

…………

一学期下来，几位主任的工作主动性明显下降，该自己做主的事也不再做主了，什么问题都来请示校长。教职工们看到其他领导都不管事，有什么问题也直接找校长反映解决，结果弄得李校长手忙脚乱，焦头烂额。

校长可以是能人，但一定不是全人，所谓"一个好汉三个帮"就是这个道理。合理授权，既是校长用人的"分身术"，也有利于调动中层干部的积极性、主动性和创造性，还有助于锻炼中层干部，提高他们的执行力，为学校发展储备干部。当然，授权不是简单地分权给中层，而是在工作过程中要给予及时地引导和协助，促使中层干部努力工作。在实践中哪怕有时会出现处理不当的状况，那也是干部积累经验、迅速提升执行力的历练。

第四节　和谐交往之术

> 管理就是沟通、沟通，再沟通。
>
> ——［美］杰克·韦尔奇

王老师会沟通吗？

学生小东学习比较努力，但经常不能按时完成作业，于是王老师找小东谈话。

王老师："小东，从你的表现上看你做作业效率不高，应在此方面努力提高才是。"

小东："老师，其实我做作业速度不比别人慢……"

王老师："那你为什么总不能按时完成作业呢？恐怕是精力不够集中吧？如果这是因为其他人干扰，你要学会说'不'，如果是你自身的问题，做作业时就要注意集中精力，我可以告诉你如何做……"

小东："老师，我不是精力不集中，我做作业很专注……"

王老师："那你就是没订计划，计划是一定要有的！"

小东："老师，我有计划，但似乎对我没什么用……"

王老师："计划怎么没有用呢？看来你是对计划的重要性认识不够，我来告诉你……"

案例中王老师的沟通是有问题的，他有许多人常常出现的倾听障碍——以己度人式的回应，主要体现在四个"喜欢"上。①喜欢"建议"：好为人师，急于给别人劝告、提出建议及问题的对策，从案例中看出，王老师更多是为了表达自己的意思，而不是为了了解对方的想法；②喜欢"探究"：王老师依据自己的看法、经历去提出问题，目的是找到答案，但所有的答案都是他事前就已经预设好了的；③喜欢"诠释"：王老师凭自己的经验去诠释别人的动机和行为，同时喜欢"评价"他人；④喜欢"臆断"，王老师完全凭自己的想象做出判断，做出决定。

在学校管理中，沟通的重要性不言而喻。沟通好了，可以减少摩擦与争执；可以疏导情绪，消除心理困扰；可以增进彼此了解，改善关系；可以增强合作，互惠共赢，最终提高管理效率。

一、倾听是有效沟通的前提

苏格拉底有句名言：人有两耳双目，只有一舌，因此应多听多看少说。倾听是有效沟通的首要步骤。"说"具有主动性，而"听"却是被动的，倾听者必须捕捉、整理、区分、挖掘表达者的意思，如此才能听清楚、听明白。"听"可能比"说"更难，更重要，所以在沟通中必须加强倾听的训练，重视倾听的基本要求。

(一)用心倾听要有积极外在表现

良好的沟通是表达者和倾听者共同创造的一种认知体系。倾听者给予表达者充分的尊重、情感的关注和积极的回应，是创造共同认知体系的关键。所以学会倾听是管理者的基本素质，是否善于倾听是衡量管理者管理水平高低的标准之一。

一是注视。倾听者要适当地注视表达者，表现出听得很认真。首先，要关注注视的时间。正常的注视时间要占谈话总时间的 30%～60%。注视的时间太短可能表现为对谈话不感兴趣、不重视；注视的时间太长可能表现为对谈话的话题不感兴趣，而对谈话人更感兴趣。其次，要注意注视的位置。倾听者应根据谈话目的及时调整注视的位置。例如，课堂上与学生正常交流或课后和学生沟通谈心时，建议教师注视学生的下三角(两个眼睛到嘴巴之间的位置)，给学生以融洽、和谐、自然的信息。如果学生在课堂上违反纪律，教师要制止他，但又不想影响其他学生听课时，建议注视学生的上三角（两个眼睛到额头之间的位置）6秒左右，给学生以严肃、认真、诚恳的信息。另外，为了体现对学生的关心、友好、爱护，对小学低年级的学生可以适时注视大三角（两个眼睛到胸部之间的位置），等等。

二是点头。沟通是从认同别人开始的，所以在倾听时要学会点头。在次数上以一次认同点头两三次为宜，在速度上不快不慢，态度要诚恳，表情要自然。

三是微笑。会微笑是学校管理者的职业修养。管理中的最大缺陷，莫过于缺少微笑。许多学校管理者喜欢板着面孔，不苟言笑，以显示自己的权威和尊严。事实上，过于严肃的学校管理者即使得到师生的尊重，得到的也是一种"敬畏"，而非"敬爱"。微笑的表情，能使人感到亲切、温暖，并愿意与之接近。微笑可以为管理者创造良好的管理心境，提升其管理水平；微笑可以为师生创造良好的接受心境，提高其工作效率和学习兴趣；微笑还可以缓和矛盾、改善干群关系。

四是身体前倾。两个人在交流时，如果一方身体向后仰，常常给另一方一种不想交流、拒人于千里之外的感觉；所以身体微微向前倾斜，一方面传递出"我在认真听"，另一方面传递出"我想听得更清楚"的良好信号。

五是记笔记。"好记性不如烂笔头"，在倾听过程中适当做做笔记，有助于记下重要信息，帮助理解，也可以对表达者产生鼓励作用，给表达者一个信号，表示你对这次谈话的重视或者你对表达者的重视，让表达者相信你的诚意。

六是口头回应。就是在倾诉别人表达的过程中及时予以回应，让双方的交流融洽。例如，在对话中不失时机地回应"没错""嗯""啊"等。对方说完一句话，我们觉得这个话可以接受，就说"啊，是这样"，"嗯，我也这么想"；也可以在对话中发出感叹，如"哎呀，是真的啊"，"是这样啊"；当别人说"当时我们就有三个方案"，可以及时向对方追问"哪三个方案"，等等，让谈话更深入。

（二）用心倾听要有同理心

同理心的对话

刘老师："小明，你不要有顾虑，有什么烦恼，有什么想不通的地方，都可以给我讲。"

小明："刘老师，某某学科老师对我有成见，我上课动也不能动一下，别人上课讲话不被骂，我上课一讲话老师就要批评我；别人不交作业不骂，我不交作业老师就要罚我抄 20 遍；别人有什么错误不骂，我一有小错误，老师马上就打电话叫家长到学校，我回家就要被批评。"

刘老师："小明，你认为某某学科老师对你有偏见，对你抓得太过分，所以你恨他，是吗？"

案例中一个简单的句式"你认为……（用自己的语言将小明的一席话概括一下），是吗？"就体现了刘老师的同理心。因为这句话有可能出现两种结果。一种结果是小明回答刘老师"是的"，那么，无论刘老师概括的意思多么严重都是小明认为的，而不是刘老师凭空臆断的，体现的是刘老师听清楚了、听明白了、理解了，这就是同理心。另一种结果是小明回答刘老师"不是"，那么，刘老师可以追问小明"那是什么"，小明一定又会说出很多原因。他说得越多，刘老师了解得就越清楚，就越容易抓住关键问题对其进行教育，效果肯定会更好。这也就是倾听中一个很重要的技巧要有同理心。

因人度人易知人，以己度人必失人。所谓同理心，就是要换位思考、将心比心，站在对方立场，用平等的心态、尊重的心态、理性的心态倾听别人说话。

首先，倾听者需要保持一种开放的心态，即使对别人表达的意见持有相反的观点，也要等对方把话说完。

其次，注意调整自己的情绪，防止一些干扰性因素使自己在瞬间情绪失控。一定要保持冷静，维护双方倾诉与倾听的关系。

倾听中的 3R 技术[①]

3R 技术是教练式沟通中的一种聆听技巧。所谓 3R，即接收（Receive）、复述（Rephrase）、反映（Reflect）。

接收：接收信息确保准确性和有效性。首先要放下自己的想法和判断，一心一意地体会他人。要排除"建议""批判""安慰""询问"等干扰项，思考三个问

---

① 参见邓森：《教练式沟通：直达人心的人际沟通技巧》，59～62 页，北京，中国纺织出版社有限公司，2019。

题：他表达（或显示）的问题是什么？他想达成怎样的目的？我沟通、处理的目标是什么？

复述：适时将对方的观点、想法和做法进行复述，确认对方所表达的内容。可以通过询问的方式复述对方的观点，如"请问您的意思是……"，"我的理解是……"，"……是您想表达的吗？"，等等。

反映：听懂对方的谈话，就需要给对方积极、真诚的反映。可以采取以下几种方式表达自己对谈话的兴趣：第一，保持视线接触；第二，表示理解；第三，保持专注。

最后，倾听时要有平等、尊重的心态，体现对别人的理解。

谁说得更好？

一个学生高考失败后，找老师倾诉心中的苦闷，有4位老师听后分别进行了回应。

老师1：失败是成功之母，有什么可难过的呢？

老师2：你一向成绩很好，但想不到高考失败了。

老师3：因为高考不理想，所以你感到很失望、很难过。没关系，留得青山在，不怕没柴烧。

老师4：你一向成绩很好，从来没有想过高考会这样不理想，所以对此感到特别失望与难过，也有点郁闷；想过要放弃，但自己实在有点不甘心，所以内心很矛盾、很难过，是吗？

案例中第4位老师的回应应该是最好的。他不是居高临下在教育学生，也不是简单地同情学生，更不是置身事外而给学生以"站着说话不腰疼"的感觉，而是站在学生的立场上，尊重学生、理解学生。

（三）用心倾听要听声外之音

倾听者要理解表达者的非语言性信息，也就是要观察表达者在交流过程中的语调、语速、面部表情、肢体动作等，分析其表达的意思。这也让表达者知道倾听者是认真在听，并努力地理解他在说什么。同时，倾听者还要学会把听到的内容和传达的形式区别开来，不要受表达者的外表、着装、口音以及职位的干扰，把倾听的重点放在信息本身上。

有的时候可能出现倾听者对表达者所谈的问题不感兴趣，或者暂时没有时间倾听等情况，倾听者切不可以假装在听，最好也不要直接表述自己对此不感兴趣或没有时间，建议倾听者委婉地表述自己的状况。例如，此时自己还没准备好，或者有很急的事要办，如果可以的话，另外约定时间，等等。这是倾听者对表达者的尊重。

二、表达是有效沟通的关键

表达是有效沟通的关键，而表达是有艺术性的。同样一句话，不同的人，不同的表达方式，产生的效果往往不同，所以能否合理地表达是沟通成败的关键。

2005年年底南京市拉萨路小学向校内千余名学生发放问卷，征集学生最爱听的教师说的话，共选出21条：①对自己要有信心哦！②这几天你进步了！③大胆去做吧，做错了可以改。④加油，赶上某某。⑤你是很聪明的！⑥做得太好了，你真能干！⑦这事交给你，我很放心。⑧能帮老师这个忙吗？⑨我们班是最棒的！⑩老师喜欢你。⑪爸爸妈妈为你而自豪！⑫我很能体谅你现在的心情。⑬不舒服的话随时告诉我。⑭有什么困难找我！⑮要注意休息呀！⑯办法总比困难多。⑰我喜欢你的笑容。⑱我对你很有信心。⑲我相信你一定能赶上来，加油啊！⑳孩子，只要你努力，不灰心，就一定行！㉑做错了没关系，重要的是认真！

2011年9月23日，《中国教育报》报道了北京海淀区开展教师的"语言革命"活动，明确提出"让教师成为会说话的人"，要少说不利于沟通的无效师语，不说不利于沟通的粗暴师语。

2015年9月2日，湖北省教育厅公布教师"十条禁语、十条美语"遴选结果，旨在规范教师的语言行为，引导教师多讲"美语"，不讲"禁语"。"十条禁语"是：①你不学可以，但不要影响其他人！②就你事儿多，快点，我很忙！③你父母是干啥的？④没见过像你这样的学生！⑤我真的受不了你了！⑥我就知道，你改不了！⑦你怎么越来越差了？⑧不想听的可以睡觉！⑨你要不想学就回去！⑩我怎么一点都感觉不到你们年轻的朝气！"十条美语"是：①错了别怕，咱们再来一次！②你是最棒的女孩！③孩子，世界上总有一扇门为你而开！④我相信你，你能做到的！⑤过去不代表将来，相信自己一定可以！⑥学生是你的孩子，也是我的孩子。⑦教室是允许出错的地方。⑧没有失败，只有暂时停止的成功。⑨学习不怕起步晚，成才不怕起点低。⑩宁可让你现在怨我一阵子，也不愿你今后恨我一辈子！

在工作中，我们倡导教师要学会说"3＋x文明用语"，即要把"您好！""谢谢！""请"这三个文明用语随时挂在嘴上，在不同的语言环境配合使用"对不起""没关系""请原谅""再见"等，体现平等、尊重的态度，构建良好的师生关系。例如，"同学们好！在我讲课之前，请大家把身体坐端正。我很感激大家的合作，谢谢你们。""××同学，你好！老师需要你的合作，请你把书合上……（稍微延迟一下）谢谢。""××同学，你好！你的做法（表达）很恰当，谢谢你。"

在言语沟通中，表达方式很重要，如在本章第二节"秦老师想得通吗？"的案例中，年级主任这个和事佬的不恰当表达："秦老师，算了算了，方老师说的也是事实，升学时物理学科的分值的确没有数学的高，这是事实，你也要想得通"反而让矛盾升级了。恰当的表达事半功倍，不恰当的表达可能会带来新的麻烦。

每个人性格不同，说话的方式也不同，但作为学校管理者，是心直口快还是委婉表达，需要审时度势，如此才可能取得预期的效果。学校管理者在表达中多运用以下十种方法，更容易让人接纳。

①询问法：征求别人意见时，多用商量的口吻，在民主、平等、尊重的氛围中赢得支持。例如："××老师，我想听听您是怎么想的？""您希望我怎么做呢？""您觉得呢？""您认为呢？"

②体谅法：体谅别人的处境与想法。例如，"我知道您……"，"您真不容易"，等等。

③代入法：回归真实本性，在情感代入中引起共鸣。如马歇尔·卢森堡在《非暴力沟通》中提出的非暴力沟通模式：观察，即留意发生的事情，清楚地表达观察结果（不做任何判断或评估）；感受，即表达自己的感受，如伤心、害怕、喜悦、开心、气愤（不是气愤地表达）；需要，即说出哪些需要导致那样的感受；请求，即根据自己的需要用合理方式提出具体的请求、希望。

④委婉法：多委婉少冲撞，减少抵触情绪。例如，用"如果"下命令，用"可能"纠正别人，用"好像"为自己找退路。

⑤直观法：形象直观，多一些画面感。例如，拿简单的比复杂的，容易理

解的比费解的，熟悉的比不熟悉的。多说"……相当于……"。

⑥认同法：认同别人，我们这儿说的是人际沟通，不涉及原则性的对与错。每个人站在自己的角度提出的问题都是有道理的，当大家妥协一点，形成共识后，应尽量使期待的结果从对方口中说出来。例如，多说"是的"，"没错"，"你说得非常有道理"，"我非常认同你的观点"，等等。

⑦选择法：选择适合特定情境的语言。例如，安排任务用选择式"你要……还是要……"代替是非式"你要不要……"；交换意见用"建议""如果"代替"但是"；"怎么可能"变成"怎么才能"；团队交流用"我们"代替"我"；要求别人用理解尊重代替理所当然（少说"反正你……"）；评价别人多给予正能量，如"屡战屡败"改为"屡败屡战"。

⑧弥补法：增加措施，弥补情感。例如，表达时附上"哦、耶、哈、嘿嘿、哈哈、嘻嘻"及图标等。

⑨模仿法：注意对方情绪状态，模仿别人说话速度。在别人高兴时，我们说话时可以用兴奋的语调；在别人情绪低落时，我们说话时可以低沉一点，这样更有利于交流。同时要关注别人说话的速度，别人快，我们也快一点，别人慢，我们也放慢速度，形成说话"共振"。

⑩综合法：表达与交流不拘泥于某一种形式，而是灵活运用，实现无招胜有招。

学校管理者在处理纪律问题时，最为重要的是要以最小干预为原则，即用最简单的干预纠正问题行为。所以学校管理者要恰当运用言语管教的招式，既纠正问题行为，又达到教育目的。依据实践和经验，我们开发了言语管教纪律"十招式"。

第一招，动情式——解决事情，先解决心情。学校管理者采取动之以情，晓之以理的方式，在真诚、尊重、平等、理解的氛围中，和师生摆事实，讲道理。在管理中可以运用"谈情、说爱、讲理"的言语模式进行交流。

第二招，动力式——善于表扬（或批评），产生动力。学校管理者要善于捕捉被管理者的"闪光点"，善于表扬被管理者，使其建立自信，从而改善人际关系。或采用巧妙批评，从旁启发，促使其自我反省，认识问题，逐步走上正确轨道。在管理中可运用"明目标、说优点（缺点）、提希望"的言语模式进行交流。

第三招，赢得式——尊重别人，赢得合作。学校管理者通过尊重被管理者而赢得合作。"赢得"不是"赢了"，"赢了"是用控制、惩罚手段战胜了被管理者，这样的"赢"可能会导致被管理者盲目顺从或产生叛逆心理。在管理中可以运用"理解、同理、感受、解决"的言语模式进行交流。

第四招，跟带式——认同别人，肯定自己。学校管理者可以先接纳对方，再通过发问或其他方式引导对方，找出矛盾的焦点或彼此的误解点，从而达到化解矛盾的目的。在管理中可以运用"先跟、后带"言语模式进行交流。

第五招，客观式——多客观描述，少凭空臆断。学校管理者在描述自己看到的、听到的情况时，不要预先做出主观判断，更不要把自己的主观判断当作正确的认知说出来。在管理中可以运用"事实、感受、原因、请求"的言语模式进行交流。

第六招，共商式——协商解决，实现双赢。当发生冲突时，学校管理者不要摆出权威的态度，而要心平气和地与被管理者一起讨论，通过头脑风暴，找出一个能为双方共同接受的解决办法。在管理中可以运用"是什么、怎么做"的言语模式进行交流。

第七招，追问式——深度沟通，形成共识。追问是贯穿沟通的关键环节，不会追问就等于不会沟通。问得好，可以迅速了解对方的真实想法和事情的真相；了解对方对沟通内容的理解程度；帮助对方集中注意力；引导对方思考；促进双方达成共识。在管理中可以运用"什么、让你"的言语模式进行交流。

第八招，抽离式——善于"抽离"，多维视角。当局者迷，旁观者清，学校管理者可以让被管理者暂时离开当事人的角色，尝试让自己从一个旁观者的角度来看问题。在管理中可以运用"不同角度、改变看法、自我调整"的言语模式进行交流。

第九招，延缓式——暂时搁置，延迟处理。学校管理者可以暂时将事情搁置(冷处理或延缓处理)，给被管理者冷静的时间，待被管理者充分发表意见后，再加以归纳总结，营造安全与自由的氛围。在管理中可以运用"接收、复述、反映"的言语模式进行交流。

第十招，反馈式——准确反馈，灵活评价。针对被管理者存在的问题，学校管理者要及时准确给出反馈评价，促进其改正。在管理中可以运用"表态、证据、效果、建议、邀请回应"的言语模式进行交流。

当然，纪律管理带有明显的情境性及突发性，一个教育个案的成功，并不代表这种言语管教方法可以使所有管理都能成功。世界上没有一种"万能"的言语管教方法适合所有被管理者，关键在于对问题和具体策略后面隐含的教育观念的理解和把握。

三、情绪控制是有效沟通的保障

个体因脾气不同而处理事情时所带的情绪也不同。在正面沟通的过程中，如若一方或双方的情绪爆发，则可能会伤人伤己；若一方产生逃避情绪，让自己不去想烦心事，那么问题总也得不到解决；若一方总是压抑自己的情绪，长此以往则不利于身心健康。

管理者之所以能够走上管理岗位，其中一个关键就是懂得从内核上去调整自己的情绪。正面沟通中可能出现三种情绪状况：一是管理者本身有情绪，二是被管理者带着情绪，三是交流过程一方或双方情绪失控。

第一，学校管理者要有管理自身情绪的能力。管理者与被管理者的沟通有时是突发性沟通，事先约定的占少数。这个时候，无论对方的情绪、态度如何，管理者都要把自己的情绪调整到"消除""淡化""配合""应用"等"频道"。在冷静的情绪中，才能听明白对方说的话，才能理解对方的意思。在忧虑或紧张的情绪中可能会曲解对方的用意。学校管理者要在高境界上修正自己的行为，不忘初心，微笑面对，如此事情解决得也就会更容易一些。

第二，学校管理者要有化解被管理者情绪的能力。在化解被管理者的情绪时，学校管理者可以采取"接受""分享""策划"情绪的办法。所谓"接受"就是要有同理心，接受有情绪的被管理者，而不是用"你这样的情绪我没有办法和你交流，等你冷静了再谈"一句话把人推开。"分享"的关键是先让被管理者说说情绪感受，让被管理者在分享事件的过程中自我分析，引导其思考事件让自己难受的原因。"策划"就是对未来行动做些计划，引导被管理者看到事情解决的可能性，从而寻求解决问题的办法，促进沟通的有效性。

第三，管理者要有避免双方情绪失控的能力。情绪与情绪的对峙就像拔河，对方的屹立不倒是以你的坚持为前提的，如果想让对方不再坚持，最好的办法就是"松开手中的绳子"，因为双方暴怒相对或者冷战不语都会使沟通变得更糟糕。只有用良好的情绪宽容地对待一切，才能让沟通更好地进行下去。①

家长不满或投诉的处理

小王同学在学校玩耍时受伤但没有告诉老师，回家后被家长发现了。小王的家长通过调查发现学校存在安全隐患，老师疏于防范，非常气愤。收集好证据后来到李老师办公室，连自我介绍都省略了，把李老师伸出的友谊之手也拨向一旁，开口就给李老师一顿臭骂："你们学校，简直就是要命学校，一天到晚宣传自己这儿好，那儿好。其实就是为了给自己脸上贴金，为了自己多招生，多分奖金，把孩子的生死置之度外。"

面对情绪失控的家长，李老师知道自己必须控制情绪。于是他面带微笑，赶快搬凳子请家长入座，并倒上温水递给家长，态度诚恳地问："究竟发生了什么事情？请您赶快告诉我，好吗？"

小王的家长继续非常激动地说："你放心，我来这里当然要说。"说完从提袋里拿出几张照片，"砰"的一声，重重地往办公桌上一放，大声说道："你自己看看，你们做了什么样的好事？"李老师拿起照片一看，大概知道什么意思了。他敛起微笑，有些难过地说："这是怎么搞的，孩子身上怎么会有这么严重的伤痕。"说到这里，李老师一把拉起小王的家长的手，急切地问："请您赶快告诉我，孩子现在怎么样了，咱们赶快送医院检查治疗吧。"

面对李老师的态度及人文关怀，小王家长心中的怒火已小了很多，把孩子反映的情况和自己发现的情况进行了叙述，并说："我昨晚带孩子到医院进行了检查，已无大碍。但这种情况实在让人心疼。"

听到这里，李老师转忧为喜，擦擦额头上渗出的汗珠说："哎呀！真是谢天谢地，看到孩子这样，哪个家长都会心疼。如果我是您的话也会生气，我先代表学校说声对不起，也代表学校向您表示感谢，谢谢您为我们指出工作中存在的巨大事故隐患。我们一定马上整改，采取措施，今后一定会杜绝此类事情发生。还有，孩子的医疗费用等，我们也会把它处理好……"

李老师的这番话，一下子把紧张的气氛给缓和了。接着，两人进一步交换了意见，妥善地处理了这件事情。

---

① 参见毛莹莹：《情绪管理是前提》，载《湖北教育（综合资讯）》，2016(10)。

在这个案例中，李老师妥善处理了家长的不满或投诉问题。由此我们也总结提炼了处理类似问题的五原则和六步骤。

处理不满或投诉问题的五原则。一是控制情绪。做到人躁我静，人急我缓。二是有人文关怀。做到面对生命，要有温度。三是外在表现积极。用好注视、点头、微笑、前倾、记笔记、口头回应等积极的外在表现。四是有同理心。多站在对方立场思考问题，多一些理解、尊重。五是少说多听。遵循沟通的"二八"原则，即用20％的时间来说话，用80％的时间来听话。一个人一分钟能听500个字以上，而在一分钟内只能讲150个字左右，这就给我们思考对策留有余地。

处理不满或投诉问题的六步骤。第一步，响应情绪，让他发泄。不先了解别人的感觉就试图解决问题是难以奏效的，所以只有在发泄完以后，对方才会听我们说的话。第二步，收集信息，确认事实。通过多询问、体谅，收集足够的信息，以便解决问题。第三步，真诚道歉，减少抵触。让别人知道我们已了解了他的问题，站在对方立场考虑问题。如果真是我们工作上的问题，真诚地说声对不起，特别要为给别人造成的不满意、不理解道歉。第四步，尝试解决，落实期待。如果我们有权处理，要尽快尝试提出解决问题的方案，把问题消灭在萌芽状态。第五步，协商处理，求同存异。如果别人不满意我们提出的办法，要多问问他的意见，协商找出最佳方案。如果我们无权处理，要赶紧找一个可以处理的人。第六步，后续跟踪，化解矛盾。通过面谈、通电话、发送电子邮件或信函，进行后续跟踪。

子曰："君子和而不同，小人同而不和。"在工作、学习和生活中，不同的人面对同一问题会有不同的观点。当我们在表述自己的观点时，也要尊重和理解别人观点的合理性，允许求大同存小异。真正的和谐是在坚持不同声音、不同观点的情况下，对于他人的一种尊重，一种宽容，一种理解。总之，正确处理好校园内各种人际关系，才能在学校内部形成团结、和谐、进取的氛围，使校园成为人性化的精神乐园。

第四章　目标管理——教师工作积极性的调动

　　目标管理的最大好处是，它使管理者能够控制他们自己的成绩。这种自我控制可以成为更强烈的动力，推动他尽最大的力量把工作做好。

——［美］切斯特·巴纳德

　　美国心理学家卡曼（A. Korman）于 1966 年首先提出领导生命周期理论，该理论基于领导者的工作行为、关系行动与被领导者成熟程度之间的曲线变化关系来研究领导方式。该理论认为随着从不成熟到走向成熟，领导行为应按下列程序逐步推移：高工作低关系→高工作高关系→低工作高关系→低工作低关系；与之相对应的管理方式为：命令式（亦称指导式）→说服式（亦称推销式）→参与式→授权式。这对于不同发展时期的教师管理有很强的指导意义。

　　美国心理学家马斯洛在 1943 年所著的《人的动机理论》一书中首次提出了人类需求层次的理论。马斯洛将人的基本需求从低级到高级分为五个层次：生理的需求、安全的需求、社交或情感的需求、尊重的需求和自我实现的需求。结合中小学管理实际，我们可以将教师基本需求做如下理解。

　　一是生理的需求。这是教师最基本的需求，如衣、食、住、行等。生理需求是其他各项需求的基础，人们首先要满足这种需求。现在教师工资保障机制比较健全，其最基本的生活保障是没有问题的，个别有问题的都和家庭有关，如家中有重病或长期生病的亲人，或是自身有疾病等。对于这类教师通常是采取组织关怀的方式适当减轻其负担。对于这类需求学校管理者可以做的事是：改善办公条件（如提供班车或交通补贴、工作餐、休闲书吧等），给予更多的可自主安排的时间（如采取弹性坐班，尽量避免或减少加班、缩减会议时间等），提高福利待遇(如安排教职工体检、提供生日福利等)。

二是安全的需求。这种需要可以分为两类：①现在的安全需求，即要求现在生活的各方面有所保障；②未来的安全需求，即要求未来生活的各方面得到保障。对于这类需求学校管理者可以做的事是：强调规章制度、职业保障、福利待遇，并保护教师不致失业，提供五险一金，另外管理线条清晰化，避免教师受到双重指令而混乱。

三是社交或情感的需求。人类具有社会性，在生活和工作中希望能够融入一个群体或组织，而不是孤立地去生活和工作。对于这类需求学校管理者可以做的事是：提供同事间社交往来机会(如生日派对、生病看望等)，支持与赞许教师间寻找及建立和谐温馨的人际关系，开展有组织的体育比赛和集体聚会(充分利用劳动节、教师节、中秋节等开展集体活动)。

四是尊重的需求。这种需求主要是指自尊和受人尊重的需求。自尊，是指一种对自己所取得的成就的自豪感；受人尊重，是指别人对自己所取得的成就的一种认可和赞同。对于这类需求学校管理者可以做的事是：对取得各级荣誉或重大成绩的教师采取公开表扬和奖励，强调工作任务的艰巨性以及成功所需要的高超能力，颁发荣誉证书，宣传优秀教师先进事迹，设立优秀教师光荣榜等。

五是自我实现的需求。这是人类较高层次的需求，包括自我价值的实现、对事业成功的追求等方面，它是人类自身不断进步的内驱力，是人类需求的最高标准。对于这类需求学校管理者可以做的事是：给能力较强的骨干教师压担子，给有特长的教师安排特别任务(如让其牵头组建活动社团)，在设计工作和执行计划时为教师留有发挥其主观能动性的空间等。

第一节　教师发展的矛盾管理

用人不在于如何减少人的短处，而在于如何发挥人的长处。

——[美]彼德·德鲁克

学校发展的中坚力量是广大一线教师，如何促进教师专业发展是学校管理的重点。只有充分掌握不同发展阶段教师的专业发展需求，采取科学的管理方式，才能够更大限度地实现教师发展的管理目标。

一、"压担子"要适量，循序渐进稳步发展

班主任"学科风波"

"刘主任，这是咋回事？"校长办公室里校长将一封家长来信递给教务主任。刘主任接过信后快速浏览了一下信的内容，由于对该班半学期以来的情况不太满意，七年级3班十多个家长联合签名要求学校更换班主任。

"据我了解，家长们反映的情况基本属实，我一个邻居亲戚家的小孩就在这个班就读。平时和周末的作业比较多，一般周末还有一些需要家长配合完成的学习任务，导致部分家长和学生对李老师的工作能力和水平有所质疑。"分管校长补充道。

刘主任对今年新招考来的李老师有较深刻的印象，招考时觉得李老师身上有股子冲劲，头脑也灵光，所以在安排工作时将只有两年教学经验的李老师推荐为班主任，希望他快速成长起来。从平时班级管理来看，各项评比基本上都在年级前列，正准备表扬表扬他，没想到来了这么一出，让刘主任有些措手不及。

"校长，给我点时间，我再去了解一下，回头再商量解决办法。"

刘主任从与该班科任老师、班干部以及部分学生家长的交流中了解到，李老师作为一名年轻的班主任，工作还是得到了大家的认可的。大家都认为他肯吃苦、有干劲，班上各项工作开展得也还不错，但是其班级管理经验不足，经常会安排一些费时、费力的事。比如，清洁卫生没有达到要求的，这个组的学生就得停课搞卫生；课间操被扣分后会要求自习课时间全体练操；每天的家庭作业要求家长签字，并且还有一些听写和背诵的作业要家长配合完成等。这些事让部分学生及家长产生了不满的情绪，家长们觉得李老师经验不足，担心对孩子的学习不利，所以产生了更换班主任的想法，希望由年级组长来接这个班，况且他又在这个班教课。

在与李老师的交谈中，刘主任感觉到，李老师也很郁闷：自己已经非常努力了，基本上除了吃饭和睡觉外，全部身心都投进去了，却得到这样的结果。他现在感觉很迷茫，不知道下一步该怎么办。

经过多方调研和了解，学校认为李老师总体不错，是个好苗子，还需要多保护、多培养。最后，学校决定李老师继续担任该班班主任，年级组长兼任该

班副班主任，平时班级管理事务一起商量来决定。随后，年级组长召开了该班家长会，宣布学校决定并对后期班级管理工作与家长进行了深入的交流，家长们也对学校的决定表示支持。

新来的年轻老师能力不错，年级主任想通过让其当班主任来"压担子"，促使其快速成长。殊不知，这些仅有几年教学经历的初步成熟的教师，他们有干事业的意愿，但往往班级管理能力不足，经验也有所欠缺。这个时候就迫切需要学校管理者积极指导，采取推销方式，告知或者示范其怎样开展工作。最好的方式就是由一位经验丰富、认真负责的老同志来带一带，青年教师通过学习和实践，以期不断积累经验，获得快速成长。同时，这种"老带新"的方式能够使学校的管理理念和文化得以很好地传承，从而形成和谐的工作氛围。

二、"铺路子"要给力，互帮互助"捆绑"发展

优质课评选

"张校长，这次区上的优质课赛课我们学校老师报名太少了。截止到昨天下午才只有五位老师自愿报名，这样下去可能不行哦！"教务处赵主任给分管校长汇报道。

"我们学校不是有那么些优秀教师吗？还有些青年骨干教师教学水平也不错，才五位老师报名，是不是老师们没有收到通知？"

"通知到位了的，区上通知下来后，我马上召开了教研组长会，每个组都发了一份纸质通知，按照上面通知要求每个学科推荐1节优质课，语数外三个学科可以推荐2节优质课参加区上赛课，要求老师自愿参加，区上报名时间截止到明天，我要求教研组在昨天放学前报上来，结果就只有五位老师报过来了。虽然区上没有说一定要报够，但是只有五位老师报上去恐怕不行哦，区上会认为我们学校不重视这项工作。"赵主任一脸无奈地说道。

优秀教师基本上都参加过区级及以上的优质课赛课并在比赛中获过奖。年龄稍大的教师不愿意再抛头露面，认为赛课是年轻人的事，青年教师自认为教学水平不高，对教学比赛有畏难情绪，这些都会造成没有太多教师愿意参加上级赛课活动的现象。如何让教师参与到赛课当中，是值得思考的问题。学校通常会采取行政手段，比如规定本校教师年龄在35岁以内的必须参加赛课，有

名额限制时采取校内初赛再推优上报的方式进行，或者规定每个教研组必须推荐一位教师出来参赛，把问题交给教研组长来解决。这些方式虽然解决了教师参加比赛的问题，但是通常会出现参赛教师单兵作战，未参赛教师事不关己的状况，最后参赛水平很难得到保障，根本没法发挥教研组和备课组的作用。还有一些学校采取"重奖之下必有勇夫"的方式，对参赛获奖的教师给予重奖，这样的结果是学校每次赛课都是那几位教师在当"鲜花"，其他教师成为陪衬，起不到提高全体教师教学水平的作用。

较好的办法是将两者结合，同时对教研组和备课组进行捆绑。例如，学校可以实施"青蓝工程"，每一位青年教师都由一位"师父"带着，赛课时由"徒弟"执教，"师父"担任指导教师，获奖后"师徒"同等奖励；还可采取集体奖励的方式，将参赛获得的奖金发到教研组或备课组。这对那些工作成熟度较高但缺乏工作愿景的中年教师而言是很有效的，他们不抛头露面却也能够很好地体现自己的价值。

三、"给位子"要合适，价值最大化专业发展

一封辞职信

校长办公会上，赵校长向两位副校长读了一封政教主任的辞职信。信的大致内容是，钱主任自担任政教主任两年来，每天忙于处理学生事务，自己的专业没能深入下去，甚至感觉教学水平有所下滑，上课也没能像以前一样专一，经常调课或课前准备不足，觉得自己没法兼顾教学和行政管理这两件事，经考虑请求辞去政教主任一职。

回想两年前，为了留住打算调离的学科带头人钱主任，学校领导班子集体研究决定将其提拔为政教主任。作为双职工的钱主任多方考虑，最终留了下来，其认真负责的工作态度让他在两年的政教管理工作中取得了不错的成绩，但在教学方面却和一般教师没有什么区别。

怎么办？分管政教的张副校长说："要不让钱主任与教科室刘主任对调一下？"

"这恐怕不行，两年前就考虑过这个事，加上刘主任'学究气'太重，搞研究还行，管学生这种事还是算了吧。"李副校长急道。

赵校长提议道："看这样行不？让政教处龚副主任负责政教处的具体工作，

钱主任作为我校少有的名优教师，不但要留得住还要用得好，学校增设一个教师孵化中心，由钱主任担任孵化中心主任，主要负责新教师和青年教师的教学业务指导，这样既不影响钱主任的教学，同时又能充分发挥其教学能力强的优势，还能更好地提高学校青年老师的教学水平，你们觉得怎么样？"

"这样好，既保留了钱主任的行政待遇，又能充分发挥其所长。"李副校长接道。

最后，决定由张校长去做钱主任和龚副主任的工作，然后召开行政会，集体讨论通过后，在开学前教师大会上宣布此项调整。

通过该案例可以看出，"学而优则仕"的思想有时在教师这个特殊的群体里不一定合适。让钱主任这种学科带头人从事行政管理工作，表面上是对其工作能力和成绩的一种肯定，但如果职位安排不当，对其专业发展其实是一种扼杀。钱主任因对自身发展有较清醒的认知而提出辞职，学校领导充分考虑学校发展实际，进行岗位的调整，将钱主任个人发展和学校青年教师成长有机结合，很好地解决了这一问题。

第二节　需求满足的矛盾管理

自始自终把人放在第一位，尊重员工是成功的关键。

——[美]托马斯·沃森

解决教师需求满足的矛盾，学校管理者要做到如下三个方面：首先，要以人为本，合理照顾生活需求；其次，要因势利导，力争适应价值需求；最后，要多方权衡，着力满足公平需要。

一、以人为本，合理照顾生活需求

这钱该不该扣[①]

赵老师是一位兢兢业业的老教师，有着丰富的教学经验。离婚后她自己带着小孩和多病的老母亲一起生活，一家人就靠赵老师一个人支撑着。赵老师教

---

① 参见林森、孙鹤娟：《中小学校长管理案例》，137～139页，长春，吉林大学出版社，2005。

学中处处不甘人后，下课后经常义务为学生辅导功课，教学成绩一直名列前茅。今年 11 月老母亲生病入院，赵老师请假两天去办理入院手续和陪同做相关检查。年底绩效考核时，按照学校绩效考核制度相关规定，赵老师被扣发了 200 元钱。赵老师对此非常不满，她找到教务处，情绪激动地说："我这么多年工作勤勤恳恳，为了提高学生的学习水平在课余义务辅导了多少时间，你们是知道的。这次老母亲生病我是请了两天假，但我的课全都是调到另外的时间补上了的，学校的规定太不人性化了，你们领导太不通情理了……"

张校长知道此事后，立即召开绩效考核领导小组会。会上大家纷纷对此事发表自己的意见和看法。

讨论中出现了两种截然不同的声音。以分管教学副校长、教务主任和年级主任为代表的意见是赵老师工作认真负责，义务为学生辅导，家中有困难也未影响其教学效果，为了不影响教师工作积极性，建议不扣；而以分管后勤副校长和办公室主任为代表的意见是此钱必须扣，制度面前人人平等，如果不扣以后其他教师也出现这种情况就没有办法处理，制度失去效力会增加管理难度。

大家一番争论，始终没有达成一个统一的认识，最后张校长说："赵老师的家庭困难是明摆着的，她的工作态度和工作成绩也是大家有目共睹的，说实话真不忍心扣她这 200 元钱。但是，为了学校整体利益，学校必须扣。既然有了制度，就要坚决执行。为了以后工作的顺利开展，我们还需要做好赵老师的思想工作，让她认识到不是我们领导不通情理，而是法大于情。同时，我们可以在制度范围内多为赵老师考虑，通过其他方式表达学校对她的关心。"

经过大家一番讨论后绩效考核领导小组决定：一是赵老师请假两天扣发 200 元，由支部书记出面做好赵老师的思想工作，务必使她理解考评小组的决定；二是工会主席带领工会委员到赵老师家里进行慰问，并给予 600 元的慰问金。

很多学校提出"以人为本"的管理理念，但是在真正面对问题时却通常采用两种方式，要么是一刀切，不管什么原因，坚决执行制度；要么就是"法外开恩"，因人而异地执行相关制度。结果是管理要么过于呆板，要么过于随意。

本案例中的这个钱如果处理不当，即扣与不扣都会引起负面效应。如果不扣，学校的管理制度将成一纸空文，今后不再具有约束力，给日后的管理工作造成严重影响；如果只是扣钱了事的话，势必会打击像赵老师这样的教师的工作积极性。赵老师其实想要的是一种心理平衡，为了提高学生的学习水平自己经常利用课余时间进行义务辅导，而在自己有事且没有耽搁教学工作的情况下请假却被扣发全勤奖，这让她不得不质疑制度的合理性，提出自己的想法。学校管理者在解决这个看似特殊，实则常见的问题时以疏导为主，辅以人文关怀，既维护了学校规章制度的公平、公正，又使教师从内心深处感受到了学校领导的关怀和温暖，不但没有挫伤教师的积极性，而且拉近了教师与领导的心理距离。何为依法治校？何为以人为本？此案例充分体现了学校管理应该从大处着眼、小处着手，在制定制度时应该对教师的一些实际情况有所考虑，如哪些情况可以请假而不扣全勤奖，一线教师是否需要坐班，不同岗位的教职工上班时间是否要统一要求，等等。

二、因势利导，力争适应价值需求

教师调动风波

"刘校长，有个事要麻烦您，我的调动申请表上需要您签个字。"刘校长刚到一中上任，李老师就到校长办公室请他签字。作为一名青年教师，刚好教完一届毕业班，教学成绩也还不错，但是由于本学期给他安排的班级他不太满意，李老师就自己联系好了老家的一所学校，等着学校签字后办理相应手续。

"李老师，请坐，我给你倒杯水，我们再聊。"刘校长指了指沙发，然后拿起水杯到饮水机那里接了一杯水，递给李老师。

"刘校长，我打算回老家去教书，现在需要您同意才行。王校长（前期主持工作的副校长）说他签不了，要等您来了签字才行。老家那边学校已经等了一个多星期了。"

"李老师，你看这样，给我两天时间，我今天刚到学校，有些情况还不太清楚，后天下午过来找我，行不？"刘校长觉得需要了解一下情况，刚到任就有老师要求调走，这样可不好，说出去还以为自己有问题呢。

"那好吧，后天下午一定要签哈，下周就开学了。"

送走李老师后，刘校长立即找到王副校长和教务主任了解情况。

"李老师是三年前我校引进的一名硕士研究生，刚好教完一届，这学期应家长要求，在班主任安排上由两名有丰富教学及管理经验的老教师担任，李老师应该是对没有让他担任班主任有意见吧?"王副校长说。

"他没有当过班主任，哪个敢安排他来嘛，到时候教学质量出了问题怎么办呀?"教务主任一脸无奈地说。

"他教学成绩怎么样?"李老师是学校少有的硕士研究生，刘校长还是想留住人才。

"两个班主任一个和李老师一样都是教数学的，另一个又坚持要与自己上一届的数学科任老师搭班，没法协调啊。"教务主任说。

通过交谈，刘校长基本了解了事情的经过。作为一名研究生，上一届的教学工作也干得不错，这一届的两个班主任都和自己无关，李老师应该是感觉学校对他不够重视，所以才打算回老家教书。刘校长又了解了李老师老家及老家学校的情况，心里有了主意。

第三天下午，李老师准时来到校长办公室，刘校长热情地接待了他。首先对他上一届的工作表示肯定，然后又与他聊起了家常，他的老家、大学生涯、老家的学校等，最后才说到调动的事。"你现在回老家我觉得不合适。你想一想，这里各方面条件都比你老家好，学校也是一所区级优质学校，你现在回去的话，别人会说你不行，是在这里待不下去了，所以只有回老家。"刘校长微笑地看着李老师说。

"谁敢说，我教书绝不比别人差。"李老师涨红着脸站了起来。

"李老师，既然你对自己这么有信心，你看这样好不好，我们来打个赌，只要在期末考试你所教的班的数学平均成绩与另一位数学班主任教的那个班的分差在 5 分以内，就算你赢，到时学校给你颁发优秀教师证书，我也签字让你回老家如何?"

"好，赌就赌，到时别不认账。"

李老师就这样被留了下来。一年后，他自己班级的数学期末成绩与另一个班相差无几，刘校长亲自为其颁发了优秀教师证书，并推荐其为区教坛新秀。当他找到李老师问他回老家不，李老师不好意思地表示，现在和学生有感情了，感觉不想回去了。其实刘校长明白是因为这一年李老师辛苦付出所取得的成绩得到了学校的充分认可，其自尊心得到了满足。

经常有教师感觉在学校不受重视而赌气要求调动或离职。我们经常说对教师要待遇留人、感情留人、事业留人，但具体落到实处却很难。在案例中，学校在安排人事的时候对可能出现的问题考虑不够周全，对教师的心理需求没有充分了解，造成李老师认为学校不重视他，从而产生离开的想法。刘校长采取迂回战术，在不改变学校工作安排情况之下，采用激将法将李老师的工作热情激发出来。李老师为了这份赌约必然会加倍努力，在取得成绩的同时也定会与学生结下很深的师生情谊，加上学校的充分认可，李老师获得了成就感和满足感，就算是有更好的学校他也不会去了。

三、多方权衡，着力满足公平需求

教师培训费超支了

"叶校长，今年的培训费超支有点多，您看怎么办？"财务张老师走进校长办公室，递过来一张培训支出统计表说道。

"我先看一下，后面再说吧。"校长接过统计表看了起来。全年教师参加市级及以上外出培训有6人次，区级外出培训9人次，学校安排外出培训12人次，总计27人次，占到全校教职员工近一半，外出培训人员除个别行政人员外全部是一线教师。培训总经费为全校生均公用经费的9.5%，超过了学校教代会讨论的8%这个上限。叶校长召集行政开会讨论解决办法。

教务主任首先发言："主要是今年上面安排的培训比较多，老师们也确实需要学习，所以只要有机会我这边都尽量安排一线骨干教师出去学习。"

总务主任却说："这么多的培训，好像收益不大。每年花这么多的培训经费，学校的教学成绩也没有看到多大的提升。后勤这边的老师其实怨言挺多的，我觉得应该严格控制才行。"

"就是啊，我平时和班主任接触较多，他们反映每次出去学习有近一半的讲座或参观与自己的工作关系不大，感觉收获有限。我觉得控制一下还是有必要的。"德育主任接过话题说道。

分管教学的李校长说："我们学校规模比较小，同科教师相对较少，缺乏研究氛围。这些年来我校教学质量能够居于全区同类学校前列，与老师们的辛勤付出有很大关系，一线骨干教师外出学习确有必要，既能够增加专业素养、开阔眼界，同时也是对优秀教师的一种激励和肯定。"

…………

　　叶校长从大家的发言中听出了两种意见。教学方面的认为教师需要外出培训，超支是可以理解的，而非教学方面的则基本上是对一线教师外出学习有意见，从而认为有必要控制培训经费。大家关注的焦点是外出学习是否必要，怎样的学习才更有效果以及哪些人参加外出学习。想到这里，叶校长说道："大家讲的都在理，教师外出学习肯定是必要的，人不学要落后嘛。其实后勤人员也应该出去学习学习，看一看别的学校后勤人员是如何为教育教学服务的，也可以提高一下服务水平与质量嘛。"叶校长看了看总务主任和德育主任后接着说："大家看这样，原则上一线教师三年一个循环，后勤人员四年一个循环，每年按比例由各部门统一安排，可参加上级组织的学习，也可由学校统一组织或者自己选择有价值的培训。你们觉得如何？""这样好啊！"德育主任和总务主任异口同声地说道，其他行政人员也觉得可行。"那好，各部门拟定一个部门教师外出学习管理办法出来，交由办公室形成一个学校教职员工外出学习的文件，交职代会讨论通过后执行。"

　　最后职代会全票通过了该文件。该文件主要包括四个方面：一是培训经费严格控制在9%以内；二是人员比例上，教学人员每年派出三分之一以内，非教学人员每年派出四分之一以内，根据上年考核情况确定拟培人选；三是学校接到上级培训通知后召集拟培人员商议后确定，未参加上级安排的培训人员由学校统一安排外出学习，拟培教师也可根据个人工作需要自行选择有价值的培训项目；四是本着节约高效原则，除上级统一安排的学习外，其他外出学习原则上每人次控制在3000元以内，且每次外出学习后都要形成文字总结并在全校范围或部门内部做主题交流，分享学习心得，扩大学习效果。

　　上述案例所涉及的矛盾在中小学管理中经常遇到。一线教师外出培训较多，后勤人员基本上没有外出学习的机会，造成教职工内部矛盾。上级管理部门每年会安排一些培训项目，大多数学校都尽量安排一线教师或行政人员参加，但这些培训往往较少针对后勤教师，或者与学校自身需求并不匹配，因此，培训效果得不到保障，花了钱却达不到预期目的。如何提高教师外出学习效果，让培训费花得值得是学校管理者应该考虑的问题。上述案例提供了一个较好的解决办法。此外，在人员安排上不能只关注一线教师，后勤人员的培训同样重要，他们的服务态度与能力决定了服务效果，对学校教育教学工作也会产生较大的影响。将一线教师与后勤人员一并纳入培训计划将较好地调动全体教职员工的积极性，分部门按比例考核拟定培训人选在一定程度反映了全校教职员工的心理需求，也使学校的管理更加科学。

教师外出培训的目的是提高业务能力，只有适合的培训才能够激发其学习兴趣，真正学到一些有价值的东西。上述案例中，学校管理者兼顾上级培训、校级培训和个人培训，更多体现以人为本、按需培训的理念。同时为了保证培训效果，该学校提出了明确的学习要求，接受培训的教师既要撰写学习心得，又要在一定范围内分享其学习成果，这样促使参加培训的教师在培训期间认真学习，另外通过交流分享还能让其他没有参加培训的教师有所收获，从而扩大了学习效果。

第三节 动机激发的矛盾管理

感情投资是在所有投资中，花费最少，回报率最高的投资。

——[日]藤田田

现代社会生活节奏越来越快，行业竞争越来越激烈，这就给现代人造成了较大的压力。所谓教师的职业压力主要产生于教师对职业的期望与现实状况不符时，常表现为矛盾的心理状态。如何变压力为动力，调动与激发他们的积极性、主动性，这是摆在学校管理者面前的重要问题，尤其是青年教师工作三五年后，在教学上取得了一些成绩，在管理上获得了一点经验，工作需要承担重担与自身发展遇到瓶颈之间发生矛盾时，学校任何一项工作安排或评比活动都可能给教师带来紧张、焦虑、恐惧、自卑等一系列不良心理，造成相应的职业压力。

一、以评价为"能量源"，激发工作动力

赵老师评优事件

赵老师是一位小学语文教师，三十多年来，她工作认真负责，关心热爱学生，常常带病坚持上课。她的眼睛也不太好，批阅作业时需要戴上特制的眼镜才能看到。她所带的班级班风正、学风浓，学生个人能力强。她教学有方，凡是她教的学生，学习水平都会在原有基础上前进一大步。

可是，赵老师和校内同行之间的关系却不甚理想。平时，她很少和教研组中其他教师交往，业务上也很少和他人磋商。淡漠的人际关系使得她心情不十分舒畅，可是也并不影响其情绪，她还是一如既往地埋头工作。然而，每逢评先进时，赵老师总得不到提名，有时得到提名后也会在全校竞评打分时被淘汰。赵老师还找过学校领导几次，发过几句牢骚："勤奋工作几十年，连一张奖状都没有，啥子学校哦。"可工作还是一如既往地认真干着。

赵老师为什么难以评上优秀教师，是个人能力的问题，还是学校考评制度问题，抑或是学校文化的问题？

有些学校对教师的考查和评优往往看重"民主"和"资历"，忽视"工效"（工作的实际效果等），而前者又更多地看重教师的人际关系。因此，像赵老师这样一位工作卓有成效的老教师，仅因不善于人际交往，就评不了优秀教师，显然，这样的评价、选优是片面的，也是对教师工作业绩的不尊重。

每一位教师都有获得尊重和自我实现的需要，评优评先实际就是对教师工作的认可，也是满足教师需求的一种方式。但给谁评，谁先评，标准如何定一直是学校内部经久不衰的话题。赵老师的问题只是其中的一个案例罢了。

学校制定的标准具有心理导向作用，制定什么标准，教职工就会向什么样的方向努力。如果像上述案例中的那样，总是考虑人的关系，实际上就会在教职工的心目中树立起一种轻"工作贡献"、重"关系"的标准。这势必会引导一部分成熟度不高的教师放弃教育教学方面的追求，而一味地追求所谓"关系"。如此下去，既不能有效促进教师之间的团结，更不能提升学校的教育教学质量。

教师综合评估需要同时承担两种功能：一方面，它要能准确衡量教师的工作努力程度、专业水平、工作质量等，给教师一个恰如其分的评价；另一方面，它必须具有一定的激励功能，能够有效地激发教师进一步发展的意愿，实现自我尊重的需要，并为教师发展提供支持。学校的评优选先标准只有同时满足这两个方面，才是科学的、有效的。发动机运转需要能量，教师面对日常烦琐工作、面对自我专业发展也同样需要源源不断的能量供给。

二、以制度为"方向盘"，引导主动参与

变被动为主动

每年的科研课题申报，学校都要向上级主管部门申请一些课题。这既是提高教师业务水平的手段，也是提高学校整体教学实力的办法，还是学校目标考核的需要。因此，学校教科室都会认真宣传和组织申报，但是学校老师一般都很少主动申请。

张老师，女，今年45岁，大专学历，平时工作踏实认真，从不迟到、早退，班主任工作也一丝不苟，且在学校已连续当班主任十多年，所带班级在同年级总是名列前茅。学校以前申请课题时叫她担任课题组长或主研人员，她总是以各种理由推脱，有时实在说不过去了，她也答应协研，但就是没看见过怎么"协"，也没怎么"研"。学校的科研工作一直都是安排教师参加，教师被动科研，主动性、积极性不高。

去年，学校将课题研究按课题级别纳入评优选先晋级的专项加分项，并在外出培训学习时优先安排，并将课题考核结果按级别在绩效考核中作专项奖励，变教师被动接受科研为主动积极要求参与科研。还是这位张老师，在去年的职称晋级中因为没有科研项加分，得分偏低，没能得到晋升。今年，学校公示有一个市级课题申请，请有意的教师主动申请，张老师主动报名，还主动担任课题组长，带领一批中年、青年老师积极主动地参与课题研究，课题成功获得立项，学校也在全区年终课题考核中获评优秀。

学校管理中经常会出现一些工作没人愿意主动承担的现象，教师的主人翁意识不强是一个因素，而管理制度的不完善则是另一个重要因素。要激发教师的动机，就需要知道教师的需求，并根据这些需求制定科学、合理的激励制度，让制度成为"方向盘"，引导教师的主动参与。在案例中，学校以职称晋级为契机，将课题研究纳入考评机制，且设为专项加分项，促进一些拥有丰富教育教学经验，但对课题研究不感兴趣的教师积极参与其中，实现变被动为主动。学校许多工作都需要教师来完成，工作完成的质量很大程度取决于教师的态度和动机。所以要将工作任务由教师被动接受转变为其主动参加，除了增强教师的集体荣誉感、主人翁精神外，还得从教师的职业道德修养、教师的需求

上下功夫。

三、以沟通为"润滑剂"，解决后顾之忧

教师参赛心理探秘

"李主任！"申老师面露难色，欲言又止。

"申老师，有啥事吗？"我很担心地看着她。

"这次可不可以不参加区上的赛课呀？"她用恳求的眼神看着我，空气似乎都要凝固了。

"可以啊！"我半开玩笑地回答着，并快速思考怎样能让她愉快地参加赛课。

"真的啊！真的啊！！"她高兴得像个孩子似的拍着手，松了一口气，似乎解脱了。

"实在不参加，那我们学校只有弃权了，再安排其他老师也来不及。你能告诉我不参加的原因吗？"

"李主任，其实我还是想参加的。你们那么信任我，给我机会锻炼，可是前两周才参加了学校青年教师赛课，加上九年级的教学任务繁重，再准备区上的赛课，电子白板使用也不太熟练，到现在只有一个初步的思路，压力好大喔，吃不好，睡不着的。另外，今天抽到的班级据说学生基础不够好，不晓得可不可以换一个班？"

"原来是这样啊！那我打个电话问问。"

┈┈┈┈┈┈

"啥子领导嘛！这么一件小事，一个电话就安排了的，还推来推去的。你们领导都是这样子的，不顾'小老百姓'的感受。"当得知被婉拒时，她一下子爆发了。

"别急，别急。"我安慰道，"竞争需要公平、公正、公开。换一个班说起来是小事，也可以说是大事。其一，今天上午你们开预备会抽签确定的上课的时间和班级，安排通知已下发到学校，现在让换班，领导应该很为难，只好婉拒。其二，这次赛课的奖品据说有实物，价值还比较高。我认为你是一位很有实力的青年老师，如果因换班你获得了奖励，万一，我是说万一，被知情者举报，组织者处理起来就麻烦了，你今后也会有阴影。我想，你也不会希望这样。其三，你本来就是有能力的，遇到学生基础差的班正是检验自己的机会啊，如果能得到评委的认可，影响也就扩大了嘛。"

"那算了嘛!"申老师心情平复了许多。

"啥意思? 是不换班了还是不参赛了?"我语气平和地询问道。

"我不参加的话, 学校弃权, 你们领导也为难, 我还是参加嘛! 不过, 我都没有什么信心, 尽力而为吧。"

"相信自己, 看好你喔! 可以把你的思路在组内交流一下, 听听他们的意见, 再做修改, 物理组的老师还是很不错的。我们可以帮忙找几位老师跟你一起磨课。"

"好的! 谢谢! 我走了, 李主任。"她愉快地离开了。

学校很多工作在安排落实时教师们总有自己的一些顾虑, 需要学校管理者认真对待、耐心解决、加强沟通。感人心者, 莫过于情; 动人心者, 莫过于理。在管理上, 要体现"以人为本"的管理理念, 投入真挚的感情, 体现管理的人性化, 做到了解人、尊重人、团结人, 真正体现知人善任、人尽其才、才尽其用; 在工作中, 要了解和分析教职工的情绪, 掌握他们的思想情感、心理状态、个人爱好、思想动态, 善于理解教职工在工作、学习和生活等方面存在的问题和困难, 并尽量帮助解决, 使得教职工在学校这个集体中有归属感、亲切感, 这样才能使教职工以主人翁的精神勇挑重担、无私奉献, 付出最大的心力。

每一个教师都希望自己成长为教学骨干, 乃至名师, 但这是需要过程的。在这个过程中, 教师需要外界为其提供健康成长的条件, 搭建成长的平台; 教师需要信任, 只有取得了信任, 他们才会与你交流、沟通, 才能取长补短, 共同成长; 教师需要表扬, 适时给予真诚的表扬, 给予精神鼓励, 发现优点、放大优点、培育优点, 教师的积极性自然就提高了。

第四节　行为改进的矛盾管理

不善于倾听不同的声音, 是管理者最大的疏忽。

——[美]玛丽·凯

关于问题管理有个著名的"青蛙原理", 说的是如果把一只青蛙扔进沸水中, 青蛙肯定会马上跳出来, 但是如果把一只青蛙放入冷水中逐渐加温, 青蛙则会在不知不觉中丧失跳出去的能力，直至被热水烫死。这个原理展示了管理中存在的两种问题，即显性问题和隐性问题。人们对显性问题的反应就如同青蛙对沸水的反应一样，会马上采取相应的措施，及时地将其扼杀在萌芽状态；而隐性问题由于其自身的隐匿性，不易被发现，往往是等到被发现时，其已经造成了严重的损失。所以，我们在工作中要未雨绸缪、居安思危。

一、逐个突破，牵一个"问题"而动"全身"

教案评比之后①

年底学校组织了全校教师教案展评活动，同时下发了评比标准。展评的教案大致呈现出三种情况：第一种是教学三维目标明确，教学重难点突出，教学过程思路清晰，内容详尽，注重学生参与，且书写美观，板书设计科学合理，是大家公认的好教案；第二种是有教学目标及重难点，但教学过程相对简单，仅仅罗列了几步教学步骤，板书设计较简单，具有教案评比要求的各个要素；第三种是教案过于简单，只有教学目标和简单的教学流程，或者是直接在使用的教学参考资料上面做了一些简单的批注，与本次评比标准要求有较大差距。根据展评标准，前两种情况分获一、二等奖。

在期末总结会上，分管校长宣读了表彰文件，为获奖的教师颁发了证书，同时宣布在年底绩效考核时还有所体现，并对未获奖教师提出批评，同时要求定期整改。会后，此事在学校引起了较大反响。

"啥也不用干，只要教案抄写得好就行。"

"教案写得好又有什么用？写得好就教得好吗？"

"教案写得好就表明教学能力强、教学水平高吗？"

"我看新来的校长就会瞎折腾，教案写得好学生成绩就能够提高吗？"

"教案写得好我招谁惹谁了，作为教师不认真写教案还有理了？"

没获奖的满腹牢骚，获奖的一肚子委屈——按照学校要求认真写教案反倒要听别人的闲言碎语。学校本想通过此次评比活动促进教师充分备课，规范教

① 参见林森、孙鹤娟：《中小学校长管理案例》，66～68页，长春，吉林大学出版社，2005。

师的教学行为，以期提高教学质量，但事实上教案展评活动的结果与初衷相悖。

这件事引起了王校长的关注，他马上召集了部分教师进行座谈。

一位老教师说："手写教案是备课的一种形式，不能体现一个老师的教学水平。要提高教学质量必须注重教学效果，而形式主义的东西却占用了我们大量的时间，实在不可取。"

一位中年教师说："这次教案评比对老师的教案提出'八股文'般的要求，老实点的老师不得已把大量的时间都花在写教案上，而忽略了课堂教学这一重要环节，教学效果反倒不好。"

青年教师周老师说："我从网上了解到，我们的课时量并不是很多，但我们的负担却很重，根本原因在于我们形式主义的东西太多了。"

教师们的话使王校长感到震撼，他立即召开行政会，把教师们的意见转达给全体行政人员。分管校长听后说："评比结果都出来了，奖状都发下去了，如果出尔反尔，以后工作将很难开展。"

教务主任则认为："教案的好坏并不能代表教师的教学水平，但作为教学管理的一个环节，如果没有相关要求，教师都不认真写教案，又如何保证教学质量呢？"

九年级的年级主任说："九年级复习都是使用中考复习资料，大多数老师都是在复习参考书上直接批注，如果非要要求写教案，老师们就只有抄写交差，觉得没有任何实用价值，反倒是耽搁时间。"

…………

大家争论了一会儿也没有达成共识，最后王校长提出："教师备课是教学准备的必要环节，但是本次教案评比为什么得不到教师们的认可呢？我认为一是长期以来在管理制度上没有明确的要求；二是部分教师嫌麻烦，认为备课和写教案是两回事，写教案是耽搁时间的事；三是对本次评比活动的认知有偏差，本次只是评比教案，并不是评比教学能力，更不是以此来评价教师的教学水平。教师们有意见是好事，说明他们还在乎学校的评价，我们要以此为契机，建立更为科学合理的评价制度，调动教师们的积极性，让他们行动起来，真正提高教育教学质量。"最后经过行政人员的共同讨论做出了以下决定：

一是本次教案评比结果要求各教研组认真学习，明确评比的意义，学校不再统一规定教案标准，各学科根据学科特点，讨论出各学科的教案撰写标准，并以此标准作为以后学校进行检查和评比的参考与依据。

二是教案评比以后一年一次，由各学科小组进行初评，最后学校进行展评，对获奖者颁发奖状，年底绩效考核时适当考虑。

三是强化课堂教学，每年开展课堂教学展评活动，第一学期由各学科进行组内赛课，第二学期由各学科组推荐优秀教师参加全校优质课展评活动，同时邀请区教研员当评委，并向全区兄弟学校开放，评比结果作为评优评先的重要指标，并对获奖者颁发奖状，年底绩效考核时进行奖励。

结果公布之后，教师们反响很好，认为学校不搞一刀切，让各学科拟定教案标准符合实际教学需要，领导关注的重心在课堂教学上，让广大一线教师有了更高的工作热情，本次教案评比产生的负面影响很快就消除了。

教案评比这一件事情引发了理念上、认识上、制度上等多方面的思考，这对学校管理者来说是一件好事情。教师在思考教案评比的过程中，更会去思考备课的意义，思考如何才能真正促进教育教学改进。备课是课堂教学的必要准备工作之一，正所谓不打无准备的仗，它要求教师分析、把握教材，了解学情，寻求科学、合理的教学方法，以期达到教学目的。但是，备课并不只是写教案这么简单，本案例中的教师就是将其画上了等号后产生了负面情绪。

写教案虽是教师教学的必备工作，但学校管理者不应该拘泥于形式，不能管得太死，该放则放。案例中，学校经讨论后将撰写教案的标准"放权"给学科教研组，由教研组自行讨论，甚至可以细化到不同课型和不同年级。这样，教师可以将教案撰写很好地融入教育教学的实际，写教案不但不会变成负担，反而会有效调动教师去钻研教材、教法和分析学生，从而提高课堂教学质量。

二、回归初心，为不同利益者寻共识

到底是谁的错①

2014 年 4 月，一所学校发生了一起不小的风波。

---

① 参见林森、孙鹤娟：《中小学校长管理案例》，16～18 页，长春，吉林大学出版社，2005。

由于毕业时在语文、数学、英语和体育检测外还增加了音乐、美术、思品和科学(以下简称"副科课",学校教师通常这样叫)检测,因而学生的复习变得既繁重又紧张。但不管副科教师(暂且把教所谓副科课的教师称为副科教师)怎么着急,学生还只是"课上学,课下忘",该记的不记,该会的不会。无奈副科教师只有采取高压政策:要求记忆的,背不出来就采取罚抄的方式,致使学生与副科教师的关系变得紧张起来,有几名学生甚至产生了逆反心理,与副科教师唱起了对台戏:"你让我学,我偏不学,看你能把我怎么样?"气得副科教师让其回家反思,学生家长找到学校,班主任也对此颇为不满。

面对这种局面,李校长也很着急。他找学生家长与副科教师分别谈话。家长们振振有词:"谁不想让孩子多学点,打从进校以来,副科教师一直没怎么认真上课,现在要检测了才想起来抓,孩子一下子没法理解,只靠死记硬背,压力太大了,再说其他学科学习任务也很重,孩子哪里吃得消?"副科教师更是叫苦不迭:"副科课说停就停,说占就占,平时不重视,学生不爱学,我们怎么教?我们又不可能像班主任那样天天督促,现在要检测,我们只能临时抱佛脚。不死记硬背,您叫我们怎么办?"

双方说的都有道理,都是不争的事实。副科教师的做法是欠妥,但这真的应该完全归咎于副科教师吗?

领导班子成员就此展开激烈的讨论,大家最终找到了问题的症结:一是大家没有充分认识各学科课程与学生全面发展的关系,教育观念落后;二是学校、家长忽视了副科教师的工作与作用。要解决这一矛盾,学校领导必须首先转变观念,树立各学科课程同等重要的思想,不进行人为的主次划分,必须对副科教师与主科教师的工作一视同仁。只有这样,才能够激发副科教师的工作热情,进而调动学生对副科课程学习的兴趣,从根源上解决问题。

如何科学地摆正"主科"课程与"副科"课程的教学地位,处理好其间的关系;如何公正地对待"主科"教师和"副科"教师,调动所有教师的教学积极性;如何引导学生全面发展,不偏科、不唯升学考试指挥棒是从,这是长期以来中小学教育面临的主要问题。其实,无论是"主科"教师还是"副科"教师,无论是学校管理者还是家长,大家的初心都是为了学生的发展。因此在面临这样的矛盾时,不妨回归到初心,为不同利益相关方寻找到共识,聚合力量,让大家力往一处使，矛盾自然而然就化解了。本案例对此问题进行了初步的剖析，给了我们一些有益的启发。

教学活动的复杂性和教师的个性化都要求学校管理者既要用其所学、用其所长，又要充分激发教师的工作热情。每个人都有被重视、被认可的需要，在这一案例中，"副科"教师之所以厌教，是因为教师劳动价值没有被认可和职业尊严没有得到满足。由于领导转变观念，使广大"副科"教师得到了重视，其获得劳动被承认、被认可的满足感，这样"副科"教师的消极情绪就自然烟消云散了。

教学是双边活动，只有师生共同主动投入，才会有创造性的教与学，才会为教学活动注入创造性的活力。正是基于这一点认识，该校管理者还需在提高学生兴趣方面下功夫。

三、以点带面，让少数人影响多数人

课改实施之后

某校作为一所农村初级中学，学生们学习努力，教师们上课特别认真，课余时间义务辅导是学校一道亮丽的风景线。不管是上级部门检查汇报还是有兄弟学校到校交流时都必然提到此事，学生家长也对学校赞誉有加。但是在这种情况之下，学校的教学质量却始终处于中上游水平。教师如此尽心，学生如此尽力，其结果始终有点不尽如人意。这让唐校长越来越感觉学校发展遇到了瓶颈。如何进一步提高教学质量呢？

11月，区教育局组织了一批初中骨干教师远赴外省，参观一所有名的农村初级中学。该中学虽然办学条件落后，生源较差，但是教学质量却一直居于区域前列。学校有五位教师参加了此次考察学习，回来后在全校教师大会上做了专题汇报。从教师们的汇报中，唐校长感觉找到了解决问题的办法，那就是课改，改变当前的课堂教学方式，进一步激发学生的学习热情。

唐校长召集行政和部分骨干教师召开行政会议继续专题研究。

"我觉得我们现在课堂的问题主要在于将学生管得太死，学生全部跟着老师转，不会自己学习，影响了其思维的发展，在解决一些没有见过的问题时无从下手。我们应该想法让学生充分参与到课堂中来。这次出去跟岗学习一周，他们的做法我觉得我们完全可以尝试。"外出学习的周老师说道。

一位老教师说："我们学校现在教学质量一直稳定在中上水平，学生成绩处于中上游是由于小学时基础不牢造成的，我们当前的教学没有什么问题，如果改变课堂教学方式，老师和学生都要重新去适应，万一搞砸了咋办，我觉得没有必要去改变。"

分管校长认为："当前学校所取得的成绩已属不易，靠的是全体老师兢兢业业和无私奉献、学生的刻苦学习以及家长的理解与支持。课改确实可能将学校带到一个更高的高度，但是风险却较大，万一失败了无法给学生和家长交代，这项工作需要慎重考虑才行。"

最后，学校决定本次课改由老师自愿申请，学校提供后勤保障，在七年级组建两个课改实验班。寒假期间按照参与课改教师的要求重新布置教室。为了打消参与教师的顾虑，课改实验班的考评制度单独制定，期末考试成绩与平行班级科平均差距允许在 3 分以内。

经过一学期实验以后，两个实验班的成绩并没有下滑，与原来保持一致，但是学生的上课状态却有了明显改变，课前 5 分钟的自学鸦雀无声，课堂上学生小组讨论热闹非凡，学生代表发言从容不迫，许多问题都在学生的自学与讨论中得到了解决，教师恰当的点评与引导使课堂轻松而愉悦，其他教师在课改实验班听课时经常会忽略上课教师的存在。

在期末总结大会上，参与课改的教师做了专题发言，学校也对他们的工作进行了充分的肯定，并要求他们的课堂对全校开放，任何教师任何时候都可以进入教室听课。在后面几个学期的统考中，两个实验班级的成绩较平行班高出较多，原来不赞同课改的教师也主动来听课，并开始尝试这种新的教学方式。三年后新的课堂教学方式得以在全校实施，学校的教学质量跃居同类学校前列。

任何学校在发展过程中都会遇到一些问题，很多时候都因为害怕改变而使得学校一直停滞不前，明知道有问题也不去解决。有些学校管理者通常采取一刀切的方式，以行政手段强行推进，通常会出现教师被动参与，消极应对，最后大多数变革都无疾而终的现象。

该案例中就出现了分管校长和一些教师对课堂改革持怀疑态度，一是不想改，安于现状；二是不敢改，害怕失败。最后学校根据实际，提出了教师自愿申请，学校担责的方式进行课堂改革实验，即让愿意参与课改的教师积极行动起来，从起始年级开始组建实验班，即便出现问题也有时间进行调整，对实验班的教学成绩进行单独评价，保障了参加课改的教师的权益，使他们没有后顾之忧，能够全身心地投入到课改当中；对持怀疑态度的教师则不做改变，给他们时间去观察和思考，让他们从别人的课堂中看到改革的效果。这样的方式大家都能够接受，改革工作也才能够顺利实施。从最后的效果来看，这次课堂教学改革无疑是成功的。这也提醒我们，在调动教师行动方面切记"强扭的瓜不甜"。

第五章　文化建设——优质品牌学校的塑造

学校文化是学校的灵魂。

——顾明远

品牌学校是指把品牌渗透到学校工作的各个方面，体现出学校独特的整体风貌，通常指提供优质的教育服务而享有较高社会认同的学校。学校在品牌塑造过程中，都会形成自己独特的办学特色。学校办学特色就是学校文化的积淀。郑金洲教授认为，塑造教育品牌首先需要关注学校文化的建设和发展，在文化管理中探索品牌的形成，在品牌的培育中促进学生身心发展。学校的文化与品牌，前者是学校的内在灵魂，后者是学校的外在表现，二者相辅相成。学校文化能丰富学校品牌的内涵，学校品牌能展现学校文化的魅力。

关于学校文化的含义众说纷纭。美国学者华勒于 1932 年在《教育社会学》中首先提出"学校文化"，他将其解释为学校中形成的特别的文化。王继华认为学校文化是一种释放多元文化力的文化场，代表着学校发展的方向。袁先潋认为，学校文化是一种特殊的社会组织文化。它是一所学校的历任领导和师生们在社会文化的影响和制约下，在长期的教育教学实践中逐渐积淀和创造形成的，被全校师生认同并遵循的价值观念、行为准则、组织结构、思维方式、物化环境，及由此产生的物质与精神形态的总和。学校文化以具有特定学校个性的精神形态、制度形态、物质形态为外部表征，并影响和制约着全体师生员工的思想、行为方式、精神面貌与素养。[①]

---

① 参见袁先潋：《学校文化力建设策略》，8 页，重庆，西南师范大学出版社，2009。

顾明远教授曾指出："学校本来就是传递文化、创造文化的特定机构，学校文化的建设是学校应有之义。但是，不是说，学校一建立起来就有学校文化。学校文化的特定含义是经过全校师生长期的努力建立起来的具有本校独立品格的文化传统。这种学校文化传统一旦建立起来，就具有指导学校办学方向、统一价值观念、引领师生教与学的行为的作用，就能凝聚全校力量，为实现学校的办学目标而努力。学校文化是学校的灵魂。一个没有独立品格的学校文化传统的学校，师生员工就会如一盘散沙，缺乏努力的方向和动力。"①学校文化建设可以有效地化解学校品牌塑造中的矛盾。

关于学校文化的分类，从国内到国外，众多的研究者有不同划分维度。顾明远教授说："文化包含着多个层面，有二分法、三分法、四分法。二分法指物质层面和精神层面；三分法指物质层面、制度层面、精神层面；四分法则是在三个层面之后再加上行为习俗层面。""这（学校文化）里面同样包含了物质层面（校园建设）、制度层面（各种规章制度）、精神层面和行为层面（师生的行为举止），而其核心是精神层面中的价值观念、办学思想、教育理念、群体的心理意识等。"②北大附中深圳南山分校校长刘引认为，现代学校文化，是对社会文化反复选择、提炼、转化之后的一种文化结构，是办学理念、育人目标、校风、学风的一种综合体现。学校的文化建设应该从物质文化、制度文化、精神文化三个纬度，从教师文化、学生文化、课程文化和制度文化多个方面入手，使学校真正成为文化得以传承并不断创新的场所，从而真正通过文化和思想的纬度来推动人类和社会的发展。③ 钟启泉先生将学校文化分为组织（制度）文化、教师文化、学生文化和环境文化。程红兵校长认为围绕学校的培养目标，根据学校教育工作的逻辑关系可以将学校文化分为课程文化、组织（教师）文化、环境文化和管理文化。

本章着重从物质文化、制度文化、精神文化、课程文化四个方面来谈谈如何通过学校文化建设化解学校品牌塑造中的矛盾。

---

① 顾明远：《论学校文化建设》，载《西南师范大学学报（人文社会科学版）》，2006(5)。

② 顾明远：《论学校文化建设》，载《西南师范大学学报（人文社会科学版）》，2006(5)。

③ 刘引：《现代学校的文化使命》，载《人民教育》，2004(4)。

第一节　物质文化建设的矛盾管理

在学校文化建设中，精神文化是核心，物质文化是学校文化的外在表现形式，其不仅起到美化、装扮校园的作用，同时，也以独特的物质形态陶冶、激励着师生。物质文化是学校文化的重要组成部分，是学校一切活动得以进行的空间依托和物质基础。

破败的校园环境，低落的师生士气

2008 年，陈校长听从教育局的调遣，到某中学接任校长。刚进学校大门，他看到这样一番景象：校园共三栋楼，中间是一个不太规则的操场，整所学校一幅陈旧零乱的样子。墙上稀稀落落地印着几个大字，很多墙面已脱落。厕所老式简陋，蹲位之间没有隔断。全校的绿化杂乱无章，完全没有一点文化品位。所有教育教学设备陈旧简陋，基本上没有教师使用现代信息设备，学生使用的电脑也是公办学校几年前就淘汰的型号。每次教师们外出参加教研活动回校后，总是抱怨学校办公条件与其他学校相比真是有天壤之别。陈校长调查分析了造成如此校园环境的原因，一种可能是转制学校自筹资金，财力有限，鲜有用于改善环境的资金；还有一种可能是以往的学校领导对校园环境对师生影响的重要性没有足够的认识。招生季节，有家长到学校打听办学情况，学校的职工不屑地答复："这样的学校你也要来？一点都不灵的！"有认识陈校长的家长朋友知道他调到这里后，很为他鸣不平："想当初陈校长治校有方，颇有口碑，居然调到这样的学校，不值呀！"陈校长得到如此"反馈"，心如刀割。教师们对自己工作、生存的学校都没有认同感，这样的心态如何教得好学生呢？果不其然，他又抽样查阅了近年来校园贴吧，发现上面"热闹"非凡，谩骂学校之声不绝于耳。他心寒了……

案例中破败的校园环境，低落的师生士气，无不让人心寒。全校师生长期处于这样陈旧零乱的环境、颓废消极的氛围中，如何能够积极进取？教学质量如何提升？学校品质如何得以优化？

学校作为教育活动的主要场所，是教育活动得以顺利进行的空间依托和物质基础，而学校物质文化建设是学校文化建设的重要组成部分和重要支撑，同样也是学校文化存在和发展的物质基础，是学校文化建设最直观形象的"语言"。它以物质为载体，将学校文化转换为具体可感的符号，使师生得到一种从视听感受到心灵熏陶的提升。

学校物质文化建设是一个漫长的过程，需要学校管理者高瞻远瞩，结合学校发展目标，制定相关规划，在建设过程中注重物质文化与精神文化的有机融合，兼顾实用性、科学性、审美性、教育性和人文性等原则来有序建设。

一、以人为本，顶层规划校园基础设施

学校领导在进行校园基础设施顶层设计时，要把学校物质环境当作一个系统加以考虑，秉承以人为本的原则，对学校基础设施的结构、功能、风格进行要求，对物质环境整体规划有明确的要求。要充分体现本校的个性化教育思想，整合学校资源，在校园环境设计中突出自然、和谐、适用、节能，强调授业、解惑、育人功能。

学校的基础设施包括教学楼、实验楼、住宿楼、操场、食堂、图书馆、多功能活动室，各类体育设施、生活设施、校园道路、花卉绿植，等等。陶行知先生曾说过：校有校容，有其内必形诸外。秩序井然、绿树成荫、空气清新、干净整洁的学校环境，有助于陶冶情操。

大学环抱中的学校

成都棠湖外国语学校（简称"棠外"）是经四川省教育厅批准，于 2003 年建成的一所全寄宿现代化股份制学校，坐落于以四川大学、西南民族大学为代表的大学城中，被誉为"大学环抱中的学校"。学校始终坚持以社会主义核心价值观统领工作。学校秉承四川省棠湖中学的文化传统，结合自身实际进行文化创新，在办学实践中不断积淀和丰富自身文化内涵。经过十余年发展，学校已初步形成具有自身特色的校园文化——"修身"文化。伴随文化建设，学校的核心竞争力和品牌影响力也在不断地提升和扩展。学校在整体规划上充分结合"修身"文化对基础设施进行了顶层设计。全校占地近 300 亩①，建筑面积约 13 万平方米，建筑设计新颖、独特，整体布局科学、美观。依据功能不同，学校划分为教学区、运动区和生活区。

---

① 1 亩≈666.7 平方米。

教学区主要由七幢教学大楼、一幢科技楼、一幢信息技术楼、一幢艺术楼、一幢行政楼和一座音乐厅组成，其布局具有深刻文化含义。一幢坐南朝北的教学主楼排头，六幢教学楼分两排列于其后，中间由一幢科技楼束腰，末尾由一幢信息技术楼结尾。各楼之间由形态不一、风景各异的园林相隔，各楼内侧又由两层廊桥相连，使整体形成一个错落有致的园林式大庭院。庭院前有一个面积达数千平方米的文化广场，以花圃林带环绕。从教学区上空向下俯视，整个庭院宛若一条游弋于蓝色海洋的大鱼，又傍依风光旖旎的江安河，形成一个大大的"渔"字，昭示着"授人以鱼不如授人以渔"的教育真谛。教学区还建设有三个学术报告厅，可以同时容纳近900人，还有一座可以容纳600余人的音乐厅。在这里，学校常常举行各级各类教学研讨活动和教师培训活动，提升学校教师的专业素养，从而促进教师专业发展。艺术楼设置了各种功能性教室，有音乐教室5间，美术教室5间，书法教室1间，形体教室5间，琴房18间。完善的艺术基础设施为全校师生艺术教学活动的开展提供了便利。

运动区建筑面积达1.5万平方米，有1个由标准的8道400米塑胶跑道环绕的人工草皮田径运动场，1个由标准的6道200米塑胶跑道环绕的人工草皮田径运动场；有2个足球场、9个塑胶篮球场、3个塑胶排球场、4个塑胶羽毛球场、2个塑胶网球场、1个200平方米的塑胶健身器材场，9间共计1400平方米的室内训练场；主运动场的看台能容纳3000名观众，看台下设体育器材保管室和运动队医务室，以满足学校开展各项体育活动的需要。完善的体育基础设施方便了全校师生坚持运动锻炼，提升身体素质，保持强健体魄。

生活区由9幢学生公寓和2座学生餐厅组成，可供6000余名师生住宿和就餐。现代化的学生公寓满足了学生的需求，让全体住校学生住得舒服、睡得安稳；干净卫生的就餐环境为全校师生提供了生活上的便利，让大家吃得放心、舒心。

从案例中我们可以看出，成都棠湖外国语学校的基础设施建设均以人为本，围绕"修身"文化来实施。教学区、运动区、生活区，从学习、运动、吃住等多方面综合考虑并建设，三区由宽阔的主干道路和极富艺术气息的园林相连接，彼此独立又相互关联。学校整体基础设施给人一种自然和谐、幸福舒适之感。在如此舒适的环境中学习，自然可以"引起学者清醇之兴趣，高尚之精神"。

二、以文化人，创造特色校园环境设施

学校管理者应紧密依托学校办学理念，充分利用现代技术、艺术手段，建设人文化、人性化校园。良好的校园环境凝聚了学校全体师生的劳动和创造，其反映了一所学校的办学理念和文化内涵，能起到陶冶身心、激发兴趣、开阔胸襟的作用。

"修身"文化融校园

成都棠湖外国语学校"修身"校园文化的发展使学校形成了以"修身教育"为核心的办学特色。学校设立了与校园文化相得益彰的各类文化设施，重点通过建设文化墙、文化长廊、文化石、文化广场、校史陈列室、科技体验中心、教职工活动中心、宣传橱窗等，营造良好的文化氛围。

（一）用文化石展示学校文化理念

走近棠外，远远就可看见形态独特的学校正门。大门的整体造型宛如一道飞虹，气势磅礴。门体周身通透，门体内还栽种着各种绿树红花，散发着生命的朝气。门体外侧是著名作家马识途先生为学校亲笔题写的校名。学校大门右侧屹立的巨型校训石碑被鲜花环绕，上书"仁、德、志、譞"四字，揭示学校治校办学的文化精神。石碑背面正文用楷书镌刻着《棠外赋》，它以史诗般的优美语言描绘了学校的发展历史，读来感人肺腑。石碑古朴而典雅，映衬在碑体后的绿叶红花中，散发出庄重而深沉的文化气息。文化广场红旗下有黄光成校长手书的办学思想——"开放、民主、求实、创新"的主题石碑，广场左右两侧有"修身"和"养德"两块主题石碑，凸显学校"修身"文化主题。文化广场东侧行政楼前有"诚信"主题石碑，教育教职工要具有诚实守信的道德品质。在小学、初中和高中学部主楼前设立有黄光成校长手书的部训主题石碑，小学为"明理好学"，初中为"厚德持义"，高中为"育贤培元"，时刻警示师生努力实现人生的阶段性目标。小学部教学楼后的草坪中有"问说"主题石碑，鼓励学生勤学善问、敢于质疑。在信息技术大楼前的草坪中设有"求知"主题石碑，在学校体育场内有"健体"主题石碑，在体育场大门前的草坪中有"尚美"主题石碑。这些主题石碑都是对"六会一长"育人目标的展示。除主题石碑外，校园内还设置有各种形态不一的文化石掩映在花团锦簇之间，或用汉语或用英语镌刻古往今来的圣哲之言，让学生在不经意间接受圣贤哲人的教诲，感悟人生真理。

（二）建设文化墙、文化长廊

学校在文化广场后的主建筑楼正厅通道两侧设立了学校文化墙，对社会主义核心价值观、《中小学生守则》以及学校校训、办学思想、育人目标和部训进行展示，传播学校的核心文化理念。幼儿园、小学、初中和高中四学部也在主建筑楼内设置了文化墙：幼儿园主楼正厅墙面上有黄光成校长手书的"养善益智"部训；小学部正厅的文化墙展示了弘扬中华美德的经典故事、社会主义核心价值观以及管理理念；初、高中文化墙上设置了大型紫檀木刻《劝学》，红底绿字，将"学不可以已"，"君子博学而日参省乎己，则知明而行无过矣"的道理展示出来，对面与之对应的是毛泽东的《沁园春·雪》和苏轼的《水调歌头·赤壁怀古》草书。各学部都建设有各具特色的文化长廊，或悬挂着精美的师生书法，或张贴着精彩的师生美术、摄影作品，或张挂着著名历史人物的照片、画像、名言警句，使学生在感受到真、善、美的同时受到教育。小学设有中华经典长廊、才艺长廊、知识长廊，传播国学知识、科技知识，展示师生的文艺特长；初高中的文化长廊悬挂有以叶圣陶先生为代表的名家名言，有师生书法艺术作品，启迪智慧、陶冶心灵。

（三）建设校园文化广场

走进棠外大门可见广阔的文化广场，广场中心鲜艳的五星红旗高高飘扬，提示师生爱党、爱国家、爱民族。广场西侧的花园中设立了一个巨幕 LED 屏，播放校园节目，它是学校有力的宣传窗口。花园中还设有初中部和高中部的宣传橱窗，内容有对学部教育特色的介绍，有对优秀师生的表彰，有人文、科普知识宣传。花园后面的音乐喷泉主题造型为三座玻璃金字塔，塔身配以数学方程式或人类先哲的智慧之语，象征着知识与智慧之路永无止境。广场西侧整点报时的钟塔屹立在蓝天白云下，旨在催促师生"时不我待""只争朝夕"。

（四）设立校史陈列室讲述学校历史文化

为记录学校发展历史，弘扬学校办学传统和人文精神，传承和发展学校文化，学校专门设立了校史陈列室。陈列室位于行政大楼一楼右侧，建筑面积 260 平方米。馆内以图片、文字和实物相结合的方式，讲述学校发展历史和文化精神。实物陈列区整齐陈列着学校获得的各种奖章、奖牌、奖杯等，它是学校办学成果的有力见证。在每年的招生季节和开学之际，校史陈列室都会迎来大批学生、家长参观，为人们了解学校历史、感受学校文化提供了很好的平台。

（五）建设学校角落文化

为了让学校"修身"文化渗透到校园的每一处景观、每一个角落中，学校加大力度进行班级文化设施、寝室文化设施和餐厅文化设施的建设，营造良好的文化氛围。每一个班级都把教室外墙建设成为班级文化墙。它是学生们展示风采的天地。美术、书法、摄影、作文等学生文艺作品将文化墙装饰得精美而考究，彰显着各具个性的班级文化。每个班级还开辟出图书角，把图书馆搬到了教室，整洁的书柜里放满了各类知识性读物，浓浓书香拂袖可闻。教室里的学生板报每周一新，传播知识、交流思想。学生公寓环境优美，寝室整洁、明亮，学生自己动手进行了绿化和装饰美化，使寝室温馨舒适。公寓中设置有关于健康生活、安全卫生之类的宣传栏，造型简洁明快，营造出文明就寝的文化氛围。学校餐厅门口设置了宣传橱窗，宣讲食品安全、科学饮食方面的知识，营造健康生活的文化气息。餐厅内外悬挂了提倡节能减排、爱惜粮食、健康生活的名言警句，创设良好的文明用餐氛围。

苏霍姆林斯基说，让学校的每一个角落都成为隐形教科书，指的就是学校文化能够通过各种充满知识性、艺术性和教育性的显性要素潜移默化地感染学生，让学生能从无处不在的学校文化氛围中悄然学习，逐渐成长。

从案例中我们可以看到，成都棠湖外国语学校的校园环境设施均围绕"修身"的教育思想和办学理念进行打造，从文化石、文化墙、文化长廊，到校园文化广场、校史陈列室，甚至校园的每个角落，都创设了一种积极健康、锐意进取、以德修身的良好文化氛围，这就如"无声润物三春雨，有心护花二月风"，使得全校师生在耳濡目染中，智慧得以启迪，情操得到陶冶。

三、以"细"美校，精心完善校园应用设施

学校应用设施包括教育、教学设备系列，班级区域布置系列，办公用品器具系列等。每个系列下面又有许多具体的物件，如办公用品器具系列就包括：备课本、听课本、教师成长记录册、学校个性信封、信纸、便笺、公文袋、资料夹、传真纸、教师工作证、办公用笔、笔筒、学生卡、来宾卡、图书借阅卡、就餐卡等。学校在进行物质文化建设时必须精细考虑每个应用设施所体现的文化性，同时兼顾实用性、科学性，在精细化建设中美化校园，进一步推进

校园文化建设，营造富有特色的校园文化。

我们的橱窗我做主！[①]

上海大学市北附属中学在校园文化建设中，鼓励学生积极参与到班级区域布置当中，教育教学服务中心与学生发展中心合作，分门别类地组织学生创编"角落文化""楼梯文化""橱窗文化""走廊文化"等，让每个角落都拿起"指挥棒"，以图文并茂的形式宣传"美的行为"，让育人更贴近思想实际、生活实际，以渗透式、启发式的效果来影响每一位师生。一进校门，有一长排宣传橱窗，原来都是学校定主题，展示一些师生活动照片。后来学生会提出要开辟一部分让学生来布置——"我们的橱窗我做主！"为了鼓励学生的这股积极风气，校方提供了诸如宣传纸、照片打印机之类的物资，方便学生们大显身手。他们有时展示社团成果，有时展示学生优秀作品，有时展示摄影作品，异彩纷呈，有滋有味。同时，各个班级外的走廊墙上也全部让学生根据各班的文化理念进行设计、展示，充分展现该班的班级文化。学生巧手布置的校园文化，不仅能增长知识，陶冶情操，而且还常常让教师们对其刮目相看，深受感染，如此别样的"教学相长"是优秀文化的另类收获。

苏霍姆林斯基认为，只有能激发学生去自我教育的教育，才是真正的教育。教育只有充分激发学生的自我教育，让教育内容在学生心中内化，才是有效的教育。上海大学市北附属中学在班级区域布置系列方面，不由教师或后勤教师全包干，而是鼓励学生主动参与，自主设计，自主展示，这充分发挥了学生的创新能力。这一小小细节的美化，对上海大学市北附属中学的校园物质文化建设来说，意义重大。

第二节 制度文化建设的矛盾管理

仁圣之本，在乎制度而已。

——（唐）白居易

---

① 参见陈芬：《学校文化变革的实践研究——以上海大学市北附属中学为例》，104～105 页，北京，人民出版社，2016。

学校管理制度中的"失效"现象

某乡镇中学在全县是有名的薄弱学校。经过详细的调查分析，管理者发现该学校在制度文化建设过程中有以下几大"失效"现象。

其一，"唯升学论"现象严重，轻视思想品德教育。学校以"考高分、升重点高中、进名校"作为目标，不管是教师评优选先，还是学生教育均受"唯升学论"影响，这种功利的思想和观念长期影响着学校制度文化建设。学校极度重视学生的成绩提升，而忽视学生的思想品德教育。

其二，只强调制度约束性，忽视个体成长。学校制度文化建设不以人为本，学校制度虽然齐备，但"就事论事"的现象较为普遍，总体表现为对全体师生的约束性过强，不能激发教师对学校工作的热爱，特别是不能激发学生的学习兴趣。在管理中忽视了学校生源对象的特殊性，完全不关注学生个体的成长特点。

其三，注重惩罚，忽略奖励。学校制度文化建设忽视"真"与"善"的本质，过于强调惩罚，奖励性制度太少。对教师来说没有积极主动参加专业培训、提升个人专业素养的动力，更别说花心思在教育教学研究创新上了。学生也没有将自己当作学校的主人，缺乏学习中的自主、合作、探究精神，未能获得全面发展。

针对这所学校制度的"失效"现象，如何在学校管理过程中解决这些问题，让学校制度文化建设回归本真以增强实效性呢？我们首先要了解什么是学校制度文化。

学校制度文化是指受党和政府的方针政策影响、社会影响和应学校内部的需要而在自身长期发展过程中，形成和发展起来的全校师生员工的行为准则、道德规范、群体意识、生活习惯等。学校制度文化作为学校文化的内在机制，包括学校的传统和仪式、与教育相关的法律和法规、管理体例、检查评比标准、学生手册、领导体例等，是维系一所学校正常教育教学工作必不可少的条件，是学校文化建设的保障系统。

"没有规矩，不成方圆。"学校只有建立起完整的规章制度，才能规范全校师生的行为，才能保证校园各方面工作的开展与落实，才能建立起良好的校风。完善的学校制度作为一种约束力对学校成员产生影响，能把校内各层次、各部门及各种力量加以整合优化，使学校工作有规范化的程序，确保各项工作有章可循，但是只有完整的规章制度还不行，还必须加强相应的落实规章制度的组织机构建设和队伍建设。学校制度建设、组织机构建设和队伍建设三者缺一不可。组织机构建设和队伍建设可以使制度建设落到实处，成为规范全校师生言行的保障，对学校文化活动的顺利开展，对学校文化建设的进一步推动，具有决定性的作用。

一、运行高效制度管理机制，体现科学性

学校管理制度的"科学性"，就是指要科学管理学校，要建立公平、公正、公开的学校管理机制，讲究科学规律，坚持依法治校，坚持实事求是，坚持照章办事，遵循学校管理流程，不断提高学校管理效率。

高质量的教育是学校的"活力之本"，是塑造品牌学校的基础，而教育质量的高低取决于学校的管理水平的高低。因此，提高管理水平，提高服务品质，建立现代学校教育高质量制度管理体系，提高学校的核心发展力，是化解学校管理矛盾、塑造品牌学校的必由之路。程红兵认为，学校应通过日常制度管理、内部质量审核、认证机构的审核等系列活动，全面评审学校的质量方针、质量保证目标的达成度以及质量体系运行的有效性，并及时发现教育教学中存在的问题，积极采取有效的纠正和预防措施，使学校的制度管理始终处于受控、有效、持续改进与提升的状态。[1]

学校在教育质量管理中要重视以人为本，应通过开展形式多样的培训学习活动，让全体教职员工明确学校各制度管理层次的职责范围与各岗位人员的权利与义务，掌握相关工作的专业知识和专业技能，增强教职员工的责任心和成就感。制度管理应是一个系统工程，必须综合学校各部门以及全校师生的共同努力。只有全体师生自觉地参与到塑造学校品牌的建设中去，才能为学校品牌建设的持续改进和提升做出自己的贡献。

---

① 参见程红兵：《学校文化建设的路径——书生校长的教育行动》，183页，上海，华东师范大学出版社，2012。

管理重心下移，多层次自主管理①

成都师范附属小学办学历史悠久，已有百余年，对学校制度文化建设追求在传承中创新，在创新中发展。学校其实也一度秩序混乱，教学质量严重下滑，后来主要依靠的就是重塑学校制度文化，以制度文化建设来推动学校旧貌换新颜。学校继续保留了以前培养优良校风方面行之有效的规章制度，结合学校当前实情，不断实践，进一步完善优化了《爱生公约》《成师附小八项规章制度》《班主任一日工作制度》《成师附小学生一日生活基本要求》等各项常规制度。这些制度的落实使学校的校风、校容、校貌焕然一新。学校从 2002 年起开始探索并创造性地推行 ISO9001：2000 国际质量管理体系，让学校管理逐步与国际接轨，并形成新的现代学校管理制度。学校制定和完善了包括《教导处工作例会制度》《师带徒制度》《集体备课制度》等 10 项教学常规管理制度，还编制了《成师附小教职工手册》，以其明确的规范性和鲜明的导向性，提高了管理的实效。

新时期，学校制度文化建设的整体思路是：利用文化管理的方式，在"积聚内涵，整合资源，链式发展"的指导下，建立学校的"管理体系、育人体系、资源体系"三位一体的文化管理支撑体系。他们具体的做法是通过在直线型管理体制下实行"管理重心下移，多层次自主管理"的模式，在校长办公室领导下，学校教学、德育、总务三个部门各自发挥职能作用，协同配合，并将学校计划设置的正式组织分为四层，并赋予不同权力和职责，强调各层面根据目标自主确定重点，自主制订行动计划，自主组织实施，自主评价。他们注重营造以人为本、互相关怀的氛围，建设学段分布式管理体制保障学生整体分层发展。其中学段管理的扁平模式，即确定"管理中心下移，领导工作下沉，权力范围下放"的"低重心管理"思路，实施以学段负责人为核心的学段管理负责制，改变金字塔式管理传统，在管理上保障了学校工作的高效运行。

从案例中我们看到，成都师范附属小学在传承学校制度文化历史的同时，勇于实践，不断创新，优化了学校管理结构，创造性地推行 ISO9001：2000 国际质量管理体系，将学校的发展目标一步步落实到管理过程中，一点点落实

---

① 参见姚晋：《成都名小学学校文化建设策略研究》，成都，四川师范大学硕士学位论文，2015。

到每个教师的言行中，有效地解决了只重结果、忽视过程的问题，提高了管理效率，使学校管理工作更具创新性和科学性，有力推动了学校办学水平的不断提高。

二、激发师生主人翁意识，体现民主性

学校管理制度的"民主性"，体现了学校制度管理主体的多元性。学校制度管理主体不仅有以校长为代表的学校制度管理行政团队，还包括教师、学生、家长、其他员工以及社会相关人员等。实施学校民主管理，是现代学校制度文化建设的重要组成部分，与国家民主政治建设步调一致。激发全校师生的主人翁意识，是塑造品牌学校过程中必不可少的重要保障。

(一)决策上兼顾民主和效率

学校可将教育教学管理过程中可能出现的情况设定为不同的层级，当需要做出决策时，按照不同层级，确定决策权限。参与决策的人员包括校长、行政领导层、教职员工代表委员会、学生代表委员会、家长委员会、全体教职员工大会等。凡关乎学校发展的重大问题，须经上述参与决策的人员充分发表意见后再确定实施方案；凡普通行政事务，须经行政领导层集体讨论后再做决策；如遇突发事件，则由校长做出决策。

从群众中来，到群众中去

海南省海口市第十一小学立足校本，建设充分发扬民主精神的制度文化。他们秉承民主集中制原则，坚持"从群众中来，到群众中去"，让全校师生共同参与制度的制定。在制定制度前，学校领导在全校师生间进行问卷调查，召开不同层级的师生座谈会，如教代会、校务会、教研组长会、班主任会、学生代表会等。在取得基本共识后，再组织各部门负责人进行制度的制定，各部门负责人拟定好初稿后召开全体教师会议，充分征求大家的意见，然后把意见集中起来交给教代会讨论审核，再将制度进一步完善，最后才开始实施。

从案例中我们看到，海南省海口市第十一小学制定制度时坚持"从群众中来，到群众中去"的原则。从制度制定前的问卷调查，到制定中的讨论修改，再到全面实施，全体师生均亲自参与到制度制定的过程中，充分体现了该校管理过程的民主性。师生广泛了解了制度的内容，反复讨论了其可行性，制定的

各项规章制度必然会得到全校师生的高度认可。如果仅仅由校长或各部门的负责人将制度制定好后要求师生遵照执行的话，师生只能被动地接受，且制定的制度不一定符合广大师生的意愿，执行起来难度就很大，如果强制执行，难免会激发学校管理者和师生间的矛盾，造成管理的难度，不利于学校的发展。

(二)管理上凸显学生的主体地位

学校的发展目标与学生紧密相连，学校管理中要体现以生为本的教育理念，凸显学生的主体地位。因此，要重视学生代表委员会的积极作用，充分发挥学生的主人翁精神，鼓励学生以校为家，学会管理自己、管理班级、管理学校，把参与班级、学校的管理作为自己的责任。

奖励加分制

成都市双流区某中学的高老师担任该校班主任十多年。初任班主任时，为了约束本班学生的行为，高老师制定的班规多以惩罚扣分为主。学生们虽然能够遵守班规，但缺乏主动性、积极性，没有活力。后来高老师找来了班委干部和部分学生代表交流沟通，了解到现行班规的弊端。随后全体同学按小组提出对现行班规的整改意见，然后再由班委会讨论，最后决定将原来的惩罚扣分制改为奖励加分制。新的班规实施后，学生们在各项学习活动中，争先恐后，积极加分，避免扣分，以班为家，班级管理的自觉性和积极性变高了，班级凝聚力更强了，班风更正了，学风也更浓了。

班级管理是学校管理的重要组成部分。此案例中，班规由惩罚扣分制转变为奖励加分制，并且实施顺利，学生进步明显。整个班规的制定过程学生全员全程参与，满足了学生渴望被赏识的精神需求，充分体现了学生们的主体地位，化解了班级管理初期的矛盾，取得了出人意料的效果。一个班级的管理如此，一个学校的管理更应如此。学校管理中更要树立学生的主人翁意识，激发其主人翁意识、担当意识，组建优秀的学生代表委员会，并使其积极参与到学校管理当中，从而推动学校文化建设的开展。

(三)监督上倡导校务公开

校务公开是体现学校领导智慧的一种文化行为，是依法治校、民主监督的一个重要途径，是塑造品牌学校、文化立校的一个重要手段。通过校务公开，可以实现学校管理主体从单一到多元、学校管理模式从封闭到开放、学校管理视角从单向度到多向度的转变，可以有效避免因校务不公开而造成的猜疑、误会，从而提高学校管理效能。为使管理能服务于学校的育人目标和品牌建设，学校应尊重每一位教师和学生的权利和人格，打造具备品牌学校的制度管理文化，增强全体师生对学校的认同感，形成共同的价值取向。学校要培养全体师生的民主意识，增强学校行政管理层的服务意识，实现品牌学校的建设，营造和谐民主、积极进取的文化氛围，推动学校教育教学的高质量发展。

1. 成立校务公开组织机构，明确职责

其一，成立校务公开领导小组。该小组一般由学校党支部、行政管理层、工会领导、共青团领导和教师代表组成，其职责为组织学习校务公开的相关法律法规，制定实施方案，组织指导并落实校务公开制度，调研、讨论并审核校务公开内容，定期检查、监督校务公开情况，分析研究校务公开工作中出现的问题并及时提出整改意见，等等。

其二，成立校务公开工作小组。该小组一般由校长和各部门负责人组成，其职责为按照校务公开相关法律法规，坚持公平、公正、公开原则，在领导小组指导下，承担校务公开的年度工作计划、学期总结、年度总结报告、公开内容的收集整理与上报、群众意见的收集与反馈、整改行动的落实、档案管理等工作。

其三，成立校务公开监督小组。该小组一般由学校党支部书记、工会主席、工会委员、教师代表等组成，其职责为学习掌握校务公开的相关法律法规、政策文件，坚持实事求是，客观公正地对待校务公开工作，认真审核每次公开的内容，及时收集并反馈群众意见和建议，及时提出整改意见，监督整改行动的落实，向上级部门反映校务公开违纪情况，等等。

2. 制定校务公开制度，依制实施

为了避免校务公开制度制定的不合理性，减少学校管理者与师生间的矛盾冲突，制度的制定要做到以下几点。

其一，明确指导思想。校务公开要以办好人民满意的教育为宗旨，认真贯彻执行党的路线、方针、政策和上级的工作部署。这是教育改革新时代推进学校管理体制改革、依法行政、依法治校、依法治教的重要措施，是进一步完善教职工代表大会制度，激发全体教职员工创新能力和主人翁意识的重要途径，是加强学校廉政建设、民主管理和民主监督的重要手段。

其二，明确组织机构及职责。校务公开制度中要明确校务公开领导小组、校务公开工作小组、校务公开监督小组这三类组织机构的职责，让各小组成员有效地落实制度，保障校务公开的真实性、时效性和准确性。

其三，明确校务公开的基本原则。坚持依法公开，维护学校管理者依法治校的权利，维护师生参与民主管理和民主监督的权利；坚持实事求是，公开透明；坚持注重实效，形式多元；坚持共同推进和分层推进相结合，由学校党支部统一领导，党、政、工"三位一体"共同推进，按公开内容的类别、性质和影响力，分层次由不同部门在不同会议中公开。

其四，明确校务公开的内容。凡是涉及全校教职员工和学生切身利益的事件及学校的重大决策，都要实行公开制度，接受群众监督，如学校的发展规划、教职工的聘任办法、教师职称评审、教师奖惩制度、学校收费制度、师生评优选先等。

其五，明确校务公开的要求。设立校务公开栏、监督栏、举报栏、意见箱等。公开栏内未设立的项目采用网站公告、墙报张榜、校园广播，设立校长接待日，召开教代会、师生大会、家长代表会等形式进行公开。根据公开内容的具体情况及时按周、月、季度、学期、学年向全体师生、家长和社会公开。

其六，明确监督和检查。校务公开监督小组要加强对校务公开制度的建立和执行情况的指导，定期不定期进行监督检查，及时发现并解决存在的问题。学校自觉接受上级主管部门的监督检查，遇重大事件及时汇报，接受指导意见和建议，积极改善工作。

三、给予师生多重关怀，体现人文性

学校管理应在"科学性""民主性"的基础上，充分调动教师工作和学生学习的积极性，将学校建设成为师生的精神家园。

学校管理制度的"人文性"，是指学校管理者在管理过程中要以人为本，给予全校师生多重关怀。这样的管理体现了人文性，即以文化为基础，强调人的能动作用。学校教育是以人为核心的，全校师生是推动学校发展的真正动力。

(一)学校制度管理要让师生对学校拥有强烈的归属感

师生对学校拥有归属感，即师生在学校就和在家一样感到温馨、舒适，真心喜欢在学校内工作、学习。在管理中，要真正对师生进行关怀，如此才能推动学校的不断发展，使其逐步走向和谐。学校应积极为师生发展搭建平台，进行多元的提升专业技能与专业知识的培训，陶冶师生情操，促进师生共同成长，为教师专业发展和学生全面发展服务。学校应多关心师生的身体状况、生活情况，让他们在工作和学习中无后顾之忧。要切实地为师生成长做好事、做实事，真切地助力师生发展，提升师生的生命、生活品位，进而使师生积极主动地为学校发展和品牌建设贡献自己的力量。

(二)学校制度管理要加强对教师专业发展的事业关怀

学校不仅是教师谋生之地，更应该成为教师在思想道德、工作能力、文化品位和多元情感等方面不断成长的地方。以学校文化引领教职员工，在尊重教师的专业特质基础上，鼓励教师勤于思考、大胆实践、勇于创新，让教师积极发挥主观能动性，提升教师专业素养，在学校文化和品牌建设发展中实现自我价值。

以人为本、教育均衡的人事制度建设[①]

成都市茶店子小学在薄弱学校支援和教师人事制度建设改革方面做出了大胆的尝试。他们在当地政府的领导下，通过对人事制度的改革，以编制和待遇的优势吸引了大量名师加入他们的团队。充分利用名师的实力，带动学校教师队伍建设进入一种良性循环的状态，并有效地促进了教育教学质量的稳步提升。在教育均衡工作中，他们借助优秀人才的引进，开展各式各样的教育科研交流活动。教育集团内的不同学校之间的教师一帮一活动，使乡村与城市的教师互帮互助，有效促进了各自的专业化发展；集团内的各个学校都按照自身需求配备了充足的师源，并且加强了培养教师科研的理念，帮助教师改善了教育方式，使得每一位教师都能够从容面对教育中出现的新问题；在薪酬和福利问题上，努力做到切实保障教师的一切利益，有效提升了教师的工作积极性。

从成都市茶店子小学的人事制度改革中，我们看到了他们以人为本、关注教师专业发展的制度建设总思路。在学校管理中，他们以编制和待遇的优势吸引了众多优秀人才加入，将教师看作管理的重要资源，充分发挥教师的主导作

---

① 参见姚晋：《成都名小学学校文化建设策略研究》，成都，四川师范大学硕士学位论文，2015。

用，注重调动教师的积极性，启迪教师的智慧，挖掘教师的创造力，搭建多种平台，互帮互助，共研共赢。制度管理是一种文化的积淀，学校的品牌建设更是学校文化的积淀过程。学校制度管理要用学校文化来鼓舞人、感动人、温暖人、激励人，从而达到凝聚人心的效果。成都市茶店子小学以人为本、教育均衡的人事制度让师生都能把自己当作学校这个"大家庭"的一分子，对学校的教育事业充满信心并愿意为之奋斗，进而在工作中以饱满的工作热情推动学校文化的传承和品牌的建设。

第三节 精神文化建设的矛盾管理

学校精神文化是最需要精心探索的一个领域，因为只有学校成员的思想先进、思路清晰，才有可能将寄托着人类美好理想的教育事业带入更高境界。

——李伟胜

学校精神文化建设是学校文化的核心内容和最高层次，它影响着一所学校的精神面貌和文化品位，是师生共同成长、学校长期发展的驱动力。学校精神文化是学校文化主体在长期的教育教学实践中，在各种办学活动中，在学校文化传统的基础上，对社会文化进行反复选择、提炼、积淀发展而来的，并为全体师生所认同与遵循的教育文化。它是学校里的"人"对这所学校发展的追求和对教育的深度理解，是师生共同认同、传承的人生观、价值观，体现着学校的核心价值观，是一个学校真正的"魂"。学校精神文化的内容十分丰富，具体体现在办学理念、校风、教风、班风、学风上。先进的办学理念，清晰的办学思路，优良的校风、教风、班风、学风等是学校塑造品牌、保持良好口碑的重要保障。有文化底蕴的教育理念才会被全校师生和社会所认可。因此，学校的品牌塑造、办学思想的凝练必须与学校的文化建设齐头并进，相辅相成。

一、凝练办学理念，提升师生凝聚力

办学理念是学校精神文化的核心，是学校管理者对学校教育功能的认识和对办学规律的概括总结，具有引导、定位办学方向的作用。它影响着校园里每一位师生的精神面貌，影响着他们的一言一行，引领着他们做到知行合一。纵观国内外名校，其均有深厚的文化底蕴和被社会高度认可的办学理念、育人理念，这些理念均体现了学校的办学方向，明确了学校的育人目标，并能够切实地引领学校各个文化领域的建设与发展。

(一)依托校名，凝练办学理念

厚德如盐，适融入道①

成都市盐道街小学创办于1919年，历经百年。经过对学校办学文化的挖掘和梳理，他们以校名中的"盐道"二字为题眼，提炼出"厚德如盐，适融入道"的办学理念。"厚德如盐，适融入道"是指：秉承"盐"的"厚德"品性，发展"盐"的"适度适量"和"灵动智慧"，培养自强不息、厚德灵慧的盐小师生。在此办学理念的指引下，艺术教育、信息技术教育和英语教育有声有色，构筑起成都市盐道街小学三大办学特色。他们倡导"文化为魂，寻根而铸"，多年来以"厚德如盐，适融入道"为核心的"盐道"文化价值体系得到广泛认同；以"做人间真盐，立天下大道"为校训的培养体系激活了师生的生命活力。他们以理念文化引领学校全面工作的做法包括如下三个方面：一是品行养成，潜移默化；二是智能发展，启发诱导；三是人力资源，开发激活。

从案例中我们看到，成都市盐道街小学以校名中的"盐道"二字为题眼，提炼出"厚德如盐，适融入道"的办学理念，并以此理念文化引领学校品牌建设。学校领导从多年的实践中还认识到："厚德如盐"就是一种"善"，"适融入道"不失为一种"创"。他们通过"品行养成，潜移默化"；"智能发展，启发诱导"；"人力资源，开发激活"的做法，让"善""创"成为学校办学理念继承和发展的重要举措，让"善""创"思想引领着学校师生与时代同步，不断奋勇前进。

(二)融合教育理想，凝练办学理念

一个都不能少！②

2009年，成都市双流区实验小学(以下简称实小)新校长毛凤鸣上任。她了解到，从1936年创建初提出的办学理念"让每一个孩子有书读"到"让每一个孩子有好书读"，实小经历了从"学有所教"到"学有良教"的发展过程。在"科研兴校"的口号下，实小取得了一些成就，但受益者仅是部分教师和班级；改革

---

① 参见姚晋：《成都名小学学校文化建设策略研究》，成都，四川师范大学硕士学位论文，2015。

② 参见毛凤鸣：《追寻学校文化的生命之根》，载《教育科学论坛》，2015(15)。

的概念堆砌多于实践的真实行进；各种获奖多了些功利色彩，以"考试分数"评判教师业绩、学生优劣的现实并没有真正改变；"学生德智体美全面发展，对每个生命给予尊重"的理想与现实之间还有千山万壑。

作为双流区省级示范校，当如何寻找前行的方向、路径和生长点？幸福教育应是什么样子？毛校长不断追问，陷入沉思：好学校就要树立全员教育观，尊重每一个生命个体；好学校就要树立全程教育观，关注生命成长的全过程；好学校就要树立全面育人观，关注师生全面素质发展，探索影响学生成长的所有因素，并力求使这些因素最优化；好学校就要树立差异发展观，关注并尊重生命个体差异；好学校还要树立和谐发展观，包括学校教育、生命个体要素与结构的整体和谐。五个方面"一个都不能少"，共同为生命成长服务！摒弃了短视行为和急功近利思想，既着眼整体又聚焦个体，既着眼当下又放眼未来，既基于数量又兼顾质量，既为师生终身发展和幸福奠基，又为生命价值助力，这不正是实小长期诉求的教育理想吗？"一个都不能少"成为实小的办学理念。这是好教育的思想精髓，应当具有这样的内涵：生命主体得到尊重，生命差异得到承认，成长通道得以顺畅，生命个性得到舒展，生命价值得到彰显。置身这种教育场的人，必定是幸福的，于是"幸福教育"应运而生。在这样的理念下，就要培养有"阳光的风貌、果敢的精神、自主的能力、合作的态度"的幸福学生。学校在"一个都不能少"的办学理念引领下，进行了幸福教育课程改革，落实以"乐"为特色的学科教学主张，让每一个员工成为岗位上的专家，让每一朵花儿尽情绽放。幸福教育逐渐成为实小教育的鲜明标志和个性品牌。

从案例中我们看到，成都市双流区实验小学从学校教育理想出发，总结提炼出"一个都不能少"的办学理念，最终达到"幸福教育"的理想境界。"一个都不能少"，不仅成为学校的办学理念，也凝聚了其办学思想，成为双流实小全体师生锲而不舍的追求目标。他们规划课程、变革课堂、设计教学、创新评价，将"自由""选择""尊重""适合"等现代教育元素融入传统教育体系中，改变其结构，创新其内涵，向着大多数人心中向往的"幸福"前进。

(三)紧扣校史，凝练办学理念

继承创新[①]

讲到广东的教育史就不能不提培正中学，谈到广州的华侨史也不能不提培正中学。很少有一所学校能像培正中学那样，从单纯的基础教育肇始，而发育成为外延广博、内蕴深厚的"教育文化重镇"。红与蓝，是广州培正中学的校色；红蓝精神，是培正中学的学校精神；"至善至正"，是培正中学的校训。"至善至正"的校训是对红蓝精神的概括和升华。"善"是做人之基，"正"是立世之本，"善"与"正"是中国文化中办学方向的昭示，如《大学》即开宗明义："大学之道，在明明德，在亲民，在止于至善。"

百年来，广州这片土地经历沧桑，但培正中学这所老校的学校精神却历久弥新。历任校长都以光大培正的光荣传统为己任，用吴琦校长的自述诗句表达就是："风雨教坛三六载，无悔红蓝十四年。"吴琦校长与朱素兰副校长(兼书记)上任后，提出"不争个人高低，只求事业发展"的宗旨，将培正中学的办学理念总结为"继承创新"，即继承和发扬培正中学的光荣传统，传承中华民族几千年的文明，最广泛地吸纳世界各民族文化传统中的精华，并在此基础上不断推陈出新，与时俱进，将培正传统的精髓概括为"至善至正做人，敬业乐群处事，爱国爱校为魂"。

从案例中我们看到，广州培正中学紧扣学校历史，继承并弘扬学校"至善至正"的校训，不断实践创新，将培正中学传统的精髓升华，概括为"至善至正做人，敬业乐群处事，爱国爱校为魂"。他们重视学生的全面发展，鼓励学生"至善至正做人"，团结友爱同学，爱国爱校。这一切使培正中学在塑造品牌学校的过程中水到渠成，品牌自成，进一步扩大了引领示范的影响力。全校师生秉承"继承创新"的办学理念团结一致，创新求实，锐意进取，坚持不懈，进一步推进了学校的文化内涵发展和特色品牌发展。

二、加强乐观向上的校风建设，弘扬积极进取精神

什么是校风？校风是指一所学校的治学态度与思维方式。就治学态度来

---

① 参见吕超：《对学校文化建设的若干思考——以广州市培正中学为例》，载《中国教育学刊》，2014(12)。

说，具体表现在教师"怎么教"、学生"怎么学"的问题上；就思维方式来说，就是学校"怎么办"，要"办成什么样子"，"有怎样的办学思路"。校风表现在学校的各个方面。例如，学校管理者有没有先进的办学理念，有没有人文管理的精神，有没有组织校内各级团队不断学习、专业发展的规划。再如，教师有没有敬业乐业的无私奉献精神，有没有教书育人的高尚品质；学生有没有刻苦钻研的学习态度，有没有开拓创新的进取精神，等等。

良好的校风需要经过几代人的不懈努力，并不断优化，且被全校师生所认可并付诸实践。有了这样的传统，学校就有了"灵魂"。校风建设实际上就是校园"灵魂"的塑造，校风作为构成学校教育环境的独特因素，体现着一个学校的精神风貌。

至真至爱①

2015 年 9 月，苏州市相城区特殊教育学校迎来了学校的第一批学生。这些学生大多有智力障碍，还有少数有孤独症、多动症等疾病。这些学生虽然存在着某些方面的障碍，但他们真诚对人，坦然面对生活与学习中的困难与挫折。为了这些特殊学生们的健康成长，学校提出"至真至爱"的校训，希望全校师生能够真实地做人、做事，不断地追求真理，爱自己，爱他人，分享爱，传递爱。因为"爱"，师生们才相聚在一起，学校教师教育学生们无论何时何地，都要诚实做人、真实做事，锲而不舍地去追求真理。这群可爱的孩子需要教师们付出更多的爱去弥补他们的创伤，他们被爱的同时也要将这份爱传递出去。校训作为构建校园文化的突破口，是校风、教风和学风的整合。学校结合特殊学生的身心特点，融入国际特殊教育的主流，确立校风、教风和学风。"融合共进"是学校的校风，即希望这群特殊学生能够融进普通学生，融入社会，与普通学生一起成长、进步。教师则要用仁爱、善良之心呼唤心灵、呼唤自信、呼唤交流，热爱特殊教育事业，热爱特殊的学生们，做到"仁善敬业"。同时，希望学生能够"自理力行"，树立自信，从点滴认识、点滴模仿、点滴做起，努力践行，培养自强、自理及自立的能力。相城区特教校的师生们始终践行"至真至爱"的校训，齐心协力，艰难而坚定地行走在特殊教育之路上，一步步地取得了可喜的成绩。

---

① 参见方振荣：《践行校训精神，构筑校园文化》，载《新课程导学》，2017(15)。

从相城区特殊教育学校的案例中我们看到，好的校训可以激励全校师生众志成城，奋发向上，可以推动校园文化建设，让全校师生养成积极阳光的心态，形成坚强乐观的高尚品格，这是校园文化建设成功的典范。良好的校风就如"诗圣"杜甫眼中的春雨，"随风潜入夜，润物细无声"，以其强烈的感染力，使师生的团队意识日益增强，从而促进学校全体成员的心理健康发展，有效地化解各种不良心理和行为给学校管理带来的问题。

三、营造立德树人的教风，培养教师独特教学风格

教风是指教师在长期的教育教学实践中形成的特点、风格和作风，是教师道德品质、知识水平、教育理论、专业技能等综合素质的具体表现。

(一)争做"四有"好教师

营造立德树人的教风，首先要加强师德师风建设。教师自觉传承与弘扬学校的办学精神，才是一所学校经久不衰、逐渐壮大、高质量发展的源泉和动力。

教师应紧扣立德树人的根本任务，牢记教育者的初心和使命，争做"有理想信念、有道德情操、有扎实学识、有仁爱之心"的"四有"好教师。教师要以生为本，明确肩负的国家使命和社会责任，带头践行社会主义核心价值观，自觉做中国特色社会主义的坚定信仰者和忠实实践者，忠诚于党和人民的教育事业，自觉把党的教育方针政策贯彻到教育教学工作中，认真对待自己的职责。

"其身正，不令而行；其身不正，虽令不从。"(《论语·子路》)教师这一职业的特殊性决定了教师必须拥有博大的教育情怀和高尚的道德情操。教师首先应该是道德上的合格者，优秀教师更应是德行合一、以德为先的典范。扎实的专业知识、优秀的专业能力、乐业的教学态度、灵活的教学方法是教师的基本素质。扎实学识是基础，仁爱之心是灵魂，没有仁爱就没有教育，没有爱心的教师不可能成为合格教师，更何谈优秀教师？选择了教师职业就选择了身负的责任与使命，就要筑牢教育者守初心、担使命的思想意识，尽到教书育人、立德树人的责任，做好学生健康成长的引路人。

(二)狠抓学校工作作风

要抓好校风建设，就必须抓好学校工作作风，因为学校是教书育人的场

所，是培养人才的，而教师是人才的培养者，其在管理育人、教书育人、服务育人的过程中发挥着主导作用。要想形成勤奋刻苦、积极向上、创新求实、文明守礼的优良学风，就必须在全校树立勤政廉洁、艰苦奋斗、实事求是、团结协作、严谨高效、细心耐心、服务周到的工作作风。学校工作作风建设是一项长期、复杂的系统工程，要贯穿于人才培养的全过程，体现在教书育人的各个方面。总之，没有良好的工作作风就难以形成良好的学风。

(三)形成个人独特教学风格

教学风格是指教师教学活动的个性、特色，是教师的教育思想、个性特征、教育技巧在长期的教学过程中独特的自然融合与经常性表现，是教学艺术个性化的稳定状态的折射。教学风格的形成是一个教师在教学艺术上趋于高度成熟的标志。教学风格具有以下特征：

其一，教学的独创性。即教师在对教学内容的妥善处理、教学方法的灵活运用和教学过程的周密组织上是独树一帜的，教师的创新思维淋漓尽致地发挥在课堂教学中，具有独特的个性，不会人云亦云，随波逐流。

其二，教学的艺术性。即在教学过程中教师将各种教育技巧运用得张弛有度、收放自如，体现出一种艺术的美感，能有力地感染所有学生，且给人一种轻松愉悦、水到渠成、行云流水之感。

其三，教学的高效性。即通过教师的教学实践，学生在思想品德的发展、文化知识的掌握、智能技能的训练、情感态度价值观的形式等多方面进步显著。

其四，心理的稳定性。即教师在个人的教学实践中以其鲜明的个性坚持不懈地追求，稳定地呈现教师个人优秀的心理素养。

教学风格的类型多种多样，有理智型，有自然型，有情感型，有幽默型，有技巧型。不同的教学风格会影响教学方法的选择和运用。经过了长期实践，一旦形成这种教学风格，就会有相对的稳定性。而高层次的教学风格善于吸收别人的长处，并能结合自身特点，量体裁衣、别出心裁、方法新颖。

于漪的教学风格

其一，思想性。党的教育方针和"三个面向"是教学改革的依据，于漪牢牢地把握着这一依据。她的全部教学改革活动都贯穿着一条鲜明的红线，那就是

"教文育人"。在听说读写训练中，结合着思想教育，渗入学生的心灵深处，真可谓教养与教育的和谐统一。

其二，重学性。于漪主张，教师应把从教出发的立足点转换到从学出发的立足点上来，重视对学法的研究，使教学为学生的学习服务。为此，教师必须"目中有人"，要研究当代学生的新情况、新特点，从学生的实际出发进行教学。

其三，情趣性。于漪主张，讲课要有情趣。教学有了情趣，就能吸引学生产生一种孜孜矻矻、锲而不舍的学习愿望，就能产生实效，而效果又会促使兴趣的巩固和发展。

其四，智能性。于漪站在培养未来社会主义现代化建设者的高度，十分重视学生的智力开发与能力培养。她运用启发式教学，培养学生的思维能力，尽力开发他们的智力。诸如"谈语言和思维的训练""谈观察训练"等论述启示我们：语文教学要通过启发式教学，让学生在主动、活泼的学习中，逐渐成长为聪明有为的人才。

其五，文学性。于漪的语文教学，带有浓厚的文学色彩。这只要听听她的学生发言时能熟练地运用古诗词等，就可以知道于漪平时是怎样成功地向学生进行文学教育了。听于漪讲课，读于漪文章，文学味浓是一个突出的感受。

其六，整体性。于漪认为，语文教学是个系统工程。它首先应具有科学的序列，然后才能有序有效地传授知识、进行训练。教师对每个学期教学工作的安排，既要全局在胸，又要明确每堂课、每个单元、每个阶段的教学目标与教学任务。

从案例中我们看到，于漪老师坚持以人为本，教书育人，以自己独特的教学风格浸润在几十年的教育教学实践中，她的教育思想具有时代性、前瞻性和创造性。她的众多教学专著向人们呈现的正是这种个性化语文教学风格的累累硕果。她不愧是"人民教育家"！

(四)加大教风管理力度

1. 制定科学规范的教风评价制度

学校要想形成严谨治学、认真细致、锐意进取的良好教风，首先要从教学内容、教学行为、教学纪律和教学效果等方面对教师教风进行评价。整个评价制度要具备科学性、规范性、激励性。在学校管理中要不断改进教师课堂教学质量评价体系，力争更客观、更全面、更准确地反映教师的实际教学水平和教学质量。通过教师自评和他评，将教师本人、学校领导、所教学生、配班教师、同学科教师等作为教风建设的评价主体，这样既能让教师在自我评价中反思自我，不断改进；又能实现教学过程中的多主体、多角度评价，使学校的教风日趋优良。

2. 建立健全有效的教学督导制度

首先，校长、中层干部、教研组长、校级名师或督学要坚持随堂听课、评课。不仅要记录课堂教学情况，更重要的是做出科学评价。评价时既要对任课教师进行诊断性评价，明确其优点，更要提出改进意见和建议，以促进教师不断优化自己的课堂教学，提高教学质量。其次，学校教导处要对教学过程和教师的教风状况进行常规性评价与监督。学校要定期和不定期检查教师的教学情况，给予过程性评价和表现性评价。检查后及时表扬表彰优秀教师，树立学校先进典型，从而引领其他教师。对有问题的教师要及时进行心灵沟通，帮助其查找原因，并提出合理的解决办法。

3. 制定具有激励性的课堂教学评比制度

学校管理者在教学管理中要想方设法为各级教师搭建展示平台，鼓励不同层级的教师积极参加校内外课堂教学展示或评比活动。如定期举办校级名师示范教学活动，使更多年轻教师有机会现场观摩名师的课堂教学，从而获得名师宝贵的实践性知识；还可通过定期举办学校学科大比武，青年教师教学基本功大赛，遴选"教坛新秀"、骨干教师和学科带头人等形式，鼓励中青年教师努力奋斗。

4. 实施学校高质量课程建设

由校级名师带领同学科骨干教师组成学校高质量课程建设小组，要求全体成员确立高质量意识，设计学校高质量课程，帮助其他教师理解高质量课程的设计理念、学习高质量课程的教法与技巧，同时带动其他课程建设。

四、孕育自主自信的学风，激发学生学习原动力

构建学校精神文化体系，核心是营造学校的优良学风。学校文化犹如美丽的蜂后，既要培养勤劳的工蜂团队——良好的"教风"，也要孕育可爱的蜂

蛹——优良的"学风"。学风是指学生在学习过程中集体表现出来的学习态度和方法，是学生在长期学习过程中形成的学习习惯、行为习惯、生活习惯、卫生习惯等。学风的营造之路如蜿蜒曲折的羊肠小道，需要全校师生众志成城，共同努力。优良的学风有助于学生树立终身学习的意识，可以增强学生自主学习的能力，可以激发学生自主学习的兴趣，可以校正学生不良的学习习惯，有助于挖掘学生的潜力，促使其变被动学习为主动学习，培养他们良好的学习品质，帮助其形成正确的世界观、人生观和价值观，从而促进其全面发展。

金钟小学学风——"会学、学会、成人、成才"①

良好的校风、教风、学风是校园精神文明建设的集中体现，是学校德育工作的重要内容，是一所学校的灵魂，是学校生存和发展的必要条件。结合学校的传统文化和发展目标，金钟小学以"团结、守纪、文明、勤奋"为校风，以"博爱、敬业、善教、严谨"为教风，以"会学、学会、成人、成才"为学风，多年来狠抓"三风"建设，取得了良好的效果。在学风建设方面主要采取了以下措施：

①针对部分学生到校较早，设计了晨读、午写训练，规定每天早上 7:10 至 7:20 这段时间为晨读时间，要求学生背诵古诗、国学经典，每天下午 2:00 至 2:20 为午写时间，专门训练写字、书法，通过训练提高学生的基本功，促进学生养成良好学习习惯。

②针对一些学生学习自觉性差、自制能力弱的情况，建立科学合理的规章制度，规范学生的行为，培养学生良好的行为习惯，促进学风建设。管理上严格规划，是非分明，奖优罚劣，努力提高学生的自制力。

③不断完善激励机制，坚持开展优秀学生评比活动和各种创先争优活动，表彰先进，鞭策后进，在全校努力营造积极进取的学习氛围。

④以活动为载体，加强学生自我教育，培养学生自律意识。每年举办"体育节""艺术节""读书节"，还结合实际开展演讲比赛、征文比赛、书画比赛、手抄报比赛等课外活动，为学生提供表现舞台，展现个性特长；定期开展"消防应急演练""地震应急演练"等实践活动，让师生学会面对突发事件紧急自救的知识，大大增强师生的安全意识。

---

① 参见 https://www.docin.com/p-2184664749.html，2021-11-10。

⑤狠抓学生良好行为习惯养成，组织师生认真学习《会泽县中小学生良好习惯常识》，抓好师生、班级一日常规检查记录。结合学校实际，从学习、纪律、安全、文明礼仪等各个方面进行反复强化训练。

从案例中我们看到，金钟小学针对本校学生的实际情况，采取了一系列科学合理的措施来培养其良好的行为习惯，增强学生的自我教育与自我管理的意识，调动学生学习的原动力，增强学生学习的自信心，提高学生自主学习的能力，从而形成"会学、学会、成人、成才"的良好学风，促进学生的全面发展。

第四节　课程文化建设的矛盾管理

课程文化建设应体现学校整体的文化精神，体现学校文化的价值取向。

——程红兵

学校日常课堂教学问题

作为一名教研员，我常常到不同学校参加各级各类活动，走进课堂听课、评课是常事。某天进入某中学，我通过观察归纳出该学校日常课堂教学中的主要问题，具体包括以下几方面：

第一，教师喜欢表现自己，将课堂当作自己的地盘，讲得太多，忽略了学生，而且绝大部分教师并没有认识到自己讲得太多，总认为学生的思考与看法达不到自己的要求，常常把自己的讲解作为学生学习的唯一途径。

第二，课堂中给学生自主合作探究的时间严重不足，不能及时发现学生学习中的问题，学习效果反馈得少，解决问题更少。教师仅仅告诉学生什么是正确的，没有关注学生的思维、实践过程。

第三，教师没有关注全体学生，不能正确看待学生间的差异，眼中只有部分优秀学生。在设计教学、布置作业时不注重因材施教，分层教学。

第四，很多教师仍有"唯高分论""唯升学论"思想，不明白自己教学行为的价值取向究竟何在，一味采取题海战术，课堂缺乏活力。

第五，有的教师组织教学能力欠缺，课堂上管不住学生，任其随意讲小话、睡觉、玩手机等。

这所中学日常课堂教学中的问题，在其他一些学校日常课堂教学中也存在。课堂矛盾的形成与学校课程文化建设的滞后有直接原因。

什么是课程文化呢？裴娣娜认为，学校课程文化是指按照一定社会对下一代获得社会生存能力的要求，对人类文化的选择、整理和提炼而形成的一种课程观念和课程活动形态。[①] 也就是说，应该将课程文化作为现代学校文化的重要内容，作为学校教育活动的生存方式，从而从理念和活动形态来加以把握。程红兵认为，学校课程文化是学校成员的课程观念和课程活动形态，包括课程的哲学思想和价值取向，也包括认识课程的思维方式、研究方式和学习方式，它产生于师生之间、生生之间围绕学习、成长而展开的交往。课程文化研究的内容具体包括三个方面：一是本体论，课程的文化，作为文化现象的课程，即课程本身的文化现象；二是关系论，课程与文化，探讨课程与文化的关系；三是实践论，探讨课程实践中的文化。[②] 课程文化建设既是学校文化建设的核心载体，也是促进学生全面发展的重要途径。

一所学校如果没有对学校课程文化进行系统地思考，整体地把握，必将导致学校课程建设呈现零散、随意、扁平的状态。从这个层面上说，如何使自己的学校跟上教育改革与课程改革的步伐，如何科学而审慎地梳理学校课程架构，使之形成具有学校个性与特色的现代课程体系，这是当前学校建设面临的一个重大问题。

那么如何通过学校课程文化建设来化解学校管理中的矛盾呢？

一、确定学校个性化培养目标

学校是培养人才的地方。"你的学校要培养什么样的人"——这就是学校的培养目标，这就是学校发展的根本问题，所有的学校课程都是基于培养目标，为其服务的。学校管理者要加强顶层设计，根据培养目标来设置课程系统，通过课程实践来促进学生个性化、多元化发展。

学校管理者可以从如下三个方面来确定学校个性化的培养目标：

---

① 参见裴娣娜：《多元文化与基础教育课程文化建设的几点思考》，载《教育发展研究》，2002(4)。

② 参见程红兵：《学校文化建设的路径——书生校长的教育行动》，37页，上海，华东师范大学出版社，2012。

一是从宏观思维上把握教育与经济和社会的关系，了解当前教育在中国特色社会主义建设过程中的重要作用与意义。

二是从超前思维上与时俱进，大胆预知社会发展走向，把握未来社会发展对人才的需求。

三是从微观思维上切实了解学校现状、学生实情，培养出具有学校特色的德智体美劳全面发展的社会主义建设者和接班人。

具体来说，学校管理者要加强对学生核心能力的培养。一要培养学生的批判性思维，即对任何问题都敢于质疑，而不是被动地接受。二要培养学生的创新意识，培养学生的创新能力，促使其在学习和生活中独立思考、勇于挑战，创造性学习并实践。三要培养学生发现问题、分析问题、解决问题的能力。四要培养学生终身学习的能力，与时俱进，知行合一。五要培养学生团队合作的能力。六要培养学生自我管理和自我学习的能力。

"合格＋特长"的培养目标①

20世纪90年代初期，上海市建平中学率先提出"合格＋特长"的目标模式，这是一个生成性的、发展性的思想体系。基于未来社会的人才需求，建平中学与时俱进，追寻建平目标模式的当代意义，确定未来人才国际竞争力的核心素质是自立精神、共生意识、科学态度、人文情怀和领袖气质。2003年，建平中学将这一思想内涵注入"合格＋特长"的目标模式之中。

所谓自立精神，是指学生在具备一定的知识结构、道德修养以及身心健康的前提下，所具有的自主自立的精神。这种自主自立的精神应该包括独立公正、张扬个性的意识与能力，自我设计、自我完善的发展意识与能力，创造生活、享受生活的生活意识与能力。

所谓共生意识，是指学生具有与他人合作共事的意识，具有与自然、与集体、与社会合作共生的意识，这种共生意识不仅包括团队精神与合作能力，也包括理解多元文化的素质态度，对各民族历史文化平等、宽容、尊重的人生态度，尊重自然、保护环境的生存意识与能力，具有全球视野、历史视野。

---

① 参见程红兵：《学校文化建设的路径——书生校长的教育行动》，43～47页，上海，华东师范大学出版社，2012。

所谓科学态度，是指具有热爱科学、追求真理的情感，具有实事求是的态度，具有批判精神，看待事物的眼光是客观的，解决问题的方法是理性的。要能够以科学的精神去面对生活中的一切困难，相信理性的力量，学会全面地思考问题，能够为实现目标进行科学的规划，并且合理地推进计划的实施。

所谓人文情怀，是指在一定的人文积淀的基础上所形成的对人的深厚情感，积极向善，理解他人，同情弱者，既关爱身边的人，又关爱民族。培养人文情怀是时代赋予现代教育的重要使命，它以崇高的价值理想为核心，以人的和谐发展为终极目的。

所谓领袖气质不是狭义的，而是指具有创业的意识、组织的才能、领导的艺术，具有包容性和高度的团队责任感以及自我牺牲精神。领袖气质既包括作为组织的协调者所应该具有的道德素养与心理结构，也包括对事物发展的预见能力和相应的决策能力，以及良好的沟通与组织协调能力。

从案例中我们看到，上海市建平中学提出的"合格＋特长"的目标模式，着眼于现代人的培养，明确了学校的个性化培养目标，将自立精神、共生意识、科学态度、人文情怀和领袖气质确定为未来人才国际竞争力的核心素质，具有国际性视野、未来性眼光和创新性内涵。这是在新时代发展需求下形成的新的人才培养方向。在这样的个性化培养目标下成长起来的社会主义建设者和接班人，正是21世纪所需要的新型人才，对国家建设、社会发展、人类进步都具有重大意义和价值。

二、构建学校个性化办学课程体系

个性就是不同于大众的特性，就是矛盾的特殊性。学校个性化办学就是特色化办学，其目标指向就是形成独特的学校文化理念、文化风格。也就是说，学校在与其他同类学校相比较中，既有同类学校的共性，更彰显着鲜明的个性。学校确定了个性化培养目标，也就决定了个性化的课程体系。个性化的课程体系是针对学生个体差异来设置的，希望通过对个性化课程的选择，使得每个学生的某方面的兴趣得到满足，从而促进学生的个性化、特色化发展。

双流中学"1234"特色课程体系①

第一，寻找优势。学校培育和形成特色有两条途径：一是从已有的或潜在的办学资源优势上来挖掘特色，二是利用已形成的历史办学优势或地域优势来发展特色。

双流中学具有较为优越的地理区位——双流区是四川天府新区重点区域。双流中学有悠久的办学历史、丰富的办学经验。更重要的是，学校有一支一流的教师队伍。这些都是学校的优势，为学校打造特色品牌提供了坚实的保障。

第二，校本运动。充分发挥学校办学自主权，走校本之路，这样才能立足校情，发挥自主性、创造性，推进课程改革，从而走出一条不同于其他学校的特色之路。双流中学根据"课程体系人本化、育人机制个性化"课程理念，确立了学校课程特色："一个目标、二元导学、三分课堂、四类课程"，简称"1234"。

一个目标：让课程更好地服务于学生成长。

二元导学："二元"指教师、学生，指教育、教学因素集合中的两个主要元素。推进"二元导学"模式，目的是在新课程背景下找准教师、学生角色定位，科学确立"二元关系"，即摒弃"二元对立"，构建"二元和谐"，实现两个优化，即"优化学生学习策略、优化教师教学策略"。

三分课堂：三分课堂即"分层走班、分类走班、分疑走班"。

分层走班指对基础不同、学习能力不同的学生因材施教。从特长培训、竞赛、自主招生培训、培优等到国家必修课程等进行分层教学。

分类走班指为兴趣不同、发展方向不同的学生提供平台。

分疑走班主要体现为有别于"实体课堂"的"虚拟课堂""微课资源库"，为解决学生的不同疑问提供方便。

四类课程：学校立足于培养学生核心素养，将学校课程整合、补充、完善为四大类校本课程，四类课程与学校校训"仁、智、雅、和"对应，分"修身立德、认知素养、气质涵养、和谐共融"四部分（见表5-1）。

---

① 参见龙清明、赵泽高：《联动发展，从优质迈向卓越——四川双流中学、成都市大弯中学跨区融合发展之路》，载《教育科学论坛》，2019(23)。

146

表 5-1 双流中学四大类校本课程

仁	修身立德	人际交往类	智	认知素养	基础知识类
		人格塑造类			学科拓展类
					实践创新类
		人生规划类			学习策略类
雅	气质涵养	艺术鉴赏类	和	和谐共融	身心健康类
		礼仪规范类			人与自然类
		校园文化类			人与社会类

从案例中我们看到，双流中学从已有的或潜在的办学资源优势上来挖掘特色，充分利用已形成的历史办学优势或地域优势来发展特色，形成了"1234"特色化课程体系，充分体现了学校关注学生个性发展的选择性课程观。特别是"修身立德、认知素养、气质涵养、和谐共融"四类课程与学校校训"仁、智、雅、和"相对应，其开发与完善有助于推动学校课程文化的深入发展和特色发展。

三、创新学校个性化教学研究

课堂是学校教育教学的主阵地。老教师常会出现不同程度的职业倦怠或"吃经验，不改变"现象，授课随意性强、课堂教学效率低，学生课堂积极性不高，教学质量得不到提高。要改变陈旧而滞后的课堂教学，必须在分析学校实际问题的基础上另辟蹊径，运用新理念找到适合自己学校发展的课堂教学研究新思路、新方法，创新地进行学校的个性化教学研究，从而解决课堂教学中出现的种种弊端，提升学校教学质量。

"集体备课"现状分析

成都市双流区金桥初级中学开展集体备课活动已有十多年了。通过前几年集体备课活动的开展，学校深切地体会到了集体备课带来的好处。

①集思广益，他山之石可以攻玉。

②资源共享，凝聚集体智慧。

③团队协作，轻松愉快。

④节约时间，减缓教师教学压力，提高课堂教学效率等。

但同时学校领导也发现集体备课活动中存在着很多问题。

①集体备课不同程度地成了学校管理要求的传达会，重事务轻研究，甚至无研究。

②集体备课成了众教师教案集合本。学校教研组将教学内容的各章节分配给同年级备课组的教师，大家分头完成教案设计，完成后交给备课组长，备课组长再统一编辑，合订成册，这就是所谓"集体备课"。有的教师完全没有自己的思考就生搬硬套，照着上课。

③集体备课成了网络教学设计类资料的"拼盘"。教师为减轻集体备课的负担，实现"自我解放"，充分利用互联网的便捷优势，每位教师分头行动，进行网络查询，再资源共享。他们把相关学科教育教学网站中和教学内容一致的教学设计下载后，有的略加修改，有的甚至原封不动，在设计者一栏署上自己的名字，交给组长后就合订成册，这就是集体备课了。

④集体备课成了霸道个人秀。每组挑选一位学科骨干教师任备课组长。因为组长具有较丰富的教学经验，在同组教师中有一定的威望，所以，集体备课研讨时常常由组长说了算，"一言堂"现象严重。

如何改变学校集体备课中出现的这些问题，避免集体备课流于形式，从而提高课堂教学效率呢？这就要求学校领导和教师多角度、多方面地整合力量，加强校本教研，创造个性化的校本研修环境，进行学校个性化教学研究改革，让教师在专家引领、同伴互助、个体反思实践中实现专业发展，从而提高教育教学质量。

五备两课

双流区金桥初中校长李义根经过调查研究，基于学校校情，决定进行学校个性化教学研究改革，以课题研究为载体，提出集教研、备课、上课于一体的"五备两课"教学研讨模式。"五备"是指研究备课的五环节，即准备、初备、集体备、二次备、个性备；"两课"则是指上课的两种形式：尝试课、重建课。具体流程如图5-1所示。

自2018年春开始，李校长在认真调研、充分论证、精心构建基础上开始全面落实"五备两课"工作。首先是在全校教师中反复讲解"五备两课"的必要性、价值和操作方式、要求；其次是分教研组研讨课题，根据工作的分工，安排时间节点。"两课"前，各教研组每周一上报课题、授课人、上课时间到教务处汇总，报办公室编入一周行事历公示，由教务处通知全体教师，积极观摩、认真学习。每一学科均有行政人员进行"五备两课"工作督导，并在一课题结束后，如实填写督导情况记录表。期末，在教务处组织下，召开"五备两课"总结工作会并对各教研组备课组"五备两课"工作进行专项考核。经过一学期的实践研究，教师们由最初的抵触变为欣然接受。因为大家发现，这种集体备课形式对自身的教学能力提升有较大的帮助。教研工作真正实现了由事务型到科研型的转变，教研的实效性大大增强，教师们的观念也得以极大改变，学校教学工作呈现一片阳光乐观、欣欣向荣之景。

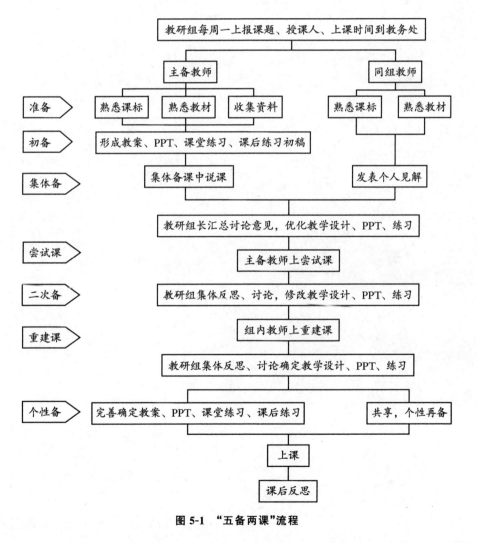

图 5-1 "五备两课"流程

从案例中我们看到，成都市双流区金桥初级中学通过实践研究，不但提升了教师的教育理念，促进了教师的专业发展，而且改变了其日常教学行为，让流于形式的集体备课焕发了生机与活力，同时激发了学生的学习兴趣，提高了课堂教学效率，从而推动了学校的高质量发展。这种个性化教学研究有效改变了教师们在教研中"倦怠"的现象，突破了当前义务教育中的一个重点、难点问题。学校个性化教学研究真正起到了化解学校教学矛盾的重要作用。

第六章　课程改革——学生核心素养的培养

成功的教师之所以成功，是因为把课教活了。

——吕叔湘

教育的根本目的是育人。从古至今，"培育什么样的人"都是教育者们孜孜以求的基本问题。随着时代的进步，育人目标也在发生变化，以使教育培育出来的人更能适应新时代的要求与挑战。

面对 21 世纪的新格局，各国都在积极制定符合时代要求与本国特色的育人目标。《中国学生发展核心素养》的发布，对中国教育在现阶段要培育什么样的人给出了一个清晰与全面的表述。从加强"双基"到落实"三维目标"再到学生发展"核心素养"，一路走来，体现了教育从"教书"到"育人"的转变。

所谓"学生发展核心素养"，主要指学生应具备的，能够适应终身发展和社会发展需要的必备品格和关键能力。核心素养是关于学生知识、技能、情感、态度、价值观等多方面的综合表现，是每一名学生获得成功生活、适应个人终身发展和社会发展不可或缺的共同素养。

基于这一育人目标体系，新一轮基础教育课程改革已全面开启。在国家层面，将沿着改革创新课程评价、课程内容以及课程实施的路径来开展改革；在学校层面，则需要各学校能够体认自我的特点，围绕课程目标更新、课程内容重组、课程实施方式创新、课程评价过程化等方面开展扎实有效的推进工作。①

---

①　参见左璜、莫雷：《核心素养：为未来培养高智能优质人才》，载《高等职业教育探索》，2017(3)。

清华大学附属小学校长窦桂梅认为，核心素养的核心是必备品格和关键能力，它的落地，需要校本化表达，需要以课程框架构建为支撑。

育人目标的变化必将带来育人方式的变革，我们可以预见，学生发展核心素养将引领 21 世纪我国的教育革命，成为新一轮课程改革深化的方向，最终将落实在课堂教学实践中，成为变革教学方式的最大的推动力。[①]

只有不断学习，深入明晰"核心素养"背后的关键要义，才能找准适合学校的聚焦核心素养的课程改革路径，从素养到课程，从课程到课堂，从课堂到评价，一步一个脚印，稳健推行。

第一节　核心素养目标设立中的矛盾管理

教育的本源是为人的发展服务。我们有什么样的教育就会有什么样的下一代，我们有什么样的下一代也就有什么样的未来。

——陶西平

华东师范大学课程与教学研究所所长崔允漷在谈到"如何让核心素养落地"这一问题时着重指出：将课程目标定位在核心素养上，教师、校长、课程设计人员面临最大的挑战在哪里？第一，需要我们的关注发生转向，即如何从关注知识点的落实转向素养的养成，如何从关注教师"教什么"转向关注学生"学什么"。第二，需要我们的课程观发生转变，重新认识课程的经典问题。我们需要更多地思考如何让知识成为素养，让知识变成智慧，也就是说，只有能成为素养或智慧的知识才有力量。在这样的背景下讨论核心素养，讨论如何编制基于核心素养的课程，教师如何开展基于素养的教学，校长如何提升自己的课程领导力，开发基于核心素养的课程，具有重要的理论意义与现实价值。

一、三级课程设置与"进课表"之间的矛盾管理

课程是什么？中国古代"六艺"传习，体现了"课程就是学科与教材"的观点；《朱子全书》中提出了"课程是功课及其进程"的认知；美国教育家杜威（John Dewey）一言以蔽之，认为"课程是经验"；另一位美国教育家小威

---

① 参见毛亚庆：《新的认识 新的实践》，载《中国教育报》，2017-01-04。

廉姆·E. 多尔(William E. Doll)很接地气地阐述道"课程是转变的过程"。随着时代的变迁，育人目标的变化，课程的内涵也在动态地丰富和深化。简单来说，广义的课程是指学校为实现培养目标而选择的教育内容及其进程的总和，它包括学校所开设的各门学科和有目的、有计划的教育活动。

当前我国课程设置实行的是国家、地方、学校三级课程管理制度，这是我国基础教育政策和管理体制的重大变革，是现代课程理论与我国现实国情相结合的合乎逻辑的发展方向和必然选择，是教育民主化、科学化原则在课程领域的具体体现。这样的课程设置可妥善处理课程的统一性与多样性的关系，实现集权与放权的结合，在课程内容和课时安排上增加了一定的弹性，让地方和学校拥有相应的选择余地，为课程适应地方经济、文化发展的特殊性，以及满足学生个性发展的需要，体现学校办学的独特性创造了良好的条件。

然而在学校一线工作中，三级课程的设置和具体实施往往会与"进课表"之间产生矛盾。

老教导主任遇上了新问题

"校长，这课真是没法儿排了！"

杨主任是一位有着三十多年教龄，二十多年教导主任工作经历的"老教导"了。每学年开学前的排课工作对他而言已然是轻车熟路，这会儿却带着些许怒气冲进校长办公室抱怨起来。

"老杨啊，什么情况让您这位好脾气的'老教导'都急眼了。"校长赶紧站起来，拉着杨主任在沙发上坐下。

杨主任紧皱的眉头显示着心中的焦虑："校长你看，这几天不断接到上级教育部门的文件，前天这个文件说法治教育要进课堂，昨天那个文件说书法教学要进课堂。好不容易把全校的课排好，今天大队辅导员小黄老师又来说刚刚在工作群中得到的最新消息，心理健康教育也要进课堂。按照上级文件规定，每周的课时量是固定的，学生在校时间也有要求，不能给娃娃们随意加课，我到哪里去找空当把这样那样的'进课堂'排进课表呢？你说这个课怎么排呀！"一边说，杨主任一边抖搂着手中的几份文件，无奈地苦笑着摇摇头叹口气，"要不我们把课表中的校本课程'综合实践'取消了，把这些要求的科目安进去。"

"老杨，别急，来，先喝口水。"校长耐心地听着杨主任的讲述，把一杯茶水自然地递到杨主任手中，静静思考了片刻，说："我校的综合实践课程已经有多年的研究积淀，而且在区域内有一定影响力，在家长和社区群众中也形成了良好的口碑，我们正准备梳理研究成果，固化为校本教材呢，可不能轻易地取消。老杨，你看这样行不行，我们不要死板地理解进课堂就是必须在课表中把这些科目体现出来，而是尝试着把国家、地方和校本三级课程进行整合。比如将法治教育和道德与法治课、心理健康教育和班队会、书法教学和语文课相结合，然后在全校教师大会上和老师们沟通交流，请大家在备课时按照文件要求合理地安排文件规定课时的专题内容。"

"好吧，这样就可以解决问题了，"杨主任长舒一口气，"那我排好的课表总算可以不用修改了。"一边说，杨主任一边急着起身，准备回办公室填写全校学期课程总表的电子文档。

"老杨您别急，"校长严肃地说道，"我们不要只是应付式地工作，请在开学工作筹备会上组织老师们再次温习我们的办学理念，从促进学生全面发展的角度，认真讨论如何把这些专题内容和自己的学科教学有机结合，如何运用教育智慧把这些'进课堂'变成自己的教学需求而不是简单地应付文件完成任务而已，这才是真正地解决问题。"

《义务教育学校校长专业标准》中明确提出校长要有领导课程教学的能力，能有效统筹国家、地方、学校三级课程，确保国家课程、地方课程的落实，推动校本课程的开发与实施，为学生提供丰富多样的课程教学资源。当然在教育教学工作实践中，的确会出现诸如杨主任等遇到的现实操作层面的困难，如此多的地方课程都要求"进课表"以示重视，各类专项工作检查时都要看课表是否体现以此印证是否落实，让一线的教师难以应对或是疲于应对。表面上这是一个"进课表"的矛盾，其深层原因还是在于对三级课程管理意义认识不清，对三级课程整合路径不明。

案例中的校长在面对杨主任的抱怨和怒气时及时缓和气氛，遵循矛盾冲突管理的尊重原则，用肯定的评价帮助杨主任疏解情绪，继而运用效率原则及时提出问题解决的可行性办法，让杨主任消除焦虑，推动学校开学前的常规准备工作高效开展。最值得提倡的是校长解决矛盾的思路不是就事论事，而是深入思考如何帮助教师着眼学生未来发展，正确认识地方课程、校本课程设置的必要性，这样才能保证教师在一线教学实际中智慧地进行学科融合，真实地落实三级课程。

上海市教育科学研究院夏雪梅认为，学生发展的核心素养是整个学校教育的灵魂。一门门有质量的素养课程超越孤立的课程，建立连贯统整的关联，让学生看到事物之间的联系和规律，并把所学知识和实际生活联系起来。

学校课程改革绝不是简单的三级课程的叠加，而是应该以核心素养为统领，追求课程结构的有效搭配，实施三级课程扁平化重构，注重学科跨界，以整体性课程培育整体性的素养。

在基础教育改革大潮中，有许多锐意进取、大胆创新的学校，用先行一步的实践探索回答着"如何在学校课程管理中落实核心素养的培育"这一命题。

构建"五彩人生课程体系"，定制"私人课表"

作为新型学校，成都市泡桐树中学将"课程"作为学校发展的中心和主轴，以"课程"引领学生人生发展。因此，学校将课程统整作为学校课改的核心举措，其中包括：对传统学校的德育和教学统整，使课程不再局限于传统的教学领域，实现德育系列课程化，扩充课程的内涵；对国家课程、地方课程和校本课程统整，进一步优化课程结构，进行跨学科整合与学科内整合，建立课程超市，使课程利于学生悦纳和选择；对课程实施的时空统整，使课程实施与学生身心发展规律相吻合，与学生的志趣和水平相适应，更利于学生达到最优的学习效果。依托课程统整，学校构建起"五彩人生课程体系"，力图将学生培养为身心健康、内心充盈、志存高远、开拓创新的优秀青少年和社会栋梁。

学校课程分为根基课程和成长课程两大类：根基课程涵盖"修身、笃志、健体"三类课程，主要奠定泡桐学子成长的品德、理想、身体等基本素质；成长课程涵盖"博识、力行、拓新"三类课程，主要促进泡桐学子智力、能力、思维等方面的提升。课程涵盖8个学习领域，分别为：语言与文学、数学、人文与社会、科学、技术、艺术、体育与健康、综合实践。

修身课程——主要涵盖道德品质修养、传统文化修养、审美修养。

笃志课程——主要对学生进行理想信念教育，包括核心价值观引领。

健体课程——主要造就学生强健的体魄、健康的心理。

博识课程——主要发展学生智力，增长知识，发展心智。

力行课程——主要发展学生科技、信息素养和实践操作能力。

拓新课程——主要发展学生的创新思维，培养学生创新意识与能力。

用学生自主选择课程代替给学生安排课程，是该校最与众不同的做法。学校引导学生们学会根据自己的兴趣、时间、水平来选择适合自己的课程，按照自己所选择的课程安排一天的"行程"。泡桐学子真正进入选课走班时代，极大地满足了学生对课程的不同需求，满足了不同学生的发展需求。

因此，泡桐树中学的每一个学生都有一张自己的个性化的课表，每一张课表都是独一无二的，每一个学生也就为自己量身定制了一条成长跑道。学生所选的课程依据文科分类和理科分层来设计，即文科(语文、英语、历史、地理、生物、政治)依据内容类型进行模块式教学，理科(数学、物理、化学)依据学生水平层次进行分级教学。例如，如果某位学生数学有优势就可以选择"数学三"，如果语文素养好则可以在学习"基础语文"的同时选修"演讲与口才"，英语学习可以选修"英语听说"和"英语阅读"。对学生来说，更适合自己的学科学习水平；对教师来说，避免了两极分化带来的教学困难。

同时，学校通过学段重组来满足学生阶段性学习需求，将一个学期按学习周分为大、小学段。小学段一般在各年级期中检测后一周。大学段主要进行统一课程的集中学习，小学段不安排统一的学习内容。小学段用于个性化的学习安排，对于学习基础较弱和学习存在问题的学生，开设辅导性的课程；其他学生则根据自己的学习情况制订学习规划，进行自主学习，即自主规划课程学习。小学段还安排游学课程的学习，将综合学科(历史、地理、生物、政治)以游学课程的形式进行域外调研、学以致用。

"1+4"课程体系有机整合三级课程

安庆市华中路第一小学将学生发展核心素养与学校育人目标有机整合，致力于研究基于儿童核心素养发展的校本生态课程建设，构建起凸显学校办学特色的"1+4"课程体系。"1"指国家设定的基础课程，包括语文、数学、英语、体育、美术、音乐、道德与法治、信息技术、科学、综合实践等课程。"4"指根据学生的核心素养开设的四大类校本课程，包括社团选修课程、校园文化节日课程、小荷花艺术团专业课程和各类综合实践课程。社团选修课程有包括书法、篮球、足球、诗词鉴赏、七彩世界、科技树、灵编程、FLL机器人、星主播、小记者、摄影、mini音乐等五十多门。校园文化节日课程涉及"六大校园艺术节"，即汉字节、读书节、数学节、体育节、科技节、艺术节。小荷花艺术团专业课程共有包括竹笛、琵琶、舞蹈、手风琴、古筝、萨克斯等在内的几十门艺术专业性课程。综合实践课程包括整合高校资源、社区资源、"名人"资源的"请进来，走出去"式的实践活动，如校园达人秀、名人讲堂、生态环境调查、元宵灯谜活动、探访民间艺人等。"1＋4"课程不仅需要完成相应的科学文化知识的教学，更注重培养学生"明礼、乐学、健体、尚美"的意识，强调课程的育人功能。

在学校课程体系管理上，学校探索出五条切实可行的路径。一是基础课程突出人文高效。在基础课程的建设中，学校按照"自主备课—课堂实践—教研互助—精品展示—共同提高"的组织形式，配合严格的教学管理巡课制度，确保国家课程高效落实。二是社团选修课程重在机制创新。学校建立了一套包括"学生申请—教师申报—学生选课—走班上课—巡课指导—比赛展示"等环节的社团选修课程管理机制。选修课程的管理不同于国家基础课程，配套的评价机制和措施都很健全，选修课程要想高品质落实，就需要进行管理机制的跟进与创新。三是校园文化节日课程旨在全员参与。节日课程依托各部门，围绕自身的教学目标，拓展教育内涵，创新教育形式，"润物细无声"。全年六大校园文化节让校园始终充满生机与活力。四是小荷花艺术团专业课程借用社区资源。安庆市青少年宫是学校社区资源，拥有丰富的艺术专业教师。少年宫的工作特点是平时有大量闲置资源，主要教学任务在周末。学校有效利用这一资源，与青少年宫联手合作，成立小荷花艺术团并开展艺术专业教育。艺术团由学校管理领导，定课程标准，进行课程评价，青少年宫出师资，开展教学活动。五是综合实践课程强调实践育人。元宵节制作灯笼，开展民俗教育；寒假街拍，寻找身边的好人，培养正确的价值观；植物达人秀，认识花草，爱护校园；生活达人秀，培养生活技能；科技达人秀，激发科创精神；艺术达人秀，展示艺术特长；走进垃圾大电厂，了解垃圾处理流程，培养环境保护意识；绿色出行，徒步春游，感受自然美好，体验生命的可贵，等等。这些实践活动帮助孩子们内化了知识、品行和精神，也让他们明白了生活即教育，社会即课堂的道理。

核心素养是学生在接受相应学段的教育过程中逐步形成的适应个人终身发展和社会发展需要的必备品格和关键能力。它是关于学生知识、技能、情感、态度、价值观等多方面要求的综合体；它指向过程，关注学生在其培养过程中的体悟，而非结果导向；同时核心素养兼具稳定性与开放性、发展性，是一个可持续发展、与时俱进的动态优化过程，是个体能够适应未来社会、促进终身学习、实现全面发展的基本保障。

聚焦"如何在学校课程管理中落实核心素养的培育"这一命题，学校管理者应当做到两个"明确"。

第一，学校管理者应该明确学校课程管理的意义：学校的课程管理是指学校根据国家有关课程政策，结合学校实际情况，对学校实施的所有课程进行的管理。实践证明，赋予学校一定的课程管理权限，是创造性地实现国家课程目标、真正促进学生全面发展的必要条件，更是落实学生核心素养的首要前提。学校课程管理水平的高低是课程实施成败的关键，加强学校课程管理可以增强课程的适应性，让教师充分理解课程目标，增进师生之间交流，通过个性化、创造性的教学活动实现"核心素养落地"的终极目标。在工作实践中，学校要严格地按照国家的课程方案，开齐国家规定课程，在这个基础上每个学校结合学校自身的特点、学校发展的理念、学校特色的追求，对学校课程进行系统的规划，形成本学校课程体系特色。

第二，学校管理者应该明确学校课程规划的目的：旨在从提高课程适应性和资源整合的角度出发，在学校层面协调、优化和整合各级各类课程的关系，保证国家课程、地方课程的有效实施和课本课程的合理开发，对国家、地方、校本三级课程做整体的规划设计，同时对每一个学科内部体系进行系统梳理与整合。这样做的目的就是为学校特色课程的设置留出空间，为教师教学特色的形成留出空间，为学生多样自主学习留出空间。课程整体规划的最终目的是为学校形成整体的特色预留空间。[1]

顾明远认为发展学生的核心素养，基础教育学校在课程改革方面要进行如下三方面的努力。[2]

一是将身心健康放在课程目标的首位。学校教育不能只盯着书本知识，练就一身好体魄是学习的前提。在体育锻炼中要培养学生坚韧、友善、合作、民主、竞争等价值观。

---

① 参见田慧生：《新时代创新人才培养模式应高度关注的几个问题》，载《中国教育学刊》，2019(1)。

② 参见顾明远：《对中小学发展核心素养，课程改革的三个建议》，载《基础教育论坛》，2017(15)。

二是课程教学要培养学生终身学习的能力。学校教育不仅要给予学生必备的知识技能、文化修养，更包括逐步形成终身学习的能力，其中培养学生学习的兴趣很重要。兴趣往往从好奇心发展而来，学校教育要激发学生的好奇心。功课太重会扼杀学生的好奇心，为此学校教育要思考该怎样建立一种平衡：在保护好奇心的同时，增强学生的思维意识，培养学生独立思考的能力。

三是课程内容及实施要为学生打下走向社会的基础。每个人都生活在社会中，这是人的社会性。人在社会中生存和发展，就要了解社会，学会共处，学会改变，适应瞬息万变的社会，解决遇到的各种问题，甚至以自己的创造性才能促进社会的文明和进步。

二、学校课程设计理念与教师课程开发能力之间的矛盾管理

从"愁眉紧锁"到"眉飞色舞"

"校长，周五的'新星俱乐部'我可不可以就当个班主任，打一打学生考勤，管一管课堂纪律。我们数学老师又不会唱唱跳跳，也不会写写画画，艺体方面没有任何特长，教了二十多年的书，就只会解题、计算。你喊大家先自主报名开设学生社团的主题，我想来想去，还是觉得什么都不会，就申请当个班主任吧。"午休时分，数学教师田老师来到校长办公室，诚恳地提出自己关于参加学生社团工作的想法。

听了田老师的想法，校长静思片刻，提出了自己的建议："田老师你太谦虚了。关于周五'新星俱乐部'的运作思路，在全校教师会上和大家交流时特意强调教师自主申报的项目不一定非要和艺术、体育相关，也不是简单的唱唱跳跳，只要能发挥教师特长，为学生提供多样化的学习需求就很好。'新星俱乐部'的建设不仅仅是传统意义上的兴趣小组，更是学校校本课程改革的重大举措。作为数学骨干教师，我真诚地希望你能带领数学团队一起研发适合我校学生未来发展需要的数学特色课程。例如，我们老祖宗创造的二十四节气，里面就蕴含着数学的精妙规律，我们一起在这个点上做做文章，怎么样？建议你和同年级的语文教学、科学教师一起，以'节气'为主题进行跨学科整合，尝试开发校本课程。"

三个月后，田老师再次来到校长办公室。"校长，我们'二十四节气的奥秘'这门课很受中高年级学生的欢迎，好多学生对班主任说想转到我们这个兴

趣小组来学习。我们年级各学科的教师都积极参与，大家越研究越觉得有意思。我们想把这个研究项目申报为校级科研课题，你看行吗？"这一次田老师不再愁眉紧锁，而是眉飞色舞。校长马上将科研室主任请到办公室，和田老师一起梳理已有的资源和经验，鼓励他们在下学期申报区级科研课题。

《义务教育学校校长专业标准》中明确指出校长作为学校改革发展的带头人，担负着引领学校和教师发展，促进学生全面发展与个性发展的重任。案例中的校长在田老师找上门时，没有简单地认为这是"撂挑子"，没有站在教师的对立面认定其对学校课程改革有抵触情绪，而是正确地认识到这是教师在面对课程改革时的认知冲突，所以他秉承矛盾化解的尊重原则和共识原则，认真倾听并理解教师课程开发意识不够、能力不足的困难，进而从保护教师专业自尊的角度，首先肯定田老师的骨干教师能力，然后以提点子、出主意的方式帮助教师找到参与课程开发的主题与方法，同时提出和其他学科教师合作的有效路径。在田老师团队取得一定成绩后，进一步鼓励推动，充分发挥学校管理效能，引入学校科研室，从科研课题研究角度予以深化和提升。相信"田老师们"经过这样的专业成长历程，必然能从只会"写写算算"真正走入教育科研的前沿。这既是教师个人专业成长之幸，也是学校内涵发展之幸，更是学生核心素养发展之幸。

意识是开启行动的阀门，学校管理者引领所有教职员工树立正确的、共同的价值追求是推动课程改革的"灵魂"，其关乎能否把控方向，能否团结所有力量保证课程改革成功。

课程改革以来，校本课程的开发在中小学如火如荼地展开。不管是第三方评估、上级部门检查还是学校对外宣传，言必谈学校特色课程，一时间如果某所学校说不出本校的特色课程，那必然被认为是学校管理层无所作为，学校发展滞后。

细审当前义务教育阶段学校校本课程开发的盛况背后，某些问题和误区值得学校管理者关注与反思：有些学校忽视本校课程资源基础，盲目求"大"，一味追求校本课程系列化、单元化、主题化，最终还是没有脱离碎片化；有些学校简单地认为开发校本课程就是编写系列教材，找几个所谓"笔杆子""闭门造车"，把教材作为校本课程开发成功的标志；有些学校忽视学生的发展，校本课程的开发只为了应付上级检查或满足学校领导的自我爱好，将课程改革的终极目标抛诸脑后。①

为避免走入误区，学校在校本课程开发的改革进程中，应当围绕学生发展核心素养落地、落实"做文章"，厘清目标，明确原则，找准方式与途径，如此才能激励教师参与校本课程开发，并在此过程中提升教科研能力，实现专业化发展。

所以学校管理者和一线教师都应该在课程领导力提升上下功夫，在实践中逐步具备以下五种能力——课程愿景预见力，想清楚要做什么；课程价值洞察力，搞明白为什么做；课程资源整合力，有方法怎么去做；课程实施指导力，寻策略如何做好；课程评价激励力，能反馈做得怎样。

如何提高学校管理者和一线教师的课程领导力，从而化解学校课程设计理念与教师课程开发能力之间的矛盾呢？

从学校管理者层面来讲，首先需要明确校本课程开发的目标，探索校本课程的组织形式、活动内容、管理特点、考核评价、支撑条件等，逐步完善和重新整合校本课程体系。②

其次应该在体现校本课程与国家课程、地方课程培养目标一致的前提下，根据本校的培养目标和课程资源情况，设置可供学生选择、灵活安排的课程，满足学生多样化发展的需要，改变学生被动接受教育的现状。在校本课程实施过程中，培养学生自主探究、团队合作、人际交往等能力，增强学生的社会意识，提升学生的人文素养。

更重要的是要满足教师专业发展的需要，提供适当的培训，给予教师参与开发课程的机会，改变教师只是既定课程执行者的角色，改变教师仅仅把课程当作教科书或科目的观念，形成一种开放、民主、科学的课程意识。

从一线教师层面来讲，则需要更新理念。在我们义务教育阶段的很多学校里，还有许多教师依旧认为守好自己的课堂阵地即可，开发课程是专家们或是学校管理者的事情，校本课程的开发离自己很遥远。其实，教师才是校本课程

---

① 参见许杨琴：《生本理念下中职德育校本课程的开发研究》，苏州，苏州大学硕士学位论文，2016。

② 参见穆好成：《浅谈初中教师校本课程开发能力的提高》，载《教书育人》，2015(10)。

开发和实施的关键。

学校管理者应该鼓励和帮助教师成为校本课程开发的主力军，为一线教师提供开发校本课程的参考思路，尝试在教学实践中从小范围的班本课程入手，逐步走进校本课程的探索与实践，提升课程开发能力。

首先要坚持"目中有人"，研究"教"与"学"的主体——静心研究自己，思考"我"最擅长什么，能否以此来开发一门校本课程；用心研究学生，思考学生可以从这门课程中学到什么，简言之就是要明确课程名称和课程目标。

其次要做到"心中有数"，围绕课程目标整合需要的素材和资源，选择适当的教学组织形式帮助学生实现有效学习，设计合理的考评方式检验学习结果，根据检测反馈情况动态调整这门课程的课程要求、学习要求、教学保障、考评建议、选修对象和学习形式等具体要求。简言之就是要明确课程内容模块、课程实施方式、课程评价形式，以及有效地进行课程管理。

教师个人开发班本课程切口小、起点低，有利于克服畏难情绪，让教师们敢于尝试，在"做中学"的实践中提升课程开发的能力。同时学校管理者也可以在此过程中发现苗子、培养骨干，为学校校本课程顶层设计、开发、实施和管理储备具有课程领导力的人才。

三、单一学科化教师与综合型教师需求之间的矛盾管理

学生发展核心素养提出后，在诸多教育专家的解读中，"跨学科""整合"频频出现，可谓热词。

芬兰提出："基础教育要去学科化，强调综合，提倡从现象学的视角研究教育，这符合学生发展核心素养综合发展的需要。只从学科的角度出发，不利于学生素养的发展。比如，数学原来总是强调其集成性的学习体系，认为不把目前的知识弄清楚，后面的内容就学不会，就像不学代数，那么学线性代数就会很难。但是现代社会的许多知识的学习并不适用这种集成性的体系。目前的教育改革也面临着这样的问题，尤其是在小学教育阶段，必须提高教学的综合性。……除了课程设置强调整合，在课程实施上，教师专业领域的整合就显得非常重要。教师要做的不仅仅是让学生学会知识，而是让学生自己去领会新的

知识，培养学生的思维能力，让学生勤于问'为什么'，而不仅是牢记现象的结论。"①

"语文老师""数学老师""英语老师"……长期以来，中小学教师习以为常的"学科＋老师"的惯用称谓，无形中形成了学科壁垒。中小学教师入职后的专业培训和教研活动多是按照任教学科来实施，对一线教师予以指导的教研员也是按学科来划分的。因此，核心素养的要求也倒逼教师自身专业发展和终身学习要突破单一学科化的界限，在课程改革实施过程中秉承教学相长的原则，通过广泛的阅读和跨学科之间的学习，拓展眼界、丰富学识、提升素养，如此才能真正成为学生学习的引导者，才能实现从"告知知识"到"培养能力"再到"提升素养"的转变，才能真正实现素质教育。

提升孩子核心素养的课程整合路径

清华大学附属小学校长窦桂梅带领全校教师历经五年，探索出为提升孩子核心素养的三条课程整合路径——学科内渗透式整合、学科间融合式整合、超学科消弭式整合。

以《皇帝的新装》为例，因为是外文翻译文本，不同的翻译会在文字表述上有差异，因此窦桂梅老师在和学生讨论课文的时候，用了三个翻译家的文本，让学生自主探讨哪一文本更符合中华文化的语感。同时引入平板电脑工具，辅助学生整合世界名画、世界名曲，现场排演戏剧，多方面、多角度提升学生的语文素养——这就是学科内渗透式整合。

清华附小有一个孩子一上数学课就"开小差"——画画，因为数学的内容对他而言过于深奥。老师了解情况后并没有对他进行批评，反而劝导他："没有关系，你用自己喜欢的方式学数学，老师课下帮助你，但有一个小任务，你能不能一个单元一个单元地学，就用你的美术方式给我们制作单元数学小报，讲给我们听呢？"从那以后，在老师的鼓励下，这个孩子自创了一个漫画人物——小毁，开始一个单元一个单元画出自己学习数学的故事，这个故事坚持了三年。而这个孩子也没有因为数学而变得自卑，相反通过另一种方式找到了学习数学的力量。当这个孩子毕业时，他把这些年绘制的单元数学小报编辑成书，郑重地送给他的老师。就这样，《小毁成长记》诞生了！——这就是跨学科融合

---

① 顾明远：《核心素养：课程改革的原动力》，载《人民教育》，2015(13)。

式整合。

超学科消弭式整合突出地反映在学校的特色课程中，比如戏剧、全学科阅读等，将学生的学习与其社会生活、社会实践打通，在实践生活情境中培养儿童发现问题、解决问题的综合实践创新能力。

通过课程整合，初步解决了过去单科教学过深、过窄的问题，这样的整合方式可以提升一个孩子核心素养的关键能力和必备品格。

由案例可见，跨学科整合课程在教学实践中落地，需要学校管理者更新观念，根据学校课程改革需要，提高教师培训的实效，创新学校校本研修的形式，引导、帮助单一学科化教师向综合型教师迈进。

作为学校管理者，应该明确综合型教师发展的愿景及区别于单一学科化教师的特征，具体包括以下几个方面。

其一，知识结构合理。即精通一门学科知识的同时，又了解相邻学科知识，具有较为广博的科学文化知识。

其二，教学内容综合。即注意综合运用相关学科知识分析解决问题，开展教学活动，开阔学生视野，激发学生的好奇心和求知欲。

其三，评价指向综合。即不仅只评价学生本门学科的发展情况，而且能结合学生其他学科的发展情况，对学生提出中肯的评价和建议，促进学生全面发展。

其四，工作方式注重合作。即注重与其他学科教师沟通、协调和合作，能结合其他学科的教学进展情况，恰当地安排本门学科的教学活动，达到教育教学效果的最优化。

继而，学校管理者应该为教师创造条件，加强综合型教师的培养。

其一，引导教师转变课程观、教学观。教师应该打破单一学科思维习惯，摒弃孤立地看到本学科知识的狭隘观点，树立综合课程意识，充分调动自己各方面的知识、才能，培养学生的综合素养，促进学生的全面发展。在教学实践中要从强调学科知识内容向获取综合知识的过程转变，从强调单纯积累知识向探求知识转变，强调不同学科、不同领域知识的内联外延、相互渗透和联系，既重视科学性，也重视教学的生活意义。①

---

① 参见曾素林：《教师角色的转变：从"单一型"走向"综合型"》，载《新课程研究（教师教育）》，2007(1)。

其二，帮助教师完善知识结构。这是从单一学科化教师走向综合型教师的关键。主要方式有：①坚持终身学习，即教师主动适应新时代的发展要求，自觉加强学习，广泛阅读，博采众长，不断提高自身科学文化水平；②加强在职培训，即通过各种形式的培训拓宽教师专业基础，培养教师综合运用各专业知识分析、解决问题的能力；③建立教师社团，即通过学校组织的各种教师发展社团，通过各学科教师在业余时间的兴趣式学习，丰富教师的科学文化素养，弥补单一学科培训的不足。

其三，鼓励加强教师之间的合作。学生的全面发展和终身发展不是某一个教师所能做到的，综合型的教师也不可能做到每一门学科都精通，因此学生核心素养的培育需要发挥教师集体的智慧和力量。教师之间的合作可以跨年级、跨学科、跨学校，以实现整合与融通，达成一种共享的课程文化。通过合作，教师可以得到支持和启发，开展多学科的综合教研活动，建立互动性的工作组织制度，让学校真正成为师生共同成长的平台。

第二节 核心素养培育过程中的矛盾管理

知识的学习是探究活动的"副产品"。

——[美]约翰·杜威

《基础教育课程改革纲要（试行）》中明确指出，"改变课程实施过于强调接受学习、死记硬背、机械训练的现状，倡导学生主动参与、乐于探究、勤于动手，培养学生搜集和处理信息的能力、获取新知识的能力、分析问题和解决问题的能力以及交流与合作的能力"。

核心素养的培育需要转变知识学习的传统方式，倡导深度学习与协作学习。知识唯有成为探究与实践的对象，才能使学生的学习过程变为素养提升的过程。因此，转变知识学习的传统方式是素养发展的前提。为此，一要倡导深度学习，让知识学习成为批判性思维发展和问题解决的过程；二要倡导协作学习，让知识学习成为交往与协作，即集体创造知识的过程。[①]

---

① 参见杨帆：《深度教学理念指导下小学语文课堂提问的研究》，武汉，华中师范大学硕士学位论文，2019。

核心素养本质上是解决复杂问题的能力，只能通过让学生置身于真实问题情境之中，亲历复杂的问题解决过程而培养。核心素养的落实不仅仅是对教学内容的选择与变更，还要以学习方式和教学方式的变革为保障。①

以核心素养为指向的教学应当是通过学习者间接经验和直接经验的交互完成的，而直接经验更有利于学生对世界、对生活的完整认识，更有利于培养学生解决问题的能力。两种学习方式交互在一起，才能让教育和学习回归生活，才能体现学生学习的全部社会意义。

课程改革以来关于教师与学生的定位以及教师的"教"与学生的"学"之间的关系已经有了比较明晰的共识。教师不再是知识的传授者，而是策划者、导航者、组织者、参与者、支持者，学生是学习的主体，是"站在课堂中央"的人。

然而受客观因素影响，当前义务教育阶段还有相当一部分课堂依旧存在问题：每堂课加上小组讨论环节就认为是实现了合作学习、自主学习；课堂上几个学生回答正确后，马上进入下一个环节，不去追问答案的出处；遇到有学生回答错误，马上请其他同学帮助，不去深思错误的根源；小组合作学习看似热热闹闹，实际上是被学优生霸占了话语权，其他学生只是听听而已，很难表达自己的观点；相当一部分学生在课堂上不举手、不发言，成为"旁观学生"；教师因顾虑教学进度、课堂时限和检测成绩，课堂教学模式多为"抱得紧""喂得多"，不敢放手让学生在情景任务中自主发现问题、解决问题，不敢给学生"试错"的机会，依旧没有从根本上更新教学理念。

一、学习途径、方式与传统课堂之间的矛盾

知识转化为素养的重要途径是构建情境，如果脱离了情境，知识就只剩下符号。② 以知识点教学转向以核心素养为导向的教学要抓好三个着力点：一是由抽象知识转向具体的情境；二是由知识中心转向能力中心；三是由教师中心转向学生中心。能力的提升不是一朝一夕就能达到的，需要知识的积累，技能的内化，但不能仅仅止步于此，更需要在教学实践中为学生创设情境任务，提

---

① 参见张道明：《"循学而教"的意义、价值及其实现可能性》，载《四川教育》，2018(5)。

② 参见邓大一等：《来一场指向核心素养的学校变革》，载《中国教育报》，2016-11-23。

供综合应用学科能力解决问题的机会，促进学生能力的发展。

构建情境任务型学习课堂

成都市实验小学文苑分校着力研究如何以能力发展为主线，进行现代课堂"教与学"的转型，从"抱得紧"变为"放得妙"，构建情境任务型学习课堂。教师的"教"遵循"启—导—教"，即根据情境设置任务，引导学生完善答案，讲解学生未知或不清晰的知识点。学生的"学"遵循"思—习—学"，即在解决问题中锻炼能力，在不断优化的方法中练习技能，在技能的训练中记忆、理解、应用知识（见表 6-1）。

表 6-1　传统课堂学习形式和现代课堂学习形式比较表

角色	传统课堂学习形式	现代课堂学习形式
教师	讲解知识点 演示或指导其应用方法 引导难题的解决方法 （教—导—启）	根据情境设置任务 引导学生完善答案 讲解学生未知或不清晰的知识点 （启—导—教）
学生	记忆或理解知识点 在模仿或操练技能中应用知识 在技能熟练的过程中形成能力 （学—习—思）	在解决问题中锻炼能力 在不断优化的方法中练习技能 在技能的训练中记忆、理解、应用知识 （思—习—学）

这样的课堂教学环节能够帮助学生加强学习的感受，增加感知、理解和分析问题等的过程，需要学生记忆的内容大量减少，课堂学习效率得以提高，学习兴趣和信心得以增加。课堂观察和作业反馈显示，这一策略让学生在教师精心创建的情境任务中，用评价标准来指导、校正自己的探究学习，先运用自己已知的知识和技能，思考设计解决问题的方案，在方案实施过程中或独立思考或小组协作，不断验证假想，更新方法，遇到难以解决的问题请教教师或同学，继而在实践和相互评价中去理解、应用、记忆。这一策略让学生根据评价标准在教师设置的问题情境中，在任务的驱动下，在教师的引导下，在自主探究中，综合应用学科能力解决问题，促进了学生学习能力的发展。

以科学课"声音的探究"为例，教师在课堂上为学生设计了以下的情境任务。

秋季趣味运动会即将来临，同学们打算借一面鼓来给班上参加 800 米跑步比赛的运动健儿助阵，请小组协商，通过实践活动或查阅资料完成以下问题。

(1)鼓是如何发出声响的？（声音的产生）

(2)起跑阶段，鼓声应该慢而有力，此时如何让鼓声沉稳有力？（声音的振幅）

(3)中间阶段，运动健儿需要调节步伐，鼓声可能会影响他们，我们如何让鼓停止发声，为什么？（声音的产生）

(4)最后冲刺阶段，运动健儿奋力冲向终点时，如何让鼓的声音更急促？（声音的频率）

如何让核心素养在课堂中落地，现已取得丰硕研究成果的生本课堂值得借鉴。案例中的情境任务型课堂就遵循了生本教育理念的课堂教学组织形式。生本教育是"以学生为本"的教育，其最基本的理念是一切为了学生，高度尊重学生，具体来说也就是在生本教育体系中所指出的"先做后学、先会后学、先学后教、以学定教"的教育教学理念。具体到实际的课堂，生本课堂有这样几个基本步骤：学生先学—课堂上小组交流—课堂上全班交流—总结或者巩固。

学校管理者可以借鉴较为成熟的构建生本课堂的策略。

(一)保证前置性学习的实效

前置性学习不能简单等同于课前预习，在实践操作中多以导学案、前测作业等形式出现。怎样让学生主动完成前置性作业，让其带着准备走进课堂，进而更好地完成预设的学习目标呢？实践中应把握以下原则。第一，低入性原则。教师在布置作业时要从学生的实际情况、个别差异出发，让不同层次的学生用适合自己难度的练习来巩固和发展原有知识，找到自己的位置的同时增加信心，让每个学生都能有收获。第二，指导性原则。前置性作业的布置必须是下一节课的内容的导航针，可以是下一节课的重点甚至是难点的直接或间接展示，也可以是抛砖引玉，引领学生走入下一节课的问题拓展。第三，趣味性原则。体现为题型多样、方式新颖、内容有创造性，以激发学生兴趣，促使其充分发挥自己的主动性去完成。第四，开放性原则。充分肯定学生思考问题的多面性，让学生"各有说法"，让不同层次的学生都"有话可说"。第五，激励评价原则。要尊重学生的劳动，在课堂上尽可能提供机会让学生呈现作业成果，并进行阶段性评比和优秀作业展示，让学生在学习中获得自信。①

(二)保证小组合作探究的实效

首先，分组要科学。分组要依据学生现有的不同学业发展水平，兼顾学生的兴趣、特点和学习类型。其次，交流要真实。课堂中要遵循独立尝试在前，合作交流在后的原则，进行生生、师生互动。既要保证每个学生都有独立思考的过程，也要避免课堂中小组交流看似热闹非凡，实则"胡聊乱侃"的现象。

(三)保证小组汇报展示的实效

学校管理者要保证小组汇报展示丰富多样，从而提高展示的实效。其一，小组问题讨论式。各小组根据教师给出的或学生提出的话题或问题展开思考和讨论，每个组员发表意见，经本组记录员记录整理后，由报告员向全班汇报。其二，角色情境表演式。目的是能够在真实情景中运用语言进行得体的交际，传递信息，交流感情。它可以使学习者在模拟的社交情景中扮演不同的角色，获得交际能力，也可以在情境中加深对形象的理解和文本情感的领悟。其三，游戏竞赛擂台式。团队游戏竞赛是合作学习中一种常用的方法。它能在课堂上营造一种轻松、友好和合作的气氛，为学习者提供大量的实践机会，真正做到以学习者为中心。②

(四)保证练习设计的实效

设计有效的练习既是课堂教学中学生能力发展的支撑，同时也是对学习进程中学生自身对相应知识掌握情况的一个检测手段。对于学生学习效果的评价检测，需要与实际的课堂预设学习目标相结合，要尽量为学生创设与实际生活相关的问题情境任务。同时，练习过后应该组织学生进行有效的反思，进一步帮助学生梳理、明晰、掌握必要的策略与方法。

学校管理者还应当在校本教师培训中帮助每位教师明确生本课堂上教师的定位。生本课堂的本质是把学习主动权、课堂主阵地还给学生。对学生放手，并不代表"无为"。有人认为，"生本课堂"来了以后，教师在课堂上已经变得无所事事了，听听学生交流就够了，既轻松又简单。这样的看法是浅薄的，更是

---

① 参见夏然：《教育的理念——以学生为本》，载《校园英语》，2017(33)。
② 参见张伟、高仁辉：《实施小组合作，构建生本课堂——成都石室联中课堂教学改革初探》，载《教育科学论坛》，2010(9)。

危险的。相反，教师要在课堂中时时刻刻关注学生的交流，关注学生在交流过程中的精彩发言并给予相应的肯定与鼓励；关注学生在交流过程中遇到的困难并进行及时的引导与帮助；关注学生在交流过程中临时生成的问题并进行适时的点拨与引导。某种意义上讲，教师的负担不是减轻了，而是加重了，并更加具有挑战性。

因此，在生本课堂上教师的"有为"着重体现为精心的"预设"：当学生泛泛而谈时，思考如何引领其深入；在环节转移的过程中，思考如何有效地引领学生转移视角；当学生遭遇困难时，思考如何拨开其心中的迷雾；思考在什么时候以及以怎样的方式提升学生思维包括思想上的认识；思考在什么时候以及以怎样的方式给予学生肯定和鼓励。

二、学科融合与单一学科课堂教学之间的矛盾管理

基于培养核心素养的学习观从关注碎片化学科知识技能的习得到关注复杂、不确定性的现实问题解决；从关注对他人知识的理解或反应到关注综合运用和主动创造知识；从关注学习什么到关注如何学习和学会学习；从关注自我学习到关注团队合作和沟通，尤其重点关注学生综合运用学科思想方法和探究技能、规律性的概念和知识以及价值观念，创造性地解决复杂的、不确定性的现实问题的能力。这就需要在教学中改变强调碎片化知识和孤立技能的习得，改变过分关注确定性解题过程和标准答案的现状。[①]

在教学实践中，需要教师将教材内容进行创造性重组，精心设计与现实生活紧密关联的问题情境，采用基于问题、基于项目的活动方式，让学生在体验学习、合作学习、探究学习、建构学习中形成知识体系，形成解决现实问题的能力，因此学科融合学习必不可少。

学科融合学习最主要的方式是在单一学科课堂上渗透相关联学科的学习。在当前班级授课、分科教学为常态的背景下，倡导学科融合还是要立足于一门一门的学科教学，一堂一堂的常态课，因此在所谓单一学科课堂上渗透相关联学科的学习，因其现实性、可操作性，将在很长一段时间内成为学科融合的

---

① 参见杨向东：《如何开展基于核心素养的日常评价》，载《中国教育报》，2018-06-06。

主要内容之一。这里的学科融合不是简单的跨学科教育，因此要做到"单一"并不"唯一"，虽然学科名称是单一的，但是学习内容和方法，形成的能力和素养却是丰富而多元的。

学科融合旨在通过多门学科资源的介入，有效地化解问题，更好地达成教学目标，并在问题探究的过程中全面培育学生的学习能力和综合素养。在学科融合的过程中，主导学科是认知对象和目的，相关学科是方法和手段，这些作为方法和手段的学科是学习上的资源供给和智力支持，目的是丰富和拓展学生的学习资源和认知视野。

(一)学科融合的必要性

首先，学科融合是学习认知的必然要求。学生的学习认知是一项综合性活动，任何一项学习认知活动都需要多门类知识的参与，也是学习者主动调动和发挥综合知识技能的过程，是一个人综合素养的体现。其次，学科融合是学科教学的品质诉求。学科课程在编写上鼓励学生创新思维，并能够突破学科界限进行多视角的思考和研究，善于利用多门类学科知识解决现实中的问题，这是学科建设的重要品质。最后，学科融合是全面提升学生综合素养的需要。学生综合素养的培育要注重加强文理科知识的融合，切实培养文理兼通、身心两健、素质全面的综合性人才。学科融合能鼓励学生创新思维，从多个角度去思考和解决问题。①

(二)学科融合的实践要求

其一，学科融合不是简单的知识点缀，而是要切实发挥不同学科资源的效能和作用，要有效地解决探究的问题。其二，学科融合不能喧宾夺主，而是在于增进目标学习的有效性，要围绕一个核心目标展开。其三，学科融合是一种自然的介入与参与，不能牵强为之。②

无论任教哪一门学科，只要教师明确学科融合的价值，选择恰当的主题，围绕一个核心目标组织学生开展学科融合学习，学生的核心素养就必将在一堂堂常态课、一次次学科主题实践活动中落地扎根，向上生长。

在"五育并举，全面发展"育人观的引领下，学校管理者还可以将综合实践

---

① 参见陆启威：《学科融合不是简单的跨学科教育》，载《教学与管理》，2016(32)。
② 参见陆启威：《学科融合如何走出"初级阶段"》，载《中国教育报》，2016-08-31。

活动作为学校实现学科融合学习强有力的支撑。2017 年 9 月，教育部印发了《中小学综合实践活动课程指导纲要》（以下简称《指导纲要》），突出强调综合实践课程是义务教育和普通高中课程方案规定的必修课程，与语文、数学等学科课程并列设置。综合实践活动是从学生的真实生活和发展需要出发，从生活情境中发现问题，转化为活动主题，通过探究、服务、制作、体验等方式，培养学生综合素质的跨学科实践性课程。这是核心素养如何在课堂教学中落地的方向指导性和政策保障性文件。

综合实践活动课程基本理念有四。第一，综合实践活动的课程目标以培养学生综合素质为导向，强调学生综合运用各学科知识认识、分析和解决现实问题，提升综合素质，着力发展核心素养。第二，课程开发面向学生的个体生活和社会生活，引导学生获得关于自我、社会、自然的真实体验，建立学习与生活的有机联系。第三，课程实施注重学生主动实践和开发生成，鼓励学生从自身成长需求出发，选择活动主题，主动参与并亲身经历实践过程，体验并践行价值信念。第四，课程评价主张多元评价和综合考察，充分肯定学生活动方式和问题解决策略的多样性，鼓励学生自我评价以及同伴间的合作交流和经验分享。

综合实践活动课程内容选择与组织原则有五。第一，自主性。要重视学生的自主选择，教师要善于引导学生围绕活动主题，提升自主规划和管理能力。第二，实践性。强调学生亲身经历各项活动，在全身心参与的活动中发现、分析和解决问题，体验和感受生活，发展实践创新能力。第三，开放性。教师要打破学科界限，鼓励学生跨领域、跨学科学习，为学生自主活动留出余地，引导学生把自己成长的环境作为学习场所，在与家庭、学校、社区的持续互动中，使自己的个性特长、实践能力、服务精神和社会责任感不断获得发展。第四，整合性。对活动主题的探究与体验要体现个人、社会、自然的内在联系，强化科技、艺术、道德等方面的内在整合。第五，连续性。好的内容设计应基于学生可持续发展的要求，设计长短期相结合的主题活动，使之具有递进性。要处理好学期之间、学年之间、学段之间活动内容的有机衔接与联系，构建科学合理的活动主题序列。

《指导纲要》强调跨学科开放性，学校在设计与实施综合实践课程时要引导学生通过考察探究、社会服务、设计制作、职业体验等方式的融合贯通，运用各门学科知识分析解决实际问题，使学科知识在综合实践中得到延伸、综合、提升。学生在综合实践活动中所发现的问题要在相关学科教学时进行深入分析，有针对性地补足与强化。

另外，在 STEAM 课程中开展项目探究式学习也是学校实现学科融合学习的一种重要模式。STEAM 即 Science（科学）、Technology（科技）、Engineering（工程）、Art（艺术）、Mathematics（数学），是一种将这五大学科集合在一起的跨学科教育法。STEAM 的魅力在于，透过相关课程将五大领域的知识结合起来，让学生在不同的环境及专题活动中，以"多重"管道的知识来源解决问题，而不是局限于某一特定学科。

如果说跨学科是 STEAM 教学的架构，培养能面对真实世界挑战的能力就是 STEAM 教育的目的。STEAM 课程的跨科主题会与生活中有趣的、富挑战性的情境相结合，点燃学生的好奇心与探究欲望，并且让学生动手把想法付诸实践、建造出"原型"，并检验方案是否能解决需求。

在动手建造解决方案的过程中，犯错与失败是必经却珍贵的过程，因为失败之后必然反思失败原因，并据此修正思路与方法，接着再尝试、再失败、再检讨、再摸索尝试，直到找到成功的方法。这样的学习探究过程，不仅能在学习中提高受挫能力，也能锻炼学生独立思考并为自己的行为负责的能力。

STEAM 课程以小组合作的方式进行，让学生在团队里进行头脑风暴并集思广益，而后分工合作完成专题。过程中，除了有见贤思齐的机会来激发更多创意，学生也需要运用协商沟通等人际技巧来进行小组决策，从而进一步学会尊重与接纳跟自己不一样的声音。

这样的教育模式与课程改革中推行的研究性学习、主题式学习有异曲同工之妙，可以为我们探索研究性学习课程、主题式学科课程实施提供新的教育思路和途径，具有很好的借鉴意义。[①]

水火箭项目的实施与探究

水火箭项目中学生需利用科学原理设计水火箭，并进行火箭制作、发射试

---

① 参见颜秉利：《基于 STEM 教育模式的研究性学习教学探索与实践》，载《综合实践活动研究》，2015(7)。

验、发射竞赛等活动。方案不仅要求学生完成任务，还要对自己的方案利用数学、物理等科学知识，按照工程设计的方法和流程进行精确的运算，力求找到最佳解决方案。整个项目的实施过程既是学生通过项目研究开展自主、合作学习的过程，也是展现学生在创意设计、知识积累、信息筛选、动手制作和实际操作等方面综合能力的过程。

项目实施用 10 节课完成，采用两节课连堂，小组合作探究的方式进行，每组 3～5 人。整个项目以活动报告为平台，引导学生发现问题、分析问题、解决问题，在完善活动报告中培养学生核心素养。

第 1～2 节课：教师公布水火箭项目制作活动规则及评价标准。学生了解火箭发射原理等相关科技知识，探讨水火箭的结构及发射原理；了解水火箭制作步骤，画出技术图样并填写好水火箭设计活动报告；明确制作的基本步骤与方法，进行动手制作。

第 3～4 节课：在操场进行发射试验，学生发现发射中存在的问题并对发射中经常出现的问题及原因通过信息查询进行梳理、分析，提出解决这些问题的具体办法和改进措施。

第 5～6 节课：学生填写好第一次活动报告，并利用所学知识进行水火箭的改进制作。教师根据出现的问题，引导学生运用物理、数学、技术制作等知识进行分析讨论，拟定下一次实验可能面对的问题，进行有目的的测试。

第 7～8 节课：进行第二次实验测试。学生有针对性地进行探究试验，并填写改进后的活动报告。在多次试验的基础上分析及时记录的数据，通过周密计算，得出最佳方案的改进数据。

第 9～10 节课：根据探究试验的结果改进水火箭，进行发射竞赛活动。学生通过反复探究试验，试错—分析—计算—改进，获得了解决问题的方案，增强了比赛的信心，充满了对成功的渴望。

在整个项目实施过程中，以问题引导的方式指导学生系统化地思考和分析，让学生体会到"学以致用"的快乐。

实施 STEAM 课程不能简单地"拿来"而已，更要自主"开发"。

一是要明确 STEAM 课程可能的学习形态是基于真实问题解决的探究式学习，是基于设计的项目式学习。课堂上教师围绕一个真实问题，促进学生参与到一个班级范围内的小组中去开展研究，期间有可能通过面对面、网络学习等方式与校外学习支持资源或支持者、学习伙伴开展交流。学生在看似杂乱无章的学习情境中发展设计能力与问题解决能力，因为真实的问题本就是错综复杂的。在学习与研究的过程中，学生被要求使用技术收集、分析数据，并设计、测试和改进一个解决方案，然后与其同伴交流研究成果，需要花费更多的课外时间。

二是要探索 STEAM 课程可能的实践路线，从学校层面入手可以围绕本校办学特色、特色综合实践板块、校本课程建设来开展，尝试将 STEAM 课程与数学、科学和艺术类国家课程对接融合。从教师层面入手可以根据自己原有任教学科与 STEAM 课程可能的交集，寻求可能的突破方向。

三、核心素养需求与传统作业功能之间的矛盾管理

作业作为教学策略之一，是为达到某种教学目的使用的手段和方法，应该是一种具有独立意义的学习活动，应该融汇在学习的全过程之中，而传统教育中许多教师往往将作业视作附属意义的学习活动，简化为习题练习。教师大多把作业视为对学生的学习效果进行检验的有效手段，所以非常重视学生对作业的态度和完成质量。然而，多数教师对学生作业的反馈也仅仅停留于讲评、纠错，满足于答案正确。

其实"作"也是创作，本身具有"鼓励""进行"的意思，"业"也是一种工作或学习的过程，所以作业具有"创造性的学习过程"的本质。

聚焦核心素养的作业应该是教师引导学生开展自主学习，承载学习内容，体现学习方式，实施过程性评价的任务。作业融汇到学习的全过程中，成为促使课堂体现自主、合作、探究等学习方式的载体。教师亦可借作业研究带动备课改进，从"教学设计"转向"学习设计"。

从各个学习阶段的作业功能来划分，作业可以具有以下类型：引导预习的作业；促进理解的作业；提高熟练性的作业；意在诊断的作业；形成讨论的作业（合作任务）；重在体验的作业；促进知识体系形成的整理作业。[1]

---

[1] 参见林乐光、高笑旭：《以教育集团为依托，推进作业有效性改革》，载《北京教育（普教版）》，2017(8)。

(一)作业设计的基本原则

1. 精益求精——追求合适性

作业设计不在于习题数量的多少，而是要围绕教学目标精心选编和设计，努力做到少而精。

2. 因材施教——注重层次性

要正确认识并尊重学生的差异，从学生学业水平发展实际出发，设计阶梯式作业，给学生留下自主选择的空间，使不同层次的学生在自己的"最近发展区"得到充分发展，体会到成功的快乐。作业分层要从作业难度和作业数量两方面进行考量，可以将作业任务分解为基本作业、拓展作业和提升作业三类供学生自主选择。

3. 新颖别致——提升趣味性

长期使用单一的作业形式会使学生感到乏味，甚至出现抵触情绪。作业设计应富有创意，形式新颖，内容联系实际并有一定的趣味性，如类似于闯关游戏、趣味竞赛、科学小实验等的作业形式，能使学生在一种愉悦的环境中体验运用知识技能解决问题、增长才干的乐趣。

4. 拓展延伸——凸显探究性

创设真实情境任务，考核学生的综合能力，通过合作学习的形式收集信息，共享资源，分工协作，运用多门学科知识分析、解决问题，探究完成任务的最佳方案，在合作中相互沟通，共同负责，培养合作精神和创新精神。

5. 身体力行——增强实践性

作业不仅可以"写"，也可以通过"做""画""演""赛"等形式予以完成。如做一做，感同身受；画一画，身临其境；演一演，锻炼能力……让学生多实践，在与生活实际的链接中开启智慧、提升认识、增长能力。

(二)作业设计的核心问题

1. 增设归纳、对比型作业，提高学生知识建构能力

归纳性作业能让学生主动参与，积极探索，自主建构知识网络，从而形成一定的知识体系。知识点之间的比较是帮助学生牢固掌握知识，培养学生知识迁移能力和评价能力的重要途径。

2. 重视开放型作业，培养学生团队合作精神

根据教学目标和学生实际情况的需要，可以设计两类开放型作业。①学生自己出题目，利用课余时间收集资料，相互探讨，共同提高。②学生借助网络进行无边界的线上交互式学习，与更多的教师和学生形成泛在学习联盟。

3. 创新反思型作业，挖掘学生创造性潜能

对于学生的创造力的培养，不仅要让学生懂得到哪里去寻找他所需要的知识，而且还要让学生学会如何综合运用已有的知识进行新的创造。让作业与学生的观察、合作、创作、实验、社会调查等相结合，促进学生在作业完成的过程中不断反思，从而挖掘其学习的潜能。

学校落实"双减"典型案例①

一、重庆市分学科精细化指导作业设计与实施。重庆市充分发挥教研机构的研究、指导和服务作用，研制印发了《义务教育阶段语文等 12 个学科作业设计与实施指导意见》（以下简称《指导意见》），涵盖小学语文、数学、英语，初中语文、数学、英语、道德与法治、历史、地理、物理、化学、生物等 12 个学科，从"总体目标""具体要求""实施建议"三个方面提出了指导。《指导意见》遵循坚持方向指导、规范指导、质量指导的原则，体现了基础性与典型性的结合、多样性与开放性的结合、自主性与指导性的结合，具有体现全面系统、注重落实有效、强化实践创新的特点。《指导意见》对指导全市义务教育阶段学校加强作业管理，提升育人质量起到积极推动作用，得到广大师生和家长的一致认可。

二、江西省"智慧作业"为落实"双减"提供技术赋能。江西省依托"赣教云"平台建设"智慧作业"系统，以减轻师生负担和不改变学生作业习惯、教师批改习惯为前提，将光学扫描识别、云题库、人工智能、大数据分析等先进技术应用到学生日常纸质作业中，利用点阵笔、高拍仪、高速扫描仪及学生自主归集等方式动态采集学生每日作业学情，即时生成每个学生专属的错题集，免费为学生精准推送错题微课视频、举一反三试题。组织全省教研员、电教系统人员和中小学名师共同研发录制成体系的作业解析微课，学生在家中可通过电视大屏观看错题微课，巩固提升学习效果。"智慧作业"系统根据教师布置的作业范围、学生学情大数据，自动挑选适合各层次学生能力的作业题目，实现作业布

---

① 参见 http：//www. moe. gov. cn/srcsite/A06/s3321/202109/t20210926 _ 567037. html，2021-12-24。

置分层、弹性和个性化，杜绝机械性、重复性、无效性作业。

三、山东省潍坊市建立作业管理长效工作机制。潍坊市研制《作业设计十项原则》《优秀作业十项标准》《作业评改十条策略》等文件，对作业管理提出明确要求。将作业设计与实施纳入教师全员培训、常态学科教研范畴，充分发挥"名师工作室"平台作用，以学科教研组为基本单位，加强各学科作业研讨力度，重点研究作业的育人功能、数量控制和科学设计等，提升教师作业设计水平。立足"基于课程标准的教学改进行动"，实施市、县、校、师四位一体资源共享，整合各校优秀作业设计资源，建立作业资源库，利用教育云平台设置作业资源共享平台，实现全市优质作业资源共享。建立作业公开公示制度，提倡开设"作业超市"，布置"作业自助餐"，根据学生具体情况设计分层作业，不同学生可选择完成不同内容和数量的作业，满足不同层次学生学习需求。

四、山东省青岛市崂山区依托信息技术优化作业管理。崂山区充分利用原有信息化软硬件基础设施，统筹建设"课堂教学云平台"，利用信息技术优化作业管理，科学设计和布置作业，通过人工智能校本作业本，实现分层、个性化布置作业，做到精准到校、精准到班、精准到人，同时，建设"中小学作业监管平台"，做好教师教学过程、学生学习的过程性数据和全要素数据采集，基于大数据分析、学生能力系数和作业完成时间推送个性化作业，在实现精准的基础上控制好书面作业总量，并完善作业结果运用，综合发挥评价导向、鉴定、诊断、调控和改进作用。

五、北京市西城区推行点"餐"到校丰富课后服务内容。秋季开学后，西城区教委整合12家区属少年宫、科技馆等校外资源，经过专业评估遴选，首批开设了200多个课后服务活动项目，并在部分义务教育学校试点。所有授课教师都是专业教师，"菜单"里的课程既有音乐素养、竹笛、中国舞等清新范儿的"爽口菜"，也有人工智能、机器人编程等科技范儿的"创意菜"，还有朗诵、武术、剪纸等有滋有味的"传统菜"。未来该区将逐步实现所有中小学按需"点单"，条件具备的还可以就近到少年宫等场所上门选课，享受更专业的活动空间和设备。

六、西安市高新区以目标责任制推动课后服务全覆盖。高新区将抓好"双减"落实作为全国基础教育综合改革实验区建设的首要任务。在2021年秋季开学前夕召开会议重点部署课后服务工作，并与各学校签订《"双减"工作目标责任书》。五部门联合出台课后服务工作方案，各学校结合校情"一校一策"制订具体实施方案，统筹好作业完成和学生个性化发展需求，用好每天的"两小时"。与全体教师签订"双减"落实承诺书，创新管理并妥善解决"双减"背景下教师"减负瘦身"和奖励激励问题，为学生减负，为老师减压，为家长排忧。秋季开学后，课后服务已实现义务教育学校"5＋2"全覆盖，结束时间不早于18：30。各校针对不同学段，课后服务内容和形式也有所侧重，在普遍开展体艺活动、课外阅读、团队活动、作业辅导等项目的基础上，小学一、二年级侧重手工操作、游戏活动等，三至六年级侧重兴趣小组、综合实践等，初中阶段侧重科技创新、答疑解惑等。

七、上海市闵行区推进数据驱动下大规模因材施教的"1258 工程"。闵行区打造 1 个垂直服务的教育云平台，依托智能教学和智能学伴 2 种应用助手开展个性化教学，面向学生、家长、教师、管理者和市民 5 类用户提供精准服务，聚焦课堂教学、适性学习、课程选择、校园活动、社团参与、社会实践、家校互动、学科实验 8 项业务场景丰富应用需求，全面深入推动信息技术与教育教学深度融合。区域从平台与工具、教师与学生、场景与环境三个维度全面构建区校两级项目研究图谱体系，成立项目"管评组"统筹管理指导区域各学校开展研究。教师通过平台开展备课、授课、布置作业、组织考试、实施辅导，学生通过平台自主学习、小组讨论、提交作业。改变了过去上课主要是教师讲授，备课组统一目标、统一进度、统一作业的情况，教师可以轻松实现课前分析、课中引导、课后跟踪的差异化教学。

八、江苏省泰州市海陵区以学段衔接为抓手推动语文教学质量提升。海陵区深化教学改革，统筹各年级、各学段知识体系，通过"一年级课堂常规展示""游戏化拼音教学""拼音节""多识字，早阅读"等活动引导学生从幼儿园到一年级的自然过渡、科学衔接、双向衔接；通过中年级段"起步作文"示范课、"整本书阅读"展示课让学生课内习得阅读方法，并迁移运用，完整表达内心感受；通过"单元整体教学"的研究，探索小学和初中衔接的基本模式和方法，构建幼小衔接、学段衔接的语文教学体系。

九、辽宁省实行中小学教师"双减"工作承诺制。辽宁省在全省中小学校（含民办学校）教师范围内实行"双减"工作承诺制，组织开展签订承诺书活动，调动教师参与"双减"工作积极性，规范教育教学行为，促进提升教育质量。承诺书要求教师保证遵守教师职业道德，坚决杜绝违规有偿补课行为；保证"零起点"教学，做到应教尽教，坚决杜绝随意增减课时、提高难度、加快进度等行为；保证改进考试方法，降低学生考试压力，坚决杜绝违规统考、考试排名等行为；保证亲自批改作业，按要求控制作业量，坚决杜绝给家长布置作业；保证注重学情分析和差异化、个性化教学，提高课堂教学质量，坚决杜绝课上不讲课下讲。

十、黑龙江省全面推行"四零"承诺促进阳光均衡分班。黑龙江省在中小学大力推行入学"零择校"、分班"零择班"、排座"零择位"、推优"零指定"的"四零"承诺，从群众身边的操心事、烦心事等"小切口"入手，切实解决政风、行风、师风等教育生态"大问题"。新学期开学后，全面推行"零择班"行动，坚持阳光分班、均衡分班，确保分班过程公开、师资配备均衡、分班结果随机。搭建了全省民办义务教育学校招生服务平台，实现信息发布、政策解读、网上报名、志愿填报、随机录取、线上缴费、一键分班、公开公示等"一条龙"服务。学生报名录取后，通过平台依据男女比例等因素，进行一键电脑随机分班，实行全程录像、视频直播，并邀请"两代表一委员"等全程参与，减少人为暗箱操作因素，确保过程公开，结果公正。实施以来，赢得社会普遍赞誉，第三方调查评估结果显示，群众对"四零"制度综合满意度超过 90%。

第三节　核心素养评价改革中的矛盾管理

评价最重要的意图不是为了证明，而是为了改进。

——[美]斯塔弗尔比姆

2020 年 6 月 30 日，中央全面深化改革委员会第十四次会议审议通过了《深化新时代教育评价改革总体方案》。会议指出，教育评价事关教育发展方向，要全面贯彻党的教育方针，坚持社会主义办学方向，落实立德树人根本任务，遵循教育规律，针对不同主体和不同学段、不同类型教育特点，改进结果评价，强化过程评价，探索增值评价，健全综合评价，着力破除唯分数、唯升学、唯文凭、唯论文、唯帽子的顽瘴痼疾，建立科学的、符合时代要求的教育评价制度和机制。

核心素养是学生个体在解决复杂的、不确定性的现实问题过程中表现出来的综合性品质，是学生个体在面对复杂的、不确定的现实情境时，能够综合运用特定学习方式下所体现出来的学科观念、思维方式和探究技能。

核心素养目标是否达成的评价宗旨应该考查学生是否能够将规律性的学科概念和知识构建为世界观、人生观和价值观在内的动力系统，在分析情境、提出问题、解决问题、交流结果的过程中能否表现出该学段应当具有的综合性品质。

因此，核心素养目标评价的基本形式应该突破传统纸笔测试的局限，创设整合性、情境化、不完整结构的任务。教师要根据教学目标和核心素养的要求，尽可能向学生呈现需要对相关的知识和技能进行整合才能完成的综合性的、现实性的任务。这样的情境化任务蕴含着大量的潜在线索和限制，有助于考查学生发现问题、辨析概念、建立关系和验证假设的能力。不完整结构问题的开放性，能够提供给学生展示他们分析和解决问题的思考过程和最终结果的机会。①

核心素养的发布，课程改革的发展，要求评价功能由甄别选拔走向激励发展，即提高学生素养水平、引导学科融合、促进全面发展。评价应将人的发展放在第一位，更加强调诊断、激励、改进，对教师的教和学生的学发挥导向作用。

评价内容必定走向多元化，既要重视学生的知识和技能，更要关注学生的复杂能力和情感发展。

一、单一学科分数与全面育人评价之间的矛盾管理

从当前学校教育的评价体系来看，常规的总结性评价多以分学科纸笔测试的形式来检验学生的学业发展水平。这样的评价方式便于量化，但确实存在着一些值得关注和亟待改进的问题，主要表现为考试目的功利化、题型设置标准化、命题内容知识化、呈现方式程式化、考试形式单一化、结果处理简单化。

就目标检测达成而言，纸笔测试能较为准确地考核"知识与技能"这个维

---

① 参见杨向东：《核心素养测评的十大要点》，载《人民教育》，2017(3)。

度，对"过程与方法"略有触及，对"情感态度与价值观"几乎难以再现，更无法考查核心素养所需求的综合性品质和能力，因此其评价的范畴必然不能满足促进学生全面发展的要求。就纸笔测试的结果呈现形式而言，单调的分数或等级带给教师、学生和家长的仅仅是一种表象的结果，而这种结果往往会对教育参与者树立正确的人才观、学习观带来负面影响，严重的还会走上"唯分数论"的歧途，更遑论促进学生全面发展了。

这一问题一直受到社会各界的广泛关注。在课程改革实践中，许多区域和学校都在进行综合评价实验改革，且取得了丰硕的成果，在推进核心素养培育的今天有着宝贵的借鉴价值。

应用表现性评价，提升学生综合素养

表现性评价是 20 世纪 80 年代中期以来，美国、英国等西方国家兴起的一场学生学业评价改革的运动。表现性评价旨在通过设计真实情境任务，通过观察记录、量表分析等多种形式评价他们运用所学知识解决真正问题的能力，以及学生在这个过程中表现出的情感、态度和价值观。这种评价方式强调过程评价和结果评价的统一性，既便于了解学生在完成任务过程中所表现的思维特点、行为、情感与心理过程，也有助于评定经过学习过程而取得的外显的学习"产品"。

成都市实验小学文苑分校通过课题研究，取得了以下经验。

（一）实施表现性评价的路径

1. 创设并实施表现性评价任务，对学生进行提升素养的引导和检测。

工作重点：紧扣学科核心素养和公民素养要求，创设表现性评价任务。

（1）每位教师认真研读新课标，结合自身教学经验，梳理本学科本年度学生核心素养，撰写成文，学校层面收集整理为《学科核心素养论文集》。

（2）每位教师根据自己任教学科，紧扣年段学科素养，设计一个表现性评价单一学科任务，精心设计核查表中的评价指标，借助指标传递本学科核心素养要求，借助核查表和课堂观察，对学生在完成任务过程中的各项素养进行评价。

（3）每位教师和年级组内其他学科教师协作，以本学科为主体，综合其他学科要求，设计一个表现性评价综合实践任务，精心设计评分细则/等级量表中的评价指标，借助指标传递学科核心素养和公民素养要求，借助评分细则/

等级量表和活动观察，对学生在完成任务过程中的情感、态度、方法、价值观等综合素养进行评价。

(4)每位教师要做好样本的资料留存工作，样本资料包括任务设计表、核查表或评分细则/等级量表及反思性教育叙事和典型案例分析。

2. 增设家长、学生为评价主体，综合提升教育对象的素养。

工作重点：增设评价主体，让评价角度更加多元，辐射学校教育力量。

(1)邀请家长、学生参与表现性任务评价，通过家长评学生、学生之间互评、学生自我评价的方式拓宽了评价视野，丰富了评价角度，让评价更加真实、有效。

(2)家长、学生在参与评价的过程中，知晓并熟悉评价标准。评价标准其实就是学校期望学生综合素养提升的目标。家长和学生通过任务表，能有意识地根据教师的期望，在综合实践活动中按照标准努力践行，有利于内化为学生自身的行动准则和自我的发展需求。

(二)应用表现性评价的成效

1. 通过表现性评价的研究与实施，让教师在掌握表现性评价的过程中有机会重新审视教学的意义和价值，脱离对分数和成绩的唯一追求，获得教学的成就感，树立正确的人才观、学生观，进而促进师生和谐，实现教学相长。

2. 表现性评价任务的设计和实施，给学生提供了运用所学知识于实践的机会，在完成任务的过程中唤起复杂的认知行为，促进了学生综合应用所学知识解决实际问题的能力，将学校的学习与其未来的生活联系起来，为学生的终身学习和发展奠定良好的基础。

3. 给学生表现自己能力的机会，让学生体验学习、做事的乐趣，提升其学习动力。当教师以作品集、逸事记录、展览、报告等表现性评定的形式汇集学生成长点滴的时候，就为学生创造了一种积极的学习氛围和积极的自我形象，有助于其增强自信心，增加对学习的兴趣，从而进一步提升运用所学知识解决实际问题的能力。

4. 充分发挥了表现性评价积极导向作用，评价主体的多元化让教师对学生的素养要求和家长、学生无缝连接，实现了对家庭教育的有针对性的指导，熔铸了家校教育合力。而表现性评价综合实践任务活动的地域以学校所处社区为主，师生的活动对社区居民也有潜移默化的教育工作，通过教育力量的辐射作用，努力打破环境因素对学生发展负面影响的瓶颈，促进学生综合素养的提升。

5. 表现性评价结果的记录，让课堂内外的探究活动的实效以等级量化的形式予以记录，有一定的持续性，让学生明确自己应该努力的方向，促进学生自主发展。

二、多维度评价改革与教师工作量之间的矛盾管理

多维度的评价改革势在必行。随着评价方式和评价结果的多样化、评价主体的多元化、评价时段的连续化，评价工作贯穿教师教育教学活动的方方面面，而这必然会增加教师的工作量。

能不能给老师减减负

这不，有着二十多年教龄的王老师来到校长办公室诉苦了："校长你看，我们学校的评价改革给大家新增了好多任务哦。课堂上要进行即时评价记录和分析，课后还有学生一日常规表现的记录和分析，每个学月要在每个学生的《学生成长记录册》中增加学生表现性评价的优秀作业和常规表现的评价，期末不仅要进行学科成绩的考评和分析，还要组织学生、家长进行综合素养评价的自评、互评，撰写有建设性意见的学期评语。我们也清楚评价改革有必要实施，我们也很高兴在实践中看到了学生实实在在的变化，知道它对于学生综合素养的提高的确有帮助。不过这样的改革是不是给学生减负了，反而给老师增加负担了呢？"

"王老师，你反映的问题很真实，也很及时。我们在改革之初也有这样的担心，但又势在必行，所以在实验过程中我们也在不断调研、反思。针对大家现在面临的工作量增加的问题，课题组的老师们正在将收集的一线资料和老师们已经取得的宝贵经验进行梳理汇总，编制相对规范的表格和任务书让大家的记录不再零碎繁杂，尽量做到操作上的简便。我们将有个大动作，那就是和相关专业信息技术公司合作，秉承'教育家＋工程师'的理念，建立一套基于新技术的电子评价体系，让大家的工作更加简便、高效。你看，这样的减负措施怎么样？"校长耐心地为王老师解说着课题改革的思路和方法，赢得了王老师的理解和赞同，表示将马上把这个消息告知其他教师，协

助学校管理者做好解释和鼓励工作，让大家一起坚持改革并在改革中找到新办法、新路子。

其实案例中王老师提出的意见表面上是工作量增加的问题，实则是在以前的教育教学中将"评价"简化为期末成绩考核的陈旧观念造成的。聚焦核心素养的学生评价必然是立体的、综合的、持续的，应该贯穿教师教学工作和学生学习生活的始终。这不仅需要不断更新教师理念，更需要在数据时代依托新技术，让立体、综合、即时的评价成为可能。

为每一个孩子提供最适合的发展性评价①

每学期体检后，成都市泡桐树小学五年级二班施同学回家的第一件事情，就是打开"学生评价网"，首先看看自己的身高体重指数与正常水平之间是否有差异。她还会仔细查看根据体检结果自动生成的"运动小处方"，她说："这可是根据我们每个学生的肺活量、视力等22个项目而私人定制的呢！"

从2006年起，泡桐树小学依托信息化建设上的优势，在实践探索中形成了全面呈现学生的发展状况和成长历程，无缝连接师生、家长的网络空间——"学生评价网"。在这个动态的成长平台上，泡桐树小学从原先过度倚重学科知识成绩，开始转向全面评价学生综合素质和个性特长发展。

"学生评价网"的另一个明显优势是及时和个性化，它能够及时分析学生综合指标，进而实现自动生成。这样，每一个学生都能像施同学那样乐享"私人定制"。

2013年，该校《基于网络平台的小学生发展性评价实践研究》获得四川省第五届普教教学成果一等奖。时任泡桐树小学校长的陈杰说，未来教育应关注内容与技术整合的效果，更彰显人本身的价值，让科技的"基因"长出现代思想的"翅膀"。学校将进一步整合不同网络平台的评价项目，让"学生评价网"的数据更加立体、综合，让核心素养的评价科学、直观地呈现给学生、家长、教师。同时学校将大力开展技术创新，让数据的录入、结果的呈现、建议的生成等在操作层面更加简化、便利，让教师、学生、家长更加乐于参与和使用。

---

① 苏福根：《基于教育信息化创新的智慧教育探索之路——访成都市泡桐树小学书记、校长陈杰》，载《中国教育信息化》，2014(12)。

三、评价改革需求与现行升学制度之间的矛盾管理

中考都不看的"分"

"校长，我班有个孩子书面测检成绩不错，但是按照学校的综合评价体系仅仅达到中等，家长很不满，认为这样很打击孩子的学习信心。而且家长还说，反正中考升学也只看学科考试成绩，你们学校搞的这套学分评价人家认不认，对中考有没有帮助？反正学校的生源素质都不错，为什么老师就不能把综合素养都评为'优'呢？我和他解释沟通了半天都没有达成共识。既然家长不认可，中考也的确不'考'，那我们为什么要费那么大的精力去做呢？"一位青年教师来到校长办公室，诉说着自己的苦恼和疑惑。

校长耐心地回答说："开学家长学校的第一课，我们就学校的综合评价改革体系向家长进行了详尽的解读，也与家长们进行了充分的沟通。学校通过云平台建立学分评价体系和过程评价体系是从培养学生综合能力，促进学生全面发展出发，对学生实施学分管理，同时进行全程的、多维度的评价，保障教与学的质量。云平台提供便捷评价学生成长的一系列工具，肯定成绩，指出问题，让老师能关注到更多的学生，记录他们的进步与变化，帮助学生成长，保障他们全面发展。综合评价并非只有期末书面检测成绩一个指标，还包括日常课堂、德育常规、社团活动、游学课程等多方面的考评。这些数据都是由教师即时录入考评系统的，是学生每一堂课、每一次学习任务、每一天常规表现等的过程性记录和综合性考评。这样也可以引导家长不仅要关注孩子的期末学科书面检测成绩，还能随时了解孩子成长中的过程性评价。从面向全校学生和家长调研的情况来看，绝大多数家长对学校的评价改革是支持和肯定的。你反映的情况应该不是普遍现象。只要是对的，对孩子成长有利的事，再困难我们也要坚持做。希望你能坚持好每周对每个学生的综合评价进行追踪、分析，发现问题后及时和家长联系沟通，争取赢得家长的理解。当然，如果这位家长还有意见，你也可以请他到学校来，我来做做他的思想工作。"

案例中虽然反映的是个别家长对教育评价改革的不理解，背后折射的却是当前许多家长思想观念深处的功利主义，这与新时代育人目标是相悖的，但又不是轻易就可以改变的，需要做长期的家长工作，需要帮助家长在现实成效中

看到孩子的改变，尝到改革的"甜头"。只有这样家长才能发自内心地认可，慢慢地转变观念。校长把学校的改革理念与青年教师详尽解说，更是主动承担责任，表示愿意帮助他做好家长的沟通解释工作。这样的处理方式既能消解青年教师受到家长质疑后的焦虑，更能帮助他坚持正确的教育理念，坚定教育实践的信心。

的确，评价改革是学校教育教学改革最难啃的"硬骨头"，面临的矛盾和问题最多、最难，还有好多是学校层面无法解决的，因此聚焦核心素养下的综合评价改革更需要学校管理者引导教师转变观念，提升以下几方面的能力。

一是提升数据收集能力。注重在日常教学活动中根据数据报告导向，适时收集整理数据及与数据有关的材料，提高评价的可信度；利用信息技术，努力实现即时记录、过程采集、数据分析，提高操作性。

二是提升建设性反馈能力。要发挥评价的诊断作用，需要提升教师提供与评价相关的建设性反馈的能力，如教师撰写评语的能力。评语既要报告学生的学业表现，又要描绘学生在分数以外各种综合素质的发展状况，不仅要在全面性、激励性和个性化上有所改进，还要避免浮夸和空洞，应该描述学生的具体进步。

三是提升评价设计能力。教师的工作是帮助学生学习。通过提升评价题目、指标、实施方法的设计能力，实现在评价过程中与学生和家长分享教师期待学生从任务中学到什么，在完成任务的过程中学习什么，以及在完成任务后他们应该达到什么程度，帮助学生成为独立自主的学习者。

四是提升家校协作能力。随着转型时期家校新关系的建立，教师应该依托评价项目，在家庭教育指导方面进行家校互动的探索与实践。评价更多会在班级层面打开家教指导的新局面，能够对该家庭本身的教育指导发挥良好的辅助作用。

评价改革任重道远，需要每一位教育工作者以全体学生的全面发展和个人潜能的充分展现为终极目标，使每个学生都能自信而成功地学习和成长，如此才能让核心素养在学校学习生活中从"名词"变为"行动"，让我们培养的学生在未来竞争中立于不败之地。

第七章　时间管理——工作效率提高的保证

时间就是生命，时间就是速度，时间就是力量。

——郭沫若

查第格①

在法国著名思想家伏尔泰的小说《查第格》中，有一个很有哲理意味的故事：古代巴比伦人平定了一场叛乱后，决定要推举一个智勇双全的人出来担任国王。条件是非常严格的，先要经过激烈的比武竞赛，获胜者再解答祭司所出的谜语，解答不出的则被取消资格。结果一个叫查第格的人比武获胜了，大祭司给他出了这么一个奇怪的谜语："世界上哪样东西是最长的又是最短的，最快的又是最慢的，最能分割的又是最广大的，最不受重视又是最令人惋惜的；没有它，什么事情都做不成；它使一切渺小的东西归于消灭，使一切伟大的东西生命不止。"查第格答道："最长的莫过于时间，因为它无穷无尽；最短的也莫过于时间，因为它让所有的计划都来不及完成；对于等待的人来说时间是最慢的；对于作乐的人来说时间是最快的；它可以扩展到无穷大，也可以分割到无穷小；当时谁都不加重视，过后谁又都表示惋惜；没有它什么事情都做不成；不值得后世纪念的，它使人忘记；伟大的，它使他们永垂不朽。"

故事告诉我们时间的重要性，时间管理的重要性。珍惜时间，合理利用时间，个体不再因虚度光阴而悔恨；珍惜时间，做好时间管理，是一个学校管理

---

①　参见周英：《卓有成效的时间管理》，载《今日湖北(理论版)》，2007(5)。

者管理能力的体现；珍惜时间，高效管理时间，是实现学校可持续发展的保证。

第一节 时间与时间管理

时间是最紧俏的资本，如果人们连时间都不会管理，何谈会管理其他。

——[英]彼得·德鲁克

一、时间

时间的本意，在我国原指四季更替或太阳在黄道上的位置轮回，《说文解字》曰："时，四时也"；《管子·山权数》云："时者，所以记岁也"。随着对时间的认识不断深入，时间的内涵也在不断丰富，囊括了一切有形与无形的运动。由于中国古人研究的问题基本都是宏观的、粗犷的、慢节奏的，所以只重视了"时"的问题。后来因为研究快速的、瞬时性的对象的需要，便补充进了"间"的概念。于是，时间便涵盖了运动过程的连续状态和瞬时状态。《现代汉语词典（第七版）》中这样解释"时间"："名词。1. 物质运动中的一种存在方式，由过去、现在、将来构成的连绵不断的系统。是物质的运动、变化的持续性、顺序性的表现。2. 有起点和终点的一段时间。3. 时间里的某一点。"

陶渊明诗云："盛年不重来，一日难再晨。及时当勉励，岁月不待人。"哲学家苏格拉底指出："当许多人在一条路上徘徊不前时，他们不得不让开一条大路，让那珍惜时间的人赶到他们的前面去。"1930 年，胡适先生在一次毕业典礼上进行演讲，向毕业生们提出忠告："珍惜时间，不要抛弃学问。"也有研究认为，时间有四项独特性：一是供给毫无弹性，二是无法蓄积，三是无法取代，四是无法失而复得。[①]

二、时间管理

现代管理学极其重视时间管理，认为时间是珍贵而有限的资源，是对每个

---

① 张道深：《中学校长自我时间管理研究》，福州，福建师范大学硕士学位论文，2010。

人都公平的资源。人的一生有两个最大的财富，那就是才华和时间。如果时间一天天过去了，而我们的才华没有增加，那就是虚度了光阴。所以，我们必须节省时间，有效率地使用时间。时间对每个人都是公平的，虽然人的一生有长有短，但每个人每时每刻都拥有等量的时间。在等量的时间中如何合理分配时间、利用时间，达到更高的效率，是时间管理能力的体现。

对时间管理的概念，专家学者在表述时各有侧重。李来宏说，时间管理就是指在同样的时间消耗下，为提高时间的利用率和有效性而进行的一系列控制工作。或者说，时间管理就是克服时间浪费，为时间的消耗而设计的一种系统程序，并选择一切可以利用的科学方法及手段，以使结果向预期目标尽量靠拢。[①] 朱帅认为，时间管理是指以效率、效果、效能为目的，在工作、生活中有目的地利用时间管理规则和技巧，合理有效地利用可以支配时间，通过计划保证各项事务完成的一系列管理活动。[②] 时间管理的研究随着管理学、行为学、心理学的发展而逐步深入。管理学认为，为了提高时间的利用效率和有效性，就必须对时间进行合理规划、有效安排和科学运用。经过几代管理学家、行为学家和心理学家的努力，时间管理学已发展成为一门学科，《时间管理》《企业家时间管理法》《时间管理学》等国内外相关专著陆续出版。史蒂芬·柯维（Stephen Covey）把时间管理学的研究分为四代。张惠平主编的《时间管理学》中也谈道，每一代都是以前一代为基础，逐步地发展、完善，且越来越科学。第一代时间管理理论着重利用便条和备忘录，在忙碌中调整分配时间和精力。第二代时间管理理论强调行事历和日程表，反映时间管理已经注意到规划未来的重要性。第三代时间管理理论是将目标与计划置于价值观之上。从某方面来看，第三代时间管理法在提高效率上的确贡献较多，在行事规划，制定优先顺序，澄清时间管理倾向的相关研究价值，设定目标等方面都有了一定的进步。但是，人们接着又发现以效率为主旨的第三代时间管理理论不能满足寻求事业、家庭与社会生活平衡的需要。于是，第四代时间管理理论强调"最重要的事"是价值观与目标的综合。目前正在流行的讲求优先顺序、以效率为主旨的时间管理学，就是依据轻重缓急设定短中长期目标，逐步制订实现目标的计

---

① 参见李来宏：《时间管理知识全集》，4页，北京，金城出版社，2007。
② 参见朱帅：《如何进行时间管理》，6页，北京，北京大学出版社，2004。

划，将有限的时间精力加以分配，争取最高效率。第四代时间管理理论的关键不仅限于时间管理而更在于个人管理，是以原则为重点，配合个人对使命的认知，兼顾重要性与紧迫性。[①] 就在第四代时间管理理论当道之时，第五代时间管理已悄然出炉。2006 年我国学者周坤首次提出了第五代时间管理理论。他认为，过去的时间管理方法过多地强调了单位时间里的工作效率，致使人们总是忙忙碌碌，一直无法理解努力工作和快乐生活之间的关系，导致企业各级员工的生活质量不高。第五代时间管理理论强调既要有人生规划，又要使个体的人生规划和整个社会的发展以及个体的社会公德心融为一体，相辅相成，让个人的利益和要求得到满足。[②]

三、学校管理者的时间管理

在学校管理中，时间是一种特殊元素和特别资源，存在于学校管理活动的全过程。时间上的规划是与学校工作安排一致的，时间的有效利用直接决定学校工作的有效性。作为学校管理者，一定要重视和加强对时间的管理。课程改革以来，校长的角色不单单是学校的法人代表，而是趋于多元化和复杂化，如学校行政事务管理者、教育家、学科带头人、学校形象代言人、社会工作者等。他们需要在学校行政管理、教育教学管理、教师队伍建设、学校对外宣传、社会公共事务等方面投入大量的时间和精力。很多学校管理者每天事务繁忙，有时却收效甚微，以致身心交瘁。如何提高工作效率？如何在有限的时间内取得最大的工作效益？如何恰当地把握工作与生活的关系，做到愉快地工作、幸福地生活呢？基于这些思考，学校管理者的时间管理实践研究成为当务之急。

有效的时间管理是学校管理者正确的时间价值观在现实管理中的实践表达，它是学校管理者对学校发展领导力的具体体现，也是促进学校适时适度科学发展的有力保障。从横向角度来看，学校管理者的时间管理包括两个方面：一是对自身的时间管理，二是对他人的时间管理。对自身的时间管理包括

---

① 参见孙洪钢：《初中生时间管理的现状研究——以青岛 W 中学为例》，曲阜，曲阜师范大学硕士学位论文，2017。

② 参见张晓婷：《中学校长时间管理研究》，天津，天津师范大学硕士学位论文，2012。

正常工作时间的管理和工作之余的时间管理；对他人的时间管理包括对校内外相关人员的时间管理。从纵向角度来看，学校管理者不仅要管理好在任期间学校的时间，还要高瞻远瞩，对学校未来发展进行中长期战略规划，做好长远规划中的时间管理。简言之，学校管理者的时间管理就是指管理者为提高时间利用率和有效性，以自身的时间和他人的时间为管理对象，对时间进行合理而有效的规划安排、躬身实践、全程监控和反思评估的活动，其目的是有效提升学校管理者的时间利用率，切实提高整个学校工作效能，推动学校的高质量发展。

第二节　自身工作效率提高的矛盾管理

时间就像海绵里的水，只要愿挤，总还是有的。

——鲁迅

忙碌的张校长

张校长是某学校新任校长。他整天忙得团团转，每天"两眼一睁，忙到熄灯"，简直成了"大办事员""会议专业户"，甚至成了"消防队长"。参加各种会议，管理教师的教育教学工作和生活，处理学生的学习问题，接待上级领导、家长或社会人士的来访等，每天有许许多多的临时性事务需要处理，有时一个家长来访也要耽搁半天时间。一段时间后，张校长感觉压力很大，整个人特别疲惫，觉得自己虽然从早忙到晚，却并不知道自己在干些什么，到头来有一些重要的工作或者应该在某个时段完成的工作没有完成，且影响了下一步工作的开展。张校长总觉得自己一直被工作追着跑，很拼命地去做，结果总是白忙一场，没有什么成果。

案例中忙碌的张校长要反思自己在管理工作中是不是权力过于集中、政令不通，是不是下属职责不明、内耗扯皮，更重要的是要反思自身在时间管理上是否出了问题，如工作目标是否明确，工作安排是否有计划性，是否有轻重缓急、先后顺序，是否合理规划了自己的时间，等等。

那么，学校管理者在工作中怎样才能做好时间管理，提高自身工作效率呢？

一、高瞻远瞩，有效拟定时间上的规划

"凡事预则立，不预则废。"乔尔·罗斯(Joel Ross)指出，没有发展规划就好像没有舵的航船一样只会在原地转圈，又好像流浪汉一样无家可归。时间规划能力是时间管理能力中十分重要的元素。学校管理者的时间规划能力是什么呢？杨雪梅认为："校长时间规划能力，是指校长明确学校发展目标、制订相应的工作计划，分轻重缓急安排工作任务、合理分配自己时间的能力。"[①]校长作为学校的核心管理者，其个人成长发展与学校的发展是息息相关的，个人成长速度快，会带动学校整体的高速发展，所以，校长要目光长远，根据学校和个人发展需求，重视时间管理。学校管理者可遵循以下几个步骤，拟定出有效的计划安排。

(一)确定学校和个人发展目标

学校管理者在开展一项工作之前，需要先厘清如下问题：我工作的目标是什么？我现在的工作必须做出哪些改变？要从哪个地方开始？我应该注意哪些事情，才能避免影响目标达成？有哪些可用的工具与资源？这个目标对我的工作会有什么样的影响？当我们厘清了所有的问题后，再开始工作，就可避免重复作业，并能减少错误。

学校管理者根据国家和区域教育发展规划要求、学校和个人未来发展需求，确定学校和个人发展的长期目标和短期目标。长期目标包括学校管理者在任期间的目标和未来发展的目标，至少要确定学校3～5年的发展目标。在这3～5年内，要将学校发展成具有什么特色的品牌学校，学校管理者本人要成长为哪种类型的优秀学校管理者，学校管理者心中一定要有数。短期目标是在长期目标下规划每一学年、每一学期的目标，甚至每个月、每周、每天学校要达到的目标。

(二)寻找完成目标的途径

有了发展目标，学校管理者就要结合目标，寻找到完成目标的各种途径。可从学校课程建设、教师队伍建设、学生全面发展、学校战略管理、教育科

---

① 杨雪梅：《校长时间管理：质量与效率的维生素》，23页，重庆，重庆大学出版社，2006。

研、校园文化建设等多方面去寻求发展途径，并从中挑选出最佳途径。

(三)制订完成目标的发展规划并有效实施

学校管理者根据学校3～5年发展目标，借助找到的最佳途径，明确拟定出学校发展要采取的措施，预想达到的成果，制订出短期的工作计划和长期的发展规划。短到每天、每周、每月；长到半年、一年，甚至三年、五年。短期的工作计划涉及学校的日常课程教学、师生管理、教学资源管理等，长期的发展规划涉及学校的发展战略、教师队伍的培养以及学校的文化建设等。

王校长的时间规划管理①

王校长是某九年一贯制学校校长。从2009年建校起，为了有效管理学校，推动学校的高速发展，他始终注重学校时间规划管理。他按照学校发展中时间的长短将时间管理分为以下几种类型。

一是长期战略管理，即以3～5年为单位的时间管理。

任何一位校长接手某所学校管理工作，最重要的工作就是明确学校未来发展的方向，合理制订学校3～5年的发展规划，形成学校长期战略计划。有了明确的长期战略计划，学校管理工作才有目标、有重点。方向明确了就不会走弯路，就会减少资源和时间的浪费。2009年8月，王校长初到学校任职，就进行了充分的调查研究，起草了"学校五年发展规划"，并邀请上级领导和高校专家等对发展规划进行审核并提出修改意见和建议，认真修改后，再由全校教职工代表大会讨论通过后实施。2014年，95%以上的发展目标得以顺利实现，学校得到迅猛发展，在当地百姓心中树立了良好形象，一跃成为全区优质品牌学校。

二是中期目标管理，即以年、学期为单位的时间管理。

有了长远的战略规划，还要有每年和每学期的计划，将长期的战略目标具体化。校长在制订五年发展规划时，每年要达到什么目标，肯定是有层次性、连续性、针对性的。而一年固定有两个学期，每学期有20周左右。每学期初、学期中、学期末做什么，都是比较明确的，呈现学校管理鲜明的规律性。王校长在制订学年或学期计划时，甚至具体到每一周做什么工作。比如，学校每年8月27日至29日开展全校教师全员集中培训活动，9月1日下午是开学典

---

① 参见成彦明：《校长如何成为时间管理的高手?》，载《中小学管理》，2007(12)。

礼，9月18日当周举办"牢记历史，不忘国耻"纪念活动，11月初举行学校运动会，12月底举行"迎新年联欢会"，3月5日（学雷锋纪念日）当月定为"文明礼貌月"，4月23日（世界读书日）当周举行"读书节"，5月4日（"五四"青年节）开展共青团活动，6月1日（国际儿童节）前两三天举行"艺术节"，端午节前举行"中华经典"系列活动等。王校长在年度或学期计划中将各种可以利用的纪念日或节日按时间先后分别列成一个个目标，设计一系列具体活动融入常规学校管理工作中，形成具有学校特色的重大主题活动，然后再把这些重大的活动排出序时进度，并将责任分解到各管理部门，落实到部门负责人头上。时间管理的基本原则是要事第一，在大目标下对要事进行具体分解与安排。

三是短期任务管理，即以月、周为单位的时间管理。

短期任务管理就是把工作中的目标管理调整为更加具体的一个个任务，这些任务更加细化，每个月或每周集中解决哪些问题、完成哪些任务都是明确的。王校长每周一上午的学校行政办公会是固定不变的，即使本人不在学校，也由副校长主持召开，全体行政人员总结上周工作，安排落实本周的工作任务。间周一次的下午1点到2点召开全校教职工大会，让全校教职工都知道学校的工作、自己需要承担的具体任务及完成任务的时间节点等。

四是临时效率管理，即以日、时为单位的时间管理。

临时效率管理把学校管理时间更加细微化，精细落实到每天，甚至每小时。王校长做到效率管理，方法策略众多，归纳后主要有如下几点。

（1）做事有条不紊，不杂乱无章。他每天睡觉前对当日工作进行梳理记录，罗列出第二天要完成的4～6项比较重要的工作，按照轻重缓急程度依次排序，保障第二天的工作高效完成。此外，他的办公桌上，各种通知文件和书籍摆放有序，处理完成的文件会让办公室干事于每周五清理归档。

（2）做事有始有终，不拖泥带水。校长处理每一项工作都有头有尾，不拖延，不留"死角"，不让自己陷入无穷无尽的事务旋涡中，浪费自己的时间和精力。

（3）做事思维灵活，不呆板僵硬。王校长每天都要处理很多工作，所以养成了快速灵活转换思维、自由切换"频道"的本领。有效避免了工作中的僵硬化，提高了工作效率。

（4）善于用权授权，不大包大揽。校长每天要接待一些临时来访者，要懂得如何高效处理这些来访者，不需要自己出面的可以交给其他行政人员解决，必须自己处理的再出面，能当场给予答复的要当场给予答复，及时结束无效的对话。

（5）善于集中处理，不零散乱做。王校长把财务签字报销类的常规事情安排在每周一和周三下午，这样就可以避免重点工作时间被人打扰，节约个人工作时间。

（6）善于借助工具，不传统死板。王校长在学校管理工作中与时俱进，常常借助现代信息技术手段处理事务，经常研究各种有助于提高工作效率的App，并灵活运用于工作中，大大提高了管理效率。

二、善于授权，有效控制时间上的分割

善于授权是学校管理机制高效的体现，更是学校管理者办学智慧的体现。授权意味着组织的权力不是集中在某个学校管理者手中，而是分散于组织的各个成员中。面对教育教学、课程管理、行政事务等头绪众多的复杂局面，即使是一个智慧超群的学校管理者，也不能事必躬亲，包揽一切。学校管理者应该培养好管理团队，身具知人善任的本领，给予团队成员以重任、信任，如此才能真正达到"1＋1＞2"的效果。

授权就是学校管理者在管理中安排任务给具体的人员，给予其相应的完成任务的权力，并通过各种有效措施督促其完成任务。学校并非属于管理者一人，全体师生员工都是学校的主人。学校管理者要充分了解团队成员的特点，根据个人性格特点、行事风格委派工作，发挥各人所长，从而使自己从繁杂的事务中抽身而出，去从事更重要的工作。例如，对待学生管理工作校长不必事无巨细。我们不能否认学生工作在学校整体工作中的重要性，有关学生工作的指导思想可由校长提出适当的建议，但是，具体操作措施可在学校德育部门统管下，由小学的少先队大队部、中学的共青团组织以及各个班主任具体负责进行，这样既能减轻校长自身负担又能做到分工合作。

其实，在具体工作中，学校管理者可以授权的工作很多。例如，①例行的事务性工作。包括课间操的组织、食堂的卫生检查等。这些重复性的工作会占用大部分时间，应该授权给别人去做。②教学工作。学校管理者要懂得教学，

要了解课堂教学，围绕教学的中心开展其他工作是正确的，但并非亲自上课越多越好。因为评价学校管理者的标准不只是上一堂好课，更重要的是管理好一所学校。学校管理者可以成为优秀的教学领导者，打造一支优秀的教师队伍。③收集资料工作。一些科研课题的文献资料、解决某个问题所需的资料等的收集工作可以交给相关人员。

三、躬身实践，有效落实时间上的安排

有了明确的时间规划，学校管理者就要身体力行，躬身实践，努力成为时间管理的自觉行动者，能够在自觉的时间管理行动中有方向而不盲目，能够在管理时间的过程中发现生命的意义与价值。下面介绍几种最常见的时间管理方法。

(一)工作完成时间记录法

学校管理者可根据短期计划，在纸质笔记本、手机、电脑等工具上罗列出近期需要做的事件，按照需要完成的时间节点排列好先后顺序，以免漏掉某件事，或者拖延完成某件事，影响目标的达成度。常用的时间管理工具有两类，各自具有不同的特点(见表7-1)。

表 7-1 常用时间管理工具

类别		特征
第一类	纸笔类（记事本、便签、日历牌、记事贴、管理看板等）	传统：笔随脑动，符合一般思维习惯、书写习惯 便捷：操作简单，笔和纸可以随时拿到。可以在一般的本子上做时间管理，也可以购买已经设计好的时间管理本子，还可以自己制作 Excel 表格，自己打印出来做时间管理 易用：纸笔书写比较自由，随时随地可用。相比电子产品的复杂操作，写字更为简单、及时 廉价：成本低，可以随处找到或购买
第二类	电子产品（手机、智能手环、电脑等）	方便：便于携带，易于修改，便于存储，可用于短、中、长期的时间管理 灵活：可以有效利用碎片时间进行操作，可以用不同的视图查看任务，可以随时修改信息 功能强大：可以根据需求选择恰当的时间管理软件，提高时间管理效率，从而间接达到"增加时间"的目的

学校管理者可以根据个人的条件，从中挑选适合的工具来进行记录，写明工作要完成的日期。养成良好的记录习惯，完成一项工作后就删去一项工作，如此便不会漏掉工作，也不会延期完成。

(二)"二八"时间管理法

这种时间管理法是根据帕累托法则(也叫"二八定律")来管理时间的方法。意大利经济学家帕累托(Vilfredo Pareto)认为，在任何一组东西中，最重要的东西往往只占其中一小部分，约20%；其余80%尽管是多数，却是次要的，因此又称二八定律。对于学校管理者来说，管理事务活动中，最重要、最有价值的事务只占约20%，所以学校管理者要找出哪些事情是最重要的、最有价值的，然后把80%的时间和精力投入其中，就会以最有效的方法、在最短时间内取得最大的价值。学校管理者在确定这20%的事时要注意以下十字要诀："要事第一，核心环节第一"。如校长作为学校管理的核心，定位要高，眼光要远，一定要结合学校未来发展，脑中清楚什么事是最重要的，完成什么任务对学校最有价值。对剩余的80%的事，即次要的事情要毅然"断舍离"。这样，对节约个人时间、提高自身工作效率都有好处。

(三)四象限坐标分类法

四象限坐标分类法是与"二八"时间管理法较为相似但界定更加清晰的一种时间管理方法。它是根据美国时间管理专家柯维提出的四象限法则，再根据工作的轻重缓急，合理分配时间，保障重点工作优先完成的一种时间管理分类排序办法。A是指重要而紧急的事，B是指重要而不紧急的事，C是指紧急而不重要的事，D是指不重要也不紧急的事。这四类事件构成了一个时间管理矩阵或者四个象限。如图7-1所示。[①]

在这四类事情中，要事优先是一个基本原则。学校工作千头万绪，学校管理者若是平均用力于每一件事，往往很多事都做不好。工作中要有所为，有所不为；有所先为，亦有所后为。学校管理者要把最重要、最紧急的工作放在第一时间处理，按照工作的重要性程度确立先后次序，再给各项任务分配时间。正确的事要做，不正确的事坚决不做；重要的事先做，不重要的事后做。

---

① 参见杨雪梅：《校长时间管理：质量与效率的维生素》，71页，重庆，重庆大学出版社，2006。

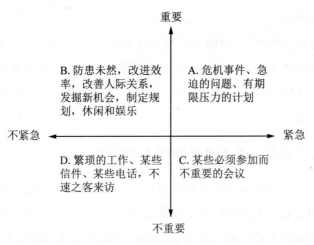

图 7-1　时间管理四象限

学校管理者主要的工作职责在 A、B 两类事情上，A 类事情我们可以事先做好规划，准备预防措施，做好紧急预案，并注意演练。当前很多学校都有紧急预案，如火灾预案、地震预案等，但要注意预案的可行性、简便性，要在实践中预演、排练。B 类事情最容易被我们忽略，因为它没有时限，而人有惰性，所以总是一拖再拖，可行的办法是人为地为这类事情加上期限。在 C、D 两类事情上如果花时间过多，那么学校管理者所做的事情就会离自己的目标会越来越远，这既不利于管理者本身能力的提升，也不利于学校的发展。

（四）信息统筹法

学校管理者如果无暇读书，不进行信息统筹，可能就会闭关自守、夜郎自大，就难以获得改进自己管理的动力。所以学校管理者需要做好学习时间管理，提升自己信息的获取、判断、指导实践的能力。如每天固定时间的读书、读报，了解新闻时事，尤其是国家的教育政策导向，掌握教学和管理的前沿信息，学习教育理论；每周坚持写工作周记，及时记录自己的学习和思考所得，厘清自己的思绪，明晰工作思路；每月学习先进学校的管理经验，拓宽办学视野，提升管理水平；每学期听几个专家报告，了解专家在思考什么，研究什么，最新的研究成果是什么，让自己的思想和专家的思想碰撞，激活自己的管理智慧；每年有课题研究，聚焦主题，寻求"点"的突破，总结提炼经验成果，产生辐射影响作用。

（五）挤海绵法

正如鲁迅先生所言："时间就像海绵里的水，只要愿挤，总还是有的。"学校管理者集中绝大部分时间完成了最重要的事，还可以充分利用零散的闲暇时间思考问题，可以在散步、健身等空闲时间，思考问题，厘清办事思路，以便工作时快捷实施。

四、全程监控，有效保障时间上的效率

时间监控就是对时间的监督和控制。对于学校管理者而言，时间监控能力就是能够采用合适的方式方法减少浪费时间的因素、克服不良的习惯、对时间的利用和消耗进行有效监管的能力。时间监控要求个体高度自觉、严格自律，能控制影响其时间规划的人和事，等等。学校管理者可以采取倒计时法、会议定时法、效率自测法等有效的方法对时间进行监控。

（一）倒计时法

在管理工作中，学校管理者有时会突然接到来自上级的许多通知文件，要求按时完成，并要求上交各种材料。规定完成的时间有长有短，有的一两天内完成，有的一周内完成，有的时间更长一些。有时突然会有领导来视导工作，或家长来访，或教师主动来交流等。事情一多，就会让人手忙脚乱，忘记一些工作的时间节点。这时候，运用倒计时法为自己提前设定完成的时间，严格按照时间节点去执行，克服自己"明天再做"的拖延习惯，就可以有效避免重要事情的耽搁，这对学校管理者自身工作效率的提高有极大的帮助。

（二）会议定时法

组织和参加会议是学校管理不可缺少的一环，却也是最可能浪费时间的一环。作为一名学校管理者，组织和参加各级各类会议是日常工作内容之一，上至教育局工作布置会，下至学校教职工代表大会、行政会、教师大会、学生大会、家长会等，这些占用了学校管理者许多时间。如果学校管理者没有时间观念，不珍惜时间，什么会议都参加，或组织会议时拖拉散漫，讲话随意，想到哪儿就讲到哪儿，这不仅是对学校管理者本人时间的浪费，也占用了全体参加会议人员的时间，甚至会在潜移默化中对师生员工产生消极影响，在校内形成一种不良的拖拉散漫风气。

学校管理者要从会议的时间管理和提高会议的效率入手，让自己从"文山会海"中解放出来。比如，精简会议，尽量避免各个部门分头召开会议，造成人、物、时间等资源的浪费，能合并的会议要合并，能不开的会议要取消；要明确会议制度，确定会议召集人、参加人、会议程序和会议纪律，让参会人员清楚地了解会议的性质、目的和要求；在组织召开会议时，要限定会议时间，准时开始，提倡开短会；会议报告要简明扼要，克服繁文缛节，讲话者认真"备会"，杜绝空话、套话；要明确会议目的，突出会议主题，将会议议程及相关材料事先分发给与会人员，便于他们的准备；要定时安排各类常规会议，避免影响师生员工正常工作、学习，等等。

特殊"散会铃"

某乡镇初中李校长在本校工作了二十多年，勤勤恳恳、认认真真，从一线教师逐步走上了教务主任、副校长之路，并于 2015 年 8 月被正式任命为该校校长。上一任校长为人刚愎自用，做事拖拉，喜欢通过开会的方式来体现领导的权威。他规定每周一上午 9 点召开行政会，下午 1 点召开教职员工例会。经常一开会就东拉西扯，半天说不到正事上，还常常占用中层干部和一线教师们的正常教学时间和下班时间。在任期间，学校中层和教师均怨声载道，多次提出改进意见，但前任校长从不落实到行动上，开会时依然我行我素，严重影响了学校的正常教学秩序，形成了校园内做事拖拉散漫的不良风气，导致学校教学质量下滑。李校长上任之后，深知时间的重要性，深受开会拖拉风气之害，在会议制度上进行了调整，每周开一次行政会，时间 9 点到 10 点半；两周开一次教职工大会，时间为下午 1 点到 2 点。他要求中层干部每次开会发言尽量精要，要提前在笔记本上写好发言要点，不要随意阐述发挥。他还专门安排了办公室干事毛老师在每次开会前设置好闹钟时间，会议规定时间内提前 10 分钟响一次，会议时间到时响一次。刚开始实施这一办法时，这一特殊的"散会铃"时常在会议中按时响起两次。李校长和中层干部逐步养成了要事精说的习惯，"散会铃"慢慢地只响一次，甚至有时一次也未响。教师们也习惯了在各学科教研组会、年级组会、班主任会、家长会等各种会议中定时的方法。这一方法极大提高了会议效率，逐步改变了学校做事拖拉散漫的不良风气。

从案例中我们看到，李校长本人深刻认识到会议拖拉，侵占时间的弊端，身体力行，通过切实有效的改革举措控制会议时间，不仅有效提高了自身的做事效率，也改变了全校教师的时间观念，提高了做事效率，提升了全校教师的办事水平。

(三)效率自测法

一位研究时间管理学人士的博客里面有这样一个公式："时间效益＝努力系数×成就感系数×重要性系数"。参照这个公式，我们提出学校管理者事务处理的效益计算方式：

效益＝重要性系数×认可系数×能力系数

有效益的效率＝效益×花费时间

在这个公式里面，重要性系数是相对于各校具体情况而言的；认可系数是上级领导(及舆论)的认可、校内师生的认可、学校管理者自己的认可的综合表现，实际上也是组织和他人对于自己工作支持的实际体现。当某一位学校管理者自我进行评价时，能力系数是指个人处理校内不同事务的能力，是自己和自己相比较；当他与众多学校管理者进行比较性评价时，能力系数是指各人处理各自校内同一事务的能力，是学校管理者与学校管理者之间的能力比较，学校管理者及其领导的团队与其他学校管理者及其领导团队之间的比较。因此，对于同一位学校管理者来说，不同的校内事务拥有不同的效益；对于一批学校管理者来说，不同的学校管理者处理同一件事务也会获得不同的效益。例如，学校管理者个人处理各项事务的效益如何、有效益的效率如何，大致可以使用下表进行自测(见表 7-2)。

表 7-2 学校管理者效率自测表

学校事务	每天花费时间(小时)	重要性系数	认可系数	能力系数	效益	有效益的效率
完善学校规划						
巡视校园						
批阅公文/票据						
接听电话						
接待访客						
阅读/写作						

学校事务	每天花费时间(小时)	重要性系数	认可系数	能力系数	效益	有效益的效率
会议						
上课/辅导						
听课/评课						
锻炼身体						
交通						
餐饮						
睡眠						
家务						

当然在实际工作中，很少有人会采用类似的方法去斤斤计较、仔细推算效益以及有效益的效率问题，我们可以将此表视作参考蓝本，采用模糊的方法大致推算时间使用情况。理性的学校管理者通常都会考虑到事务重要性、事务的被认可情况(包括个人态度、师生态度、上级认可、社会舆论等)以及自己的能力状况，对于管理中涉及师生的，还需要考虑师生的能力水平与现有状况。

从长远来看，学校管理者必须注重效益，而在一定的时间限定范围之内，则需要关注效率，要关注每天、每周、每月、每学期、每年度内有效益的效率，有比较、有选择，让花费出去的时间有价值。因为学校管理者每天可以支配的时间总量是有限的，所以对于各项事务，需要根据效益情况予以排序、取舍。如果一味地强调有效益的事情都要面面俱到，那么这样的学校管理者就会陷入事必躬亲却又效率低下的旋涡之中，长此以往必将心力交瘁，影响学校的长远发展。计算效益与效率并不是目的，据此为参考，选择合适的事务处理方式才是根本意图。

五、反思评估，有效提高时间管理上的能力

反思是学校管理者提高时间管理能力的重要手段之一，对时间管理的反思，是学校管理者对自身时间管理过程中理性评价的重要环节。学校管理者应该固定时间对自己的时间管理进行反思评估，长一点可以在一周工作结束后，短一点可

以在每天下班前或晚上睡觉前，像放电影一样回顾自己本周或今天的工作状态，对自己本周或今天的时间利用进行梳理与反思，检查自己的时间是否用在了刀刃上，哪些事情该做哪些事不该做，检查是否存在白白浪费时间、拖延了事等学校管理中的失误。学校管理者要秉承实事求是、知行合一的精神，做好自我批评，做到客观公正的自我评价，从自我反思与批评中提高自身的时间管理能力。

工作日志反思本

成都市某知名小学毛校长担任校长已二十余年，曾力挽狂澜，让两所小学从普通学校成长为优质学校，再由优质学校成长为品牌学校。她就有这样的习惯：①每天记录当天工作完成情况；②每周五审查本周工作完成情况；③每周五罗列下周工作。在反思中，她会找出哪些事情浪费了时间，没有价值，在安排下周工作时会将其从日程表中删去。比如，学校德育处召开的班主任交流例会，有德育主任主持活动时，校长去不去影响不大，下一次她就不再参加；一些校外的会议，不是明确非得一把手参加的会议，她一般都让分管校长参加。在反思中，她也会发现一些做得不够完善的地方。比如，一些重大的决策性的会议，由于提前与班子成员沟通不够，在会议中出现预想不到的问题甚至冲突，导致最终没能取得一致性的意见。长期坚持记录、反思、评价、改进，毛校长从中获益匪浅，不仅大大提高了学校管理工作效率，也使工作变得更加轻松愉悦。另外，学校师生和家长也给予了毛校长极高的评价。

从毛校长的身上，我们看到了她珍惜时间、善于利用时间和管理时间的美好品质，也看到了她勇于自我反思和自我批评的精神，这也正是她成长为品牌学校校长能力的展示和魅力的彰显。

第三节　他人工作效率提高的矛盾管理

一万年太久，只争朝夕。

——毛泽东

陀螺式教师

某中学一名语文教师兼任班主任，已参加工作十年，每天像陀螺一样忙着班级管理和语文教学中的各种事情。上语文课经常拖堂，占用学生的课间休息时间。放学后也常常主动留下给学习困难生进行免费补习，但收效甚微。学生们对她过度侵占时间的行为也颇有微词，却不敢当面指出。一遇到学校组织学生进行社会实践活动或艺体竞赛活动，她就反对，不积极组织学生参加，认为这些活动影响本班学生的学习。到学期末该班的各科成绩却非常不理想，成为年级中的倒数第一。学校领导找她谈话，她就说："我太累了，事情太多，每天忙得团团转，有时还不知道从哪一样做起。我们教师主要责任就是教学，根本没有时间和精力组织这样那样的课外活动。学生成绩差，是他们太笨，做事太懒散，干什么事都要延长时间，没有效率。他们的上课时间不够用。"当领导反问道："其他班的孩子都积极参加了各类活动，为什么他们的成绩反而比你们班的好呢？"她哑口无言。

从案例中我们看到，这位教师简单地认为只有多花时间"讲"和"学"才能提高成绩，当效果不理想时又将问题归咎于学生，没有从自身的教学习惯和学生的学习习惯去分析"教"与"学"效率低下的原因。这类教师的类似抱怨我们在学校内可能时有耳闻。其实教师和学生也有时间管理的问题。时间管理是指教师和学生以时间为管理对象，对时间进行有效规划、监控和评估的活动。教师和学生的时间包括教师和学生的工作时间、学习时间和闲暇时间。师生的工作、学习效率低下，其中一个重要的原因就是时间管理能力太差。

学校工作的良好开展，离不开学校管理者和师生的共同努力。要想做好学校的工作，学校管理者除了要针对自身在工作中存在的问题找出解决方法，还应该对学校中其他工作者，特别是师生群体的工作、学习效率的提高提出针对性的策略，同步提高。

一、转变师生时间管理观念

学校管理者要加强对师生时间管理的引导，要对师生进行专门的时间管理培训，培养师生时间运用的目标意识、计划意识和优先意识。

(一)变"忽视时间管理者"为"重视时间管理者"

教师的教育教学工作是非常烦琐的，需要扮演各种各样的角色。除了计划内的教育教学工作任务，教师还要面对许多不可预见的突发事件以及教育行政主管部门布置的临时性任务。随着任务的增多，工作时间自然会延长，工作的繁杂性也无须赘述。在实际工作中，因为工作效率的差异，不同教师的工作时间也存在着极大的差异。有关班主任工作负荷状况的调查研究发现，在市区学校中有 60％左右的班主任教师每天平均工作时间在 10 小时以上，只有 40％左右的班主任教师可以把一天的工作时间控制在 10 小时以内。所以，在快节奏的社会，教师要想在有限的时间里完成自己的工作目标，就要合理运用时间资源。如果每位教师都具有良好的时效观，其对时间的使用有明确合理的规划，就能使自己的工作效率得到大幅度的提升。

所以，学校管理者要引导师生认识到时间管理的必要性和重要性。通过身边无时间观念、做事拖沓、工作效率低下的案例来找出原因，让师生认识到忽视时间管理带来的弊端，由此引起对时间管理的重视。

(二)变"低效时间管理者"为"高效时间管理者"

要将师生由"低效时间管理者"变为"高效时间管理者"，学校管理者应该加强对师生进行时间管理技能的培训。教师平时需要参加的培训很多，但大部分都是关于教育教学方面的，关于时间管理的培训常常较少。所以，学校应该有意识地将时间管理学领域的知识加入培训内容中，让师生对时间管理有系统的了解。在培训内容上可以按照前面介绍到的关于学校管理者自身时间管理的方法来设置培训课程，即从师生的时间规划安排、躬身实践、全程监控和反思评估等方面来设置。每个方面均要介绍一系列可操作的、高效的时间管理方法与策略。培训形式尽量多元化，从而激发师生学习兴趣，可以邀请时间管理专家进行专题讲座；可以邀请时间管理能力较强的本校师生分享经验；可以组织师生对自己的工作时间安排进行记录，并聘请时间管理专家对师生进行过程性指导。

(三)变"被动时间管理者"为"主动时间管理者"

当师生从思想意识上重视了时间管理，从能力上提高了时间管理水平，就会改变以往浪费时间的被动局面，主动按照科学有效的时间管理方法和策略去实行。

二、建立人性化的时间管理制度

人性化的时间管理制度是指学校管理者在时间管理制度的制定中充分关注人文要素，尊重师生生命，以激发师生积极性为目的的管理制度。人性化时间管理制度的具体内容，包含对师生的尊重，帮助师生劳逸结合，促进师生身体健康，等等。

(一)服务与尊重师生需求的时间管理

王老师的烦恼

王老师大学毕业后到一所中学担任语文老师，同时兼任班主任。因为刚参加工作，教育教学经验不足，整天忙得团团转，而让他更烦恼的事还在后面，比如一连好几天找校长签字报销，见不到校长人影，一件事情要跑很多次才能办好；有时校长虽然在，但因为找他的人太多，排队等候时间也特别长；每周大大小小很多会议，无论有没有关联的人员都必须出席会议，而且会议时间长，相关人员听得不耐烦，无关人员听得直犯困；在教育教学事务上，要先给主任请示，再给分管校长汇报，但他们又没有决定权，最后还得亲自找校长才能"拍板"，来回折腾、疲惫不堪……

人性化时间管理要求学校管理者在工作中要了解师生时间，通过观察、谈话，深入了解不同师生对时间的不同需求，了解不同师生对不同科目的时间需求，了解不同师生工作、学习时间的分配特点，然后与师生共同协商对时间的分配和计划，满足师生对时间管理的需求，增强师生的时间效能，在物质上和精神上让师生真正拥有满足感和成就感，从而提高师生工作、学习的主动性和积极性。案例中的教师觉得不受管理者尊重、浪费时间，进而十分苦恼。所以，学校管理者的工作必须进行改进，实现服务师生、尊重师生需求的时间管理目的。比如，针对见不到校长人影的状况，可以设立专门"接待时间"。作为校长，会有很多上下级检查、社会团体访问参观、学生家长的来访以及师生请示汇报等工作。这也给校长带来很大的困扰，如果不定时间，校长不可能随时在办公室等着接待，来访者很可能跑空路；如果闭门不见，则显得没有礼貌，给来访者留下不好的印象；如果一一接见，则会花费相当多的时间和精力。美国学者阿兰·拉金(Alan Lakein)认为，每天安排一段专门的"接待时间"是解决此问题很有效的方法。所谓"接待时间"，就是别人可以在不经预约的情况下来拜访你的那段时间。[①] 这样来访者容易找到校长，快速完成相关事件；校长

---

① 参见[美]阿兰·拉金：《如何掌控自己的时间和生活》，刘祥亚译，132 页，北京，金城出版社，2005。

也能集中时间处理相关事件，避免时间的无用消耗。

（二）平衡师生工作、学习与休闲的时间管理

人的精力是有限的，就如一架机器，若长期超负荷运转，就会遭到破坏。不少师生工作、学习压力大，导致身体处于亚健康状态，既损害了身心健康，也降低了工作、学习效率。

所以，学校管理者要带头平衡工作、学习与休闲的时间，也要引导师生将工作、学习与休闲相结合，适当放松身心，给予恢复精神和体力的时间，使师生的工作、学习与生活达到最佳的平衡状态，从而提升幸福指数。教师身心愉悦，就能形成积极进取的正能量，从而提高工作效率。这样的良性循环充分彰显了时间管理的效能，提升了教师队伍的整体精神风貌。

李校长的闲暇时光

李校长在工作中总是精神饱满、激情飞扬，同事们戏称他仿佛每天跟"打了鸡血"似的不知疲倦，游刃有余地处理着各种繁杂的事务，有条不紊地逐步落实学校发展规划。这样的工作状态让同事们尤其是兄弟学校的校长们羡慕不已，纷纷请教窍门何在。李校长笑答："用挤海绵的精神，为自己赢得'耍'的时间当作奖励，身心舒展了自然就'满血'喽！"

生活在成都这座有名的休闲城市，李校长的"耍"也相当有水平。新的城市公园建成，他必将一访；众多的博物馆、美术馆有新展，他必将一赏；听闻有网红休闲摄影点，他必将一探……大家总是惊叹他工作那么忙，怎么聊到这些时尚的"耍法"也能侃侃而谈。窍门就是和工作计划一样，李校长把自己"耍"的时间也分解落实到每一天、每一周、每一月、每一学期，巧妙地平衡着工作、学习与休闲。

"每天锻炼一小时，健康工作50年，幸福生活一辈子"，李校长对这句名言笃行不辍。他每天早上都坚持花1小时的时间走路和做操，上班时自然神清气爽，精力充沛。每天中午休息时间，他喜欢挤出20分钟左右的时间，听几首歌曲，泡一壶香茗，翻一本杂志，享受宁静致远、淡定从容的舒适。

每周给自己留下至少半天时间全身心地放松休息。繁杂的工作和学习任务占据校长们的双休日已是常态，长此以往必将造成身心疲惫、工作效能低下。所以，李校长坚持每周都给自己留下半天的时间，全身心地放松自己，或约

上三五好友小聚，或奔赴近处网红小景点"打卡"，或漫步公园街头放松心情……不去思考与工作有关的任何事情。如此等精力恢复后再投入下一周的工作，效率就比较高，而且也不容易出现工作倦怠。

每月给自己留下一两天时间处理家务和增进亲情。李校长认为每个人除了工作之外，都有私事要处理，如朋友同学应酬、亲友交往、家人团聚等。每个月，他都有计划地安排时间与长辈、小孩团聚交流，重视亲情、友情的增进。家庭的温暖和睦是对心灵最好的抚慰，也能让自己更加深刻地理解责任担当，增加工作的信心和勇气。

每学期预留五天左右的时间和家人一起出行或旅游。每年寒假和暑假，李校长都要和家人到旅游胜地度假，享受亲情的温暖，感受自然的美好，了解有趣的风土人情，增长见闻，增进亲情，同时给自己一段时间游离于工作之外。跳出学校看学校，可以更加全面深刻地对学校的发展进行思考，触发办学灵感。

李校长的闲暇时光可谓多姿多彩、有声有色，有助于他拥有健康的体魄、愉悦的心情。"耍"得有水平的他"干"得更有水平，卓越的工作成效、优异的办学实绩，为他赢得了"优秀校长"的称号。

(三)关注符合师生身心健康的时间管理

学校管理者要以师生身心健康为根本，把师生的生命安全和身心健康放在首位。但在学校管理中，教师常常被增加非教育教学任务，休息时间被挤占，身心疲惫，苦不堪言；学生时间被占用的现象也较为常见，密不透风的课表，马不停蹄地赶课，毫无意料地被占课，铺天盖地的作业……这些都掠夺了学生自主安排的时间，侵占了学生发展的空间。师生不是"机器人"，师生工作、学习需要旺盛的体力、良好的心态。

首先，学校管理者要切实减轻教师的工作负担，合理安排教师日常教育教学的工作量，减少影响教育教学的检查、评比考核等工作及与学校无关的其他社会工作。学校每天给教师一定的室外活动时间，用于缓解长期脑力劳动产生的疲劳感，从而增强教师的身体素质。

其次，科学制订学生作息时间，严格执行合理的作息制度，切实减轻中小学生课业负担，保障中小学生身心健康。

2021 年 5 月，国务院教育督导委员会办公室印发了《关于组织责任督学进行"五项管理"督导的通知》，指出，加强中小学生作业、睡眠、手机、读物、体质管理(简称"五项管理")，关系学生健康成长、全面发展，是深入推进立德树人的重大举措。

而落实落地"五项管理"的突破口在时间管理。优化学生在校作息安排，促进在校时间结构性调整，提高时间利用效率，就能有效减轻学生负担，保证学生有充足的睡眠时间、体育锻炼的时间和阅读的时间。对学生在校时间进行整体结构性调整，不同的学校可根据学校的实际情况进行不同的尝试，比如有的学校可以增加午睡时间保证睡眠，有的学校可能会在零碎的时间上做整合，有的学校会深入推进教育教学改革，通过作业改革、课堂教学质量提升来保证其他管理在时间上的落实，总的方向都是如何促进学生健康成长、全面发展。同时，优化和协调时间管理，让"五项管理"真正落地要把握一个原则，那就是"张弛有度，主动留白"。时间管理中的"留白"不是什么都不做，而是让学生自主选择做什么，这就要求我们为学生提供丰富的可选择的空间。学生在这些可自由支配的时间里，学会如何平衡社团与学业，如何更好地将保障睡眠与锻炼、阅读、考试相结合。

最后，推进"五项管理"落地的突破口虽然是时间管理，但时间管理的根本还是自我管理。学生在广阔的自我发展空间里管理的不是时间，而是自己。无论何种管理，协调、整合都只是手段，而不断培养学生的自主学习能力、时间管理能力，促进学生自我教育、自我管理和自我完善，才是解决一系列教育难题的根本。[1]

---

[1]　朱华伟：《从时间管理入手推动"五项管理"落地》，载《人民教育》，2021(10)。

第八章　媒介素养——互联时代网络的管理

人类社会正孕育三种文盲：文字文化文盲、计算机文化文盲和视觉文化文盲，而后两种文盲是工业化社会，尤其是后工业化社会不断制造产生的。

——[美]阿尔文·托夫勒

互联网是人类的伟大发明，给人们带来了便利，创造了价值，提高了效率，提供了快乐。人们可以随心所欲地浏览资讯、快捷地收发邮件信息、与远在千里之外的人分享资源、坐在家里买卖商品等，不知不觉中，互联网络已经成为很多人生活的一部分。互联网也为教育领域带来了翻天覆地的变化，它突破了教与学的时空界限，实现了"时时可学习，处处可学习"。学生不再是传统意义上的"白纸"，学生和教师的界限被淡化。学生感兴趣的不再是纯粹的书本，而是带有教师个人特质与精神价值的知识。虚拟的学习与交往社区、无边界的多维交互为师生构建了新的网络社会，也为学习者带来了更多的外界干扰，促使学习者具备对信息进行筛选、评估、分析、整合等能力。这也成为教育领域一个全新的研究课题。

事物都具有两面性，互联网创新社会生活的同时，也带来了不少的社会问题。互联网的隐匿特性让部分人肆无忌惮地在网络上表达个人极端观点和发泄负面情绪；互联网的虚拟特性让网民利用虚假身份进行恶意交友、聊天，或通过网络传播病毒，通过网上银行和信用卡盗窃、诈骗等；手机等移动终端的便利特性，让"低头族"们无节制地玩游戏、看视频、发信息，过度沉迷于网络带来的自我满足感，远离了现实生活中的人际交往。因此，无论是学校管理者，还是教师、学生，作为新时代网民都要时刻绷紧网络安全建设这根弦。

第一节　网络安全建设的矛盾管理

网络安全为人民，网络安全靠人民，维护网络安全是全社会共同责任。

——习近平

一、网络传播与网络安全

(一)认识网络传播

截至 2021 年 6 月，我国网民规模达到 10.11 亿人，互联网普及率达到 71.6％。数字技术已经融入教育、医疗等社会交往和日常生活中。在网络这个虚拟的社会里，人们通过网络媒介彼此交流，开展集体讨论、网络社区活动，履行商业行为，做各类设计，找朋友，谈恋爱，玩游戏，创造和传播高雅文学、视觉艺术作品等，用语言或其他符号在电脑屏幕上呈现现实生活中发生的事情，网络信息的传播具有其独有的优势。简言之，网络传播具有如下特点。

1. 途径方便快捷

信息传播打破了时空限制。现在，以手机为代表的移动互联网媒介，让人们可以随时随地获取信息，即时分享自己的所见所闻、所思所感，对感兴趣的问题、热点问题可以实时搜索、答复。网民不受年龄、性别、国别、学业、职业等限制，都能在网络上各取所需，资源充分共享。

2. 过程双向互动

信息交流实现了时时对话。互联网改变了人们接收信息的被动性，移动设备的使用者同时也是信息的发布者。人们可以主动对信息进行搜索和查询，并对感兴趣的信息进行即时反馈，发布者本人和其他接受者都可以反复对信息进行回复。信息的传播和接受在互联网时代实现了点对点的沟通，这种参与性和交互性空前地扩大了人们的交往圈，并使每个使用者都能体会到沟通的乐趣。

3. 主体多元化

信息发布主体多元化。互联网世界，人们只需拥有一台移动设备，就可以是信息的发布者，与传统媒体比较，其传播源更广泛、更多样。不同年龄、不同学历、不同职业、不同性别的数以亿计的互联网媒体使用者活跃在信息的制造、发布的新媒介应用中。

4. 内容多样化

网络信息传播呈现了内容的丰富和路径的多样。在互联网世界，同一个事件可能有多个信息源，每一个信息的发布者或多或少会显示出个人的兴趣、爱好、性格等。同时，信息的接受者也会根据个人的兴趣爱好对信息进行有选择的接收、阅读和反馈，以此在互联网上结交志同道合的朋友，建立自己的朋友圈、关系网。网络中不同的群体有不同的发声平台，也就有不同的热点和观点。一个网民可能有很多的微信群和信息接收或发布平台，或是追踪时事热点，或是转载心灵鸡汤，也可以是发布观点。新的热点层出不穷，我们经常看到新热点冲淡旧热点，大热点遮蔽小热点。

(二)认识网络安全

各式各样的智能设备在校园普及，不同种类的线上教学软件在课堂上应用，丰富了教师的教学手段，吸引了学生的兴趣，与此同时，也给学校带来了网络安全的隐患。如果校园网保密系统不健全，安全意识薄弱，不法分子就可能通过不良手段进入校园网，获取学校重要信息，窃取师生隐私信息，给学校带来极大的负面影响。因此，学校需要加强网络安全技术的研究，解决校园网络安全隐患。

1. 硬件隐患

硬件隐患指校园网络硬件受到破坏。通常情况下，硬件设备可能因为自然灾害或人为破坏等遭到破坏，以致校园网络瘫痪，影响校园网络的正常使用。

2. 软件隐患

软件隐患即操作系统、数据应用系统等的安全问题。常见的软件隐患包括软件系统中的漏洞、黑客攻击及蠕虫病毒等。这类安全隐患的发生会影响校园网络的正常使用。

3. 网络防护隐患

网络安全隐患包含网络数据传送、网络边界、网络设备等造成的安全风险。第一，随着校园网络的接入节点数量不断增多，有效的安全防护措施不到位，使用中可能随时都会引发信息泄漏、病毒入侵及系统瘫痪等安全隐患问题。第二，来自校园内部或外部的网络攻击行为也会影响校园网络的正常运行，严重的可能会造成学校重要数据的损坏、泄露或丢失。第三，在校园里学生是互联网用户中的主要人群，一些学生在网络上下载软件时可能会把网络病毒等带进校园网络，进而对校园网络造成潜在隐患。第四，访问权限难以控制。互联网上也存在色情、暴力等信息，如何让学校、家长放心，使学生尽量远离这些不良信息也是必须解决的一个问题。

二、网络安全建设管理

(一)网络安全，人人是卫士

信息化时代，网络成为人们学习、工作以及社交的主要平台。网络活动的健康开展有赖于良好的网络安全工作。党的十八大以来，以习近平同志为核心的党中央高度重视网络安全工作，提出了一系列新思想、新理论、新论断、新战略，形成了关于网络强国的重要思想，为做好网络安全工作提供了强大动力。因此，学校管理者、教师、学生都要筑牢网络安全"防火墙"，共同维护网络安全。

1. 筑牢意识形态"防火墙"

我们正处于一个多元思想文化交流、交融、交锋的时代，也是不同经济制度、政治制度、文化制度相互博弈的时代，意识形态领域的斗争异常激烈。互联网传播内容更丰富、形式更多样，视频、音频以及文字构成了立体化的传播媒介，其受众也特别多，因此其中的错误的意识形态更具破坏力。那些以"历史虚无主义""民族虚无主义"等为代表的各种错误思潮，肆意抹黑、恶意篡改中国历史的言论，其根本动机就是要动摇马克思主义思想在意识形态领域的指导地位，扰乱国家安定团结的大好局面，侵蚀青年人的思想根基。作为网民要用科学的理论武装头脑，坚持习近平新时代中国特色社会主义思想的指导地位，为安全上网夯实思想基础。

2. 筑牢价值观"防火墙"

如今，网络媒体已成为信息传播的主要渠道，大量信息未经辨别就进入了公众视野。有的价值观念可能是良性的引导，有的可能是非良性的误导。虚假信息容易引发主流价值观紊乱，特别是当未成年人深入其中时，更容易受到负面影响，从而形成错误价值观，做出错误的价值判断和选择。作为网民要培育和践行社会主义核心价值观，为安全上网提供正确的价值导向。

3. 筑牢自我保护"防火墙"

网络生活是丰富的，也是复杂的。在网络空间，既要增强防范观念，做到"害人之心不可有"，遵守法律，守好底线，自觉维护网络良好秩序；更要做到"防人之心不可无"，在思想上时刻绷紧网络防盗防骗的"弦"，正确识别各类信息安全威胁，合理规避信息安全风险。作为网民要提高防范意识，为安全上网擦亮智慧的双眼。

(二)网络管理，安全无小事

1. 设备管理：设备保障与软件防护

第一，保障设备安全。保障网络设备安全是保障网络设备(网络系统、服务器、交换机等)以及通信链路不会受到破坏。

第二，充分利用网络防火墙技术。防火墙可以很好地阻挡外部非授权用户获取或者破坏内网资源，还能切断内部滥用外部不良资源的行为，是内外网间的安全屏障。学校还可以通过防火墙对网络安全事故进行跟踪。

第三，使用入侵检测系统和漏洞扫描系统。入侵检测系统能对网络进行实时监控，从网络系统中收集分析企图破坏网络资源及非法攻击的行为，同时进行报警和响应，以此弥补防火墙技术的缺陷。漏洞扫描是指基于漏洞数据库，通过扫描等手段对指定的远程或者本地计算机系统的安全脆弱性进行检测，发现可利用漏洞的一种安全检测(渗透攻击)行为。用户在设备使用过程中必须对暴露在互联网中的系统的安全状态进行评估。

第四，做好计算机病毒防范。在计算机网络系统的安全隐患中，计算机病毒造成的危害是最严重的，所以校园网络系统中的所有用户都要强化自身的防病毒意识，建立完善的防病毒系统，然后通过病毒预防、检测等手段进行病毒的清理。如果发现存在网络病毒感染，应该及时阻止病毒的扩散，进而确保校园网络的安全性。例如，对网络系统软件定期进行漏洞扫描，下载安全的补丁程序，使用外部移动存储设备前先进行病毒的查杀，及时更新防病毒软件，等等。如果检测到有病毒入侵事件，应立即开启远程报警，采取应急防御措施。

2. 人员管理：专业人做专业事

由于学校课堂教学中网络化教学模式的应用越来越多，学生在线学习时间变多，使得校园网络使用量增加，这也导致网络故障问题更加复杂，管理难度变大，某种程度上也会给网络安全运行造成威胁。

第一，学校应配有专人负责网络安全管理。网络安全一定要强调"术业有专攻"，即专业的人做专业的事。一方面网络安全管理员有能力处理设备上的问题，另一方面网络安全管理员有维护网络安全的强烈意识，保障网络的安全。2020 年，受疫情影响，成都市某中学响应省教育厅"停课不停学"号召，全体学生从 2 月 17 日起开始了网上学习。为了保障近千人的网络交流，学校建立了网络教育教学制度，成立了网络教学应急小组，由教学副校长牵头，教学服务中心主任、信息技术教师具体负责，组员由熟悉网络技术的教师和家长近 30 人组成，负责及时解决在上网课期间发生在每个家庭中的网络技术问题。

第二，强化使用者的网络安全意识。目前，许多学校还存在网络安全建设意识不强、安全管理制度不完善、重视硬件投入但忽视软件管理等问题。学校往往在确保网络基本运行上下功夫，却忽略了网络安全带来的威胁。为保障校园网络安全，要构建校园网络安全监控管理机制，以此保证校园网络硬软件能得到及时更新。

第三，校园网络安全管理不仅涉及计算机机房，教室、宿舍等区域也应加强管理。为强化监控管理，可实行"准入"制度，要求采用统一、规范的机名，保障机名、网卡 MAC 地址、IP 地址等的统一，还要保证网络设置的规范性，维护密码安全，以防假冒用户的网络攻击，以此促进校园网络的安全运行。

3. 制度管理：网络安全不是小事

第一，学校要成立网络管理领导小组和网络维护小组。网络维护小组由管理员或信息技术教师组成，负责在网络管理领导小组指导下进行日常维护。网络维护小组根据信息管理中心要求为科室、学科组、个人统一分配 IP 地址，其他人不得随意更改。

第二，学校要鼓励各部门、各科室、各学科组和全体师生使用网络资源，强调在使用网络过程中必须遵守国家有关法律、法规和信息中心的有关规定。禁止师生上不良网站和通过聊天、邮件传播网络病毒，一经发现及时提醒，并要求改正。如果是故意行为，将报学校网络管理领导小组进行严肃处理。

第三，任何人不得利用学校网络提供的各种信息服务从事危害国家安全、泄露国家机密等犯罪活动，不得查阅、制作、复制和传播危害国家安全、妨碍社会治安和淫秽色情的信息，等等。

第二节　网络舆情传播的矛盾管理

媒体格局、舆论生态、受众对象、传播技术都在发生深刻变化，特别是互联网正在媒体领域催发一场前所未有的变革。

——习近平

一、认识网络舆情

(一)网络舆情定义

舆情，即舆论情况的简称，是指在一定的社会空间内，围绕社会事件的发生、发展和变化，民众对社会管理者、企业、个人及其他各类组织及其政治、社会、道德等方面的取向产生和持有的社会态度，是大多数群众关于社会中各种现象和问题所表达的信念、态度、意见和情绪等表现的总和。

网络舆情是指在互联网上流行的对社会问题不同看法的网络舆论，是社会舆论的一种表现形式。网络舆情通过互联网传播，是公众对现实生活中某热点问题、焦点问题所持的有较强影响力、倾向性的言论和观点。

(二)网络舆情传播特点

网络是开放的、虚拟的，且网民的言论多是匿名的、分散的，因此决定了网络舆情具有如下一些特点。

1. 直接且快捷

网民可以通过 QQ 群、微信群、微博、新闻点评等发表意见，下情直接上达，复制、粘贴功能让网络信息重复、无限次、快捷传播。

2. 即时且多元

网络社会的虚拟性、匿名性和即时交互性使网络言论在价值传递、利益诉求等方面呈现多元化的特点，不同文化类型、思想意识、价值观念、生活准则、道德规范都有各自的立足空间，有积极健康的，也有庸俗灰色的。在网络

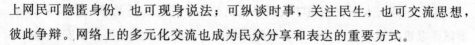

上网民可隐匿身份，也可现身说法；可纵谈时事，关注民生，也可交流思想，彼此争辩。网络上的多元化交流也成为民众分享和表达的重要方式。

3. 突发且隐蔽

网络打破了时间和空间的界限，各类事件在网络上成为焦点的同时，也迅速成为舆论热点。网络的实时更新使得舆论以最快速度传播，往往让人措手不及。同时，因为发言者身份可以隐蔽，加之网络规则限制和监督不足，致使某些网民在网络上为所欲为。

4. 偏差且过激

互联网发展，特别是自媒体的发展，使网民们可以通过不同平台表达自己的观点与感受。由于网络空间中法律道德的约束较弱，且发言者身份可以隐蔽，如果网民缺乏自律意识，就会导致某些不当或者不负责任的言论充斥网络，出现冲动、偏激、庸俗、非理性甚至反社会的言论，还有可能引发群体性盲从、跟风等现象，形成舆情。

二、网络舆情的矛盾化解

(一)预警意识

网络的发展改变着社会舆论的格局。我们要重视网络舆情，强化网络舆情预警意识，做好以下三个防范措施。

1. 建立组织保障机制

由于网络舆情的复杂性，舆情管理实行属地管理和一把手负责制，即"谁运营谁负责，谁主管谁负责，谁使用谁负责"。一方面要客观认识网络舆论，另一方面也要强化舆情预警意识。网络既可能是社会危机的"放大镜"，也可能是社会情绪的"减压阀"，不要把网络舆情视为"洪水猛兽"而反应过度，也不能对潜在的负面舆情置之不理，酿成舆情危机。所以，学校的网络舆情工作通常要与宣传思想工作统一安排。例如，成都市某中学为建立完善的舆情预警保障机制，专门成立了对外宣传中心，明确一位校级领导具体分管网络舆情信息工作，中心主任负责学校公众号（网站）的发布，一名教师为舆情信息员负责网络舆情的日常监测，此外学校还成立了舆情突发应急小组应对突发性舆情等。

2. 建立技术保障机制

网络技术手段是实现网络舆论管理的一项有效措施，常用的网络技术手段包括对 IP 地址的监测、跟踪；网管的全天候值班监测，对负面消息进行及时清除；运用智能型软件进行敏感词组的自动过滤；对论坛发帖的审查及延时发布；对国外敏感网站浏览限制；论坛、博客、播客实行实名认证制度；等等。

3. 做好网络舆情引导

网络舆情引导就是对监测到的网络舆情动向，通过网络信息评论员进行导向，发挥"舆情领袖"的积极作用，对日常舆情进行引导。一方面可以开展即时性评论，及时跟帖批驳反面声音；另一方面可以通过发帖、跟帖发表引导性评论，发布正面观点。在正面引导的同时，严格审核有关信息，对恶意信息立即删除，对情绪偏激的帖子做缓冲处理。

(二)危机应对

网络舆情往往出现在突发事件发生后极短的时间内。网民将相关信息上传网络，几分钟后就可能有网站转载，一旦出现负面消息，几小时后负面舆论信息就可能会遍布全网。信息的迅速传播加大了应对的困难。面对负面舆情，学校要本着开明、开放、诚恳的态度，建立一套预警机制，争取舆论主导权，必要时一定要发出有理有力的声音，如此才能化"危机"为"转机"。

1. 及时回应

在突发事件、危机事件中，存在传播渠道多、主体多元、舆论场博弈等问题，每个人都传播着对自己有利的信息。所以，最有效的"宣传"方法就是即时发布消息，第一时间做出回应。传统观念是要求"黄金 24 小时"内做出回应，新媒体时代要求"黄金 4 小时"内做出回应。做到早讲事实、重讲态度、慎讲结论。

2. 坚持"诚实透明"

在公共危机面前，学校信息发布的态度与效果是学校形象的一部分，信息公布工作实际上是在"矫形"传播，真诚透明的态度，不仅可以化解危机，而且还有助于扭转局势。"诚实透明"即面对公众，功不夸大、过不掩饰，尊重公众的知情权。

3. 借助大众媒体"把关人"

危机事件发生时，公众的目光势必会集中在"主流媒体"上，学校的上级主管部门有责任为新闻界提供官方对事件处理调查情况的详细资料，满足公众的"知情权"，因此需要"把关人"有意识地选择重要信息，引导网民。

4. 完善学校网站，开放讨论平台

危机事件发生后，网络的反应是最为迅速的。亲历者用手机等工具对现场进行拍照、录像，然后上传到网上，在一些情况下，网民成了事件的"第一报道者"。网上论坛，成为网民发表意见的"舆论阵地"。在危机事件发生之后，要全方位地将"资讯"提供给公众。同时，危机事件的"引导"和"疏导"很重要。学校可以在其官方网站上开放与公众讨论的平台，允许网友匿名留言，并指定专人进行专门的解答，随时对公众的疑问做出回应，建立高效畅通的解决机制，尽可能全面把握网络民意与网络舆情。

(三)危机反思

网络舆情的影响涉及政治、社会、文化、生活等各个层面。一方面网络使民众获得前所未有的舆论空间，有效地促进了社会民主化进程；另一方面网络也为负面舆情的产生提供了方便，各种影响社会和谐稳定、国家安全的负面、虚假舆情日益增多，如果不及时加以引导，就会形成网络舆情危机。因此，对舆情危机的反思、分析，探讨网络舆情的运行规律等，也成为政府、网络媒体、学术界等共同关注的问题。

1. 加强沟通交流，保障话语权

学校首先要建立良性互动的民意表达渠道，保障教师、学生、家长的话语权，学校管理者与教师、教师与家长、教师与学生的对话要真诚、平等，不说官话、套话、假话，不敷衍、推诿。沟通交流中冷静对待过激、嘲讽、尖锐甚至侮辱谩骂的言辞。对于各种质疑，要及时澄清，使各种不同的声音都有表达的机会。

2. 保障信息沟通，完善信息公开机制

学校要完善信息公开机制，在制度化、规范化的前提下向民众提供准确、权威的信息，对重大事件的处理应及时、公开、透明。

现代学校治理的突出特征是社会参与，是多元主体参与下的民主化管理。

青羊区的"学校民主管理委员会""学校管理委员会"就是立足于社会参与不足，学校办学自主权不够，利益相关者(学生、家长)、社会组织(社区)、学校、政府(教育行政部门)四类主体地位作用不清晰等现实问题的解决而成立的。①

　　如青羊某校将"学校管理委员会制度"写入《学校办学章程》，形成学校管理的长效机制。其宗旨是充分调动各方面力量参与学校办学，切实发挥学校、社会、家庭在关心、培养、教育学生方面的合力作用，形成"三位一体"的教育网络，共谋学生发展大计。"学校管理委员会"成员由学校督学、社区代表、教师代表、家长代表、学生代表组成，对学校实施监督决策权、建议参与权、协调沟通权。"学校管理委员会"保障了学校与社区、家长、教师的信息沟通，在共商共建中对社会做好教育服务工作。

　　3. 成立网络舆情管理队伍，应对舆情

　　学校要建立自己的网络舆情管理队伍，可由学校管理干部、班主任、信息技术教师、骨干教师组成，并学习网络舆情管理技能。网络舆情管理员要有较高的思想政治觉悟和较强的责任心，要有娴熟运用网络技术和网络软件知识的能力，以及有效防范应对网络危机舆情的能力，从而能正确引导和有效控制舆情的发展方向。班主任、教师要有敏锐的舆情管理觉悟，对突发事件要及时上报、及时反馈、积极投入到问题解决中去。成都某中学为防止网络舆情发生，为家长们开放了发言窗，在学校的公众号中设置了家长信箱，家长可以随时向校长反映学校教育教学、学生生活学习等方面的意见和建议。学校网管教师能第一时间将家长的反馈转给校长，校长再根据内容转给分管领导，分管领导在 24 小时内回复家长，这样就有效地把可能出现的舆情消灭在萌芽状态。

第三节　媒介素养提升的矛盾管理

　　教育应跟上时代，和先进的技术相结合。

　　　　　　　　　　　　　　　　　　　　　　　　　——苏德矿

---

　　①　黎波：《学校治理优化的机制探索与思考》，载《中国教育学刊》，2017(S2)。

玩手机的欢欢[①]

欢欢，16 岁，高一学生。欢欢是个腼腆的男孩，在高一以前，他学习成绩还是很不错的，在班里一直处于上游水平。可是自从去年妈妈给他买了一部手机以后，欢欢就开始脱离他本来的轨道。原本不善表达的欢欢，天天通过手机与同学、朋友联系，发短信、打电话，后来发展到用 QQ 聊天。刚开始的时候，他只是课余时间使用手机，可是后来，拥有手机的同学越来越多，欢欢的"手机业务"也就越来越忙了，他开始在课堂上发短信、QQ 聊天，有时候甚至会影响其他同学的学习。父母、老师找他谈过很多次话也无济于事，无奈之下，妈妈没收了他的手机，没想到他开始逃课，以绝食、离家等威胁妈妈。妈妈害怕他做出不理智的事情，只好又把手机还给了他。

现在，欢欢的 QQ 整天在线，一个月收发信息量超过 1000 条，每天都要玩手机游戏，有时甚至通过手机浏览不健康的网页。采访的时候，我问他为什么这么依赖手机，他说，不为什么，手机挂 QQ、玩游戏、发信息已经成为他的习惯，停止不了了。

欢欢沉迷于手机，究其原因在于青少年媒介素养教育的缺失。其一，欢欢缺乏来自家庭的媒介素养教育。欢欢看到别人（包括长辈、同学、陌生人）利用手机玩游戏、聊天，非常羡慕他们；妈妈在给欢欢买手机后，没有给他讲过手机媒介的社会作用、特点与表征方式，以及手机对于青少年的特殊作用等。

其二，欢欢缺乏来自学校的媒介素养教育。欢欢把手机带进了校园、带进了课堂，影响了自己的学习和同学的学习。教师找了欢欢谈话，但没有起到作用。学校缺乏先导性的媒介素养教育，任由学生使用媒介，而没有相关的课程引导，让学生迷失在使用手机上网带来的低层次的"快乐"中。

其三，欢欢出现问题后，妈妈不应该采取极端办法，而是应该认真和欢欢谈谈，让他了解这样做的危害，也可以寻求教师的帮助。妈妈不要没收手机，但是可以和他达成协议，如只能在家休息时使用，并且规定每日使用时长和月使用通信费，如果不能遵守，再采取进一步的措施，让欢欢逐渐减少手机使用时间。

---

① 参见黄国玲：《新媒体环境下青少年媒介素养案例分析》，载《软件导刊》，2013(9)。

互联网时代，人们既是媒介文化的创造者，又是媒介文化的接受者。因此，面对媒介信息时，选择能力、理解能力、评判能力、创造能力、制作能力、传播能力等成为公众媒介素养的重要组成部分，也是公众使用互联网必备的能力之一。所谓媒介素养，是指人们在接触媒介的过程中表现出来的对媒介的一种认知、判断和理解，是对媒介信息的筛选、批判、质疑和利用的能力。网民应具备以下三项最基本的媒介素养意识。

一是辨别意识。移动互联网时代的信息几乎是以一种全开放的方式呈现在网民面前，因此网民要自觉提升信息筛选、判断、质疑和利用能力，能分清楚网络上真实的和虚假的信息、有用的和无用的信息，认真对待自身的媒介使用行为。网民既要不传播虚假不实的言论，严格为自己把关，又要有选择地接收网络信息，确保自身不受不良信息的侵害。

二是自律意识。网民应该认识到，言论自由并非"无所顾忌"，而是一种责任。网民在发布信息、转发信息时要思考其是否合理，价值观是否正确，多方位自我检视，加强自律意识。

三是社会责任感意识。互联网是一个虚拟社会，其中言论的开放与自由是相对的，要受到法律法规和社会道德的制约，现实环境中的法律法规和社会道德标准在拟态环境中同样需要网民自觉遵守。网民要反思自己的媒介使用行为，明确在网络中可以做什么，应该怎样做，增强社会责任感，坚决不信谣、不传谣，不无中生有。道德修养，贵在自觉。

一、学校管理者的媒介素养

云南冰花男孩[①]

2018年1月8日，云南省昭通市鲁甸县一名8岁男孩冒冰霜上学的照片刷爆网络，"冰花男孩"迅速引起舆论关注。当天下午，云南昭通市即派人到学校和男孩家中了解情况。次日，即召开视频会要求保障好学生、留守儿童温暖安全过冬，爱心捐款和补助很快到达"冰花男孩"手中。

在"冰花男孩"事件整个信息传播流程中，从为正能量点赞到款物的筹集、从解决男孩父亲的工作问题到政府的全面扶助等，都体现了政府、教育行政部

---

① 参见 https://www.eefung.com/hot-report/20190617093146，2021-11-12。

门、社会的力量和满满的爱心，"乐""好"等正面情绪占据上风。新华社 5 月 28 日后续报道："冰花男孩"所在的新街镇转山包小学完成学生宿舍改造，73 名学生顺利入住新宿舍。

学校管理者既是一般意义上的网民，也是学校网络信息的媒介管理人，面对学校的发展、教育教学思想和理念的不断更新，以及学校教育与家长、社区沟通问题的日益凸显，无论是政策解读、情绪疏导、矛盾化解、谣言应对，还是思想沟通、议政谏言、舆情研判，都需要在媒介素养提升上狠下功夫。

(一)上网、用网、容网

其一，学校管理者要定时"上网看看""在线聊聊""网上蹲点"，学习互联网知识是学校管理者的一门必修课、基本功。

其二，要善于用网。善于运用互联网了解世界、掌握资讯，发扬民主、科学决策，推动工作、促进发展，化解矛盾、构建和谐。

其三，要大度容网。不要把网络舆情视为洪水猛兽，既要正确看待互联网的超常发展，更要理智对待网络恶炒、网络"审判"、网络"暴力"等异常现象，对于网络首先不能怕，要在包容中进行思考。

(二)客观、真实、智慧

首先，学校管理者在同媒体打交道时，必须做到客观真实、平等坦诚，积极主动、注重交流，讲究分寸、把握好"度"，做到在媒体面前不胡言乱语，不说假话，不扯废话，对于可以透露的信息主动地说、智慧地说。

其次，学校管理者是学校新闻舆论引导责任人，接受采访前一定要精心准备，明确接受采访的目的，分析可能出现的情况，有的放矢，始终保持平等、谦逊、自信的心态，及时发布公众最关注的权威、准确的信息，让谣言在网络媒体中没有市场，用权威信息占领其他媒体炒作空间，用正面信息占领负面信息空间。

(三)严守、严管、严治

网络媒体是重要新闻舆论阵地，学校管理者要严格贯彻党管媒体的原则，一要努力学习掌握有关媒体的知识，努力提高运用媒体的能力；二要切实加强网络阵地建设和管理，努力打造定位准确、特色鲜明、功能互补、覆盖广泛的传媒体系，充分发挥媒体在提高工作效率、推进信息公开、参与舆论监督等方面的积极作用，使其成为解资讯、化解矛盾、推动工作的重要平台；三要对媒体实施严管严治，对违规违纪违法、影响学校教育教学、影响教育声誉的新闻舆论要坚决抵制，不能让错误的舆论影响网民的视听，为传播网络正能量铺平道路。

二、教师的媒介素养

崔振成认为，微信群已成为家校联系的便捷手段，然而其中存在的问题也应该引起家校双方的警惕：一是教师信息发布的随意性；二是家长解读的任意性；三是家校合作的间接性。

互联网技术的发展正在推动教育模式的转型，丰富的教育媒介也在不断地提高知识传递的速度和效率，教育手段越来越个性化、智慧化。因此，教师需要具备七种媒介素养能力，即正确识别信息的能力、批判性分析信息的能力、恰当评估信息的能力、及时获取信息的能力、有效利用媒介资源进行教学的能力、规范传播信息的能力以及帮助学生提升媒介素养的能力。

(一)教师的媒介素养教育能力现状

有调查发现，教师的媒介素养教育能力还处于一种自发状态，绝大多数教师能够认识到媒介素养教育对中小学学生发展的重要性，但普遍存在一些问题。

一是大多数教师能够利用多媒体来辅助教学，但真正制作、安装、调试的能力还是有所欠缺。

二是教师自身具备对媒体信息的筛选、反思和批判能力，但没有教育学生具备这些能力，也就是说教师媒介素养的教育能力还有待提高。

三是部分学科教师对学生媒介素养教育的认识不够，教学目标中几乎没有渗透"媒介素养目标"。

四是并非所有的教师都能坚决地不信谣、不传谣。当前，有关教师、学校的报道比较多，有正面的，也有负面的，良好的媒介素养有助于教师理性分析、判断、理解网络信息，有助于教师对信息的深入理解和分析，从而做到不人云亦云、随波逐流，让谣言止于智者。

(二)教师媒介素养的提升

第一，可以把中小学教师媒介素养教育作为教师继续教育的必修课。与此同时，学校要从经费拨付、培训计划制订、师资队伍建设、课程设置、考核评价等方面逐一抓严抓实。

第二，媒介素养教育的提高需要高质量的专家，以及为教师提升媒介素养的培训方法。专家队伍的存在有利于媒介素养教育课程的开发以及课程实施策略的研究。

第三，学校要加大教师媒介素养教育的力度，积极组织开展培训工作。学校要定期与不定期邀请专业人士对教师进行专题培训，开设专题讲座、论坛；利用相应的媒介技术开展课题研究、案例研究，实现教师之间的信息互通和协作教研；学校也可组织力量开发教师媒介素养教育校本教材，使教师媒介素养教育更具有针对性，或者举行教师媒介能力的比赛等，促进教师媒介素养的提高。

第四，教师在日常生活与教学实践中要自觉培养合理地利用媒介、批判地接收信息、不断利用媒介资源完善自我的能力。教师应大力响应"互联网＋教育"，结合学科教学积极投入到融合教育中。正如苏德矿所言：教育应跟上时代，和先进的技术相结合。

三、学生的媒介素养

学生是最需要培养媒介素养的群体——需要教会学生正确选择、分析、判断媒介，从而形成自己的独立见解；学会辨别与中国优秀传统文化和道德规范格格不入的内容；学会辨别假的、恶的、丑的内容；学会辨别法律不容许的内容；学会对网络信息不盲目相信和采用，学会开启思维的"过滤器"，发掘出对自己或对社会有用的信息；等等。

(一)学生媒介素养的现状

第一，调查显示学生使用媒体的主要功能是休闲娱乐，其次才是获取信息。

第二，学生的自制力较弱，很容易受到各种商业化广告的影响，养成非理性的消费观、拜金主义和享乐主义的人生观。

第三，学生的分辨及批判能力较差，不能正确判断媒体信息的真假，以及媒体中所隐含的意义，甚至无法区分虚拟空间与现实生活的区别，容易盲目跟风和模仿，从而养成一些不好的行为习惯。

第四，学生没有专门的媒介素养教育标准和课程。目前我国中小学媒介素养教育的形式主要是信息技术课，教学重点大多放在教会学生操作和使用电脑上，对于媒介信息的理解、分析批判能力和创作能力等涉及较少。

第五，部分学校管理者和教师对学生的媒介素养教育缺乏正确的认识。西方国家较早认识到媒体对青少年的影响，许多学校都专门开设了相应的课程，帮助学生理解和运用媒体。我国青少年的媒介素养研究还处于初级阶段，没有形成完善的体制，甚至有的学校管理者还没有正确认识到媒介素养教育对青少年成长的重要性。

(二)学生媒介素养的提升

第一，重视学生的媒介素养教育。媒介素养教育不仅是学校的工作，还需要政府、社会和家长的重视和支持，学校要按照媒介素养教育的要求，开展媒介素养教育社会实践等，积极为学生的媒介素养教育提供便利。

第二，媒介素养教育与其他学科融合，特别是融入思想品德教育、艺术课程中，拓展媒介素养教育的方式与途径。

第三，引导学生科学使用媒体。媒体具有传递和获取信息、学习、交流和休闲娱乐等功能，信息功能是媒体最基本的功能。学校、教师、家长都要关注和重视学生的媒体运用状况，积极引导学生正确和理性地使用各种媒体资源，同时，努力为学生构建良好、健康的媒体运用环境。

第四，培养学生的媒体分析和批判能力。对网络信息的分析与批判是媒介素养教育的重要组成部分。它既能加强学生的观察和理解能力，也能加深学生对媒体的理解和欣赏，促使学生敢于挑战陈规和偏见，揭露媒介信息中隐含的不良信息，不造谣、不信谣、不传谣，启发学生对媒体信息影响的思考。

四、校园舆情的矛盾化解

(一)认识校园舆情类型

第一，师德师风和贪污腐败案件。如师德问题事件、课堂教学事故、违规校外补课、基础建设和采购招标中的贪污腐败案件等。

第二，校园公共卫生事件。如食物中毒事件、校舍装修污染事件、传染性疫情事件、军训受伤事件等。

第三，校园公共安全事件。如校园内的交通事故、实验室（或宿舍）火灾事件、建筑和实验设备的安全事故、文娱活动中的踩踏事件、校园暴力和伤人事件、性骚扰事件、财物失窃案件、不法组织入侵事件等。

第四，学校的相关政策或处理决定引发的舆论事件。如宿舍调整、学生评先评优、学生被批评而做出危险行为等。

第五，学生或教职工因人际交往不适、学业受挫、身体疾病或抑郁症引发的自杀、自残和杀人等极端事件。

(二)校园舆情应对措施

1. 潜伏期要有预警

当舆情处于潜伏期时，校园突发事件还没有引起广泛关注，这个时候无论在新媒体还是传统媒体上都很难发现相关的舆情。学校平时应有一些预防性措施。

第一，学校的官方自媒体平台，如"两微一端"（微博、微信及新联客户端）、博客和论坛不能缺位、不能流于形式，鼓励学生和教职工平时将学校正面的、有趣的新闻推送到官方媒体平台上，提高学校在新媒体上的影响力。

第二，构建校园网络互动新格局，认真对待每位教职工、学生和家长的诉求。

第三，学校制定重大政策时，要注意倾听各方的意见，出台政策时要准确解读，执行政策时要重视师生的反馈情况。

第四，学校要重视新闻宣传和舆情回应，把各部门宣传工作和业务工作同时部署、落实和考核。

第五，学校要保持与传统媒体的良好关系，也要关注网络上的"学生意见领袖"、学校贴吧、论坛版主的情况和动态，重视他们的作用。

2. 成长期要积极介入

当网络舆情在微博、微信和论坛上开始传播时，舆情就进入了成长期。成长期有长有短。如果学校方面没有在第一时间对舆情进行响应或响应比较模糊，其在新媒体的影响范围将进一步扩大。此时，学校最重要的是要积极应对舆情变化，建立正确的舆论导向。

第一，学校要建立健全应对舆情的工作预案和相应机制，提升新媒体下舆情危机的化解能力。

第二，加强宣传和培训，提高学校领导和教职员工对舆情的政治敏锐性，自觉培养适应网络监督下开展工作的能力。

第三，借助相关部门的专业舆情管理系统、借助新闻媒体各条战线的记者，建立协同工作的舆情监控体系。一旦有突发事件能迅速反应，研究判断舆情。

第四，回应舆情要把握时机和方式，注意信息公开的量，以抓住人心、纠正错误的舆论导向和平息舆论风波为主要目的。

第五，学校要有在恰当时机设置新话题的机智，达到转移舆论焦点、冷却舆情热度的目的。

第六，学校要积极查明舆情反映的问题，及时纠正错误。

3. 爆发期要有危机公关

当舆情从校园向社会蔓延，从新媒体向传统媒体蔓延时，舆情就进入了爆发期。当广播、电视和报纸等媒体开始纷纷报道和讨论学校突发事件的时候，学校就要直接面对舆论的压力，这个时候如果学校回应不当，可能会在各种媒体上引发新一轮的讨论，还可能会进一步激化舆情。因此，学校需要进行危机公关。

第一，组建危机公关小组。危机公关小组中要有负责与媒体沟通的领导，确立新闻发言人，利用主流媒体在第一时间发出正面的声音。

第二，把握信息发布的最佳时机，使学校的发言成为媒体报道的标题。在接受采访时，认真设置媒体报道议程，引导媒体的关注点和报道框架，通过提供正面的、有价值的新闻内容，实现危机公关。媒体报道后，收集媒体报道效果，及时进行总结。

第三，突发事件的新闻发布一定要具有策略性，即坦率、主动、准确和简洁。对公众的提问有问必答但可以有所保留，尽量用真诚取信公众。

第四，如果学校有关部门在工作中确实存在失误，要敢于承认错误并诚恳地道歉，弥补学校在危机中的不良形象。

4. 衰退期要反思总结

当学校及有关方面对舆情所涉及的相关问题进行了处理，且处理结果基本被公众接受以后，舆情便进入了衰退期。此时，学校一定要认真总结和反思，谨防舆情的回归和再次发生，并积极寻找舆情发生的原因，找出日常工作中的不足，提出相应的整改措施，尽快消除舆情造成的负面影响，恢复学校的公众形象和公信力。

第九章　学校安全——学生健康成长的保障

学校安全管理遵循积极预防、依法管理、社会参与、各负其责的方针。

——《中小学幼儿园安全管理办法》

长期以来，党中央、国务院对中小学生的安全健康成长十分重视，全社会也给予了高度关注。在大家的共同努力下，近些年中小学安全工作的力度明显加大，中小学伤害事故不断减少。学校安全涉及方方面面，具体的学校突发安全事件类型包括以下几类(见表9-1)。

表 9-1　学校突发安全事件的类型

类别	主要内容
社会安全类突发事件	包括校园内外涉及师生的各种非法集会、游行、示威、请愿以及集体罢餐、罢课、上访、聚众闹事等群体性事件，各种非法传教活动事件，针对师生的各种暴力袭击事件，师生非正常死亡、伤害、失踪等可能影响学校和社会稳定的事件
事故灾难类突发事件	包括学校发生火灾、建筑物倒塌、拥挤踩踏等事故，造成重大损失和影响的后勤保障事故，影响学校安全稳定的其他突发性灾难事故等
公共卫生类突发事件	造成可能损害师生健康安全的事件，包括传染性疾病事件、食物中毒事件，当地发生的可能影响学校的公共卫生事件
自然灾害类突发事件	包括气象、洪水、地震等灾害以及由此诱发的各种次生及衍生性灾难

续表

类别	主要内容
教育考试突发事件	包括泄密事件、考场直接冲突事件、考场师生人身安全事件、考生疾病等意外突发事件

《广东省学校安全条例》正式发布

2020年4月29日，广东省十三届人大常委会第二十次会议表决通过《广东省学校安全条例》。条例共9章74条，包括校园安全管理、校园周边安全管理、校外实习安全管理、安全教育与培训、教育惩戒与违法处理以及突发事件与人身伤害事故处理等方面内容。其中，对于幼儿园和小学一、二年级，条例规定需要建立学生接送交接制度。校园周边治安防控也进行了升级，将校园周边一定区域划定为校园周边安全区域，纳入治安视频监控范围。要求公安机关建立健全日常巡逻防控制度，加强对校园门口和校园周边安全区域的治安巡逻。对周边区域治安情况复杂的学校，应当在上学、放学时段校园门口五十米内安排警力重点守护。为了减少家校纠纷、减轻学校经济负担，条例明确提出建立学生保险机制，要求中小学校和幼儿园购买校方责任险。公办学校所需经费从公用经费中列支，民办学校所需经费从学费或者自筹资金中开支。针对校园欺凌事件，条例探索建立防治体制机制：建立健全防治校园欺凌工作协调机制，校园欺凌防治工作早期预警、事中处理和事后干预机制。此外，条例规定，中小学校还应当建立校园欺凌综合治理委员会，按照国家和省有关中小学生欺凌综合治理的规定开展相关工作。[①]

第一节　"边缘化"安全问题的矛盾管理

患生于所忽，祸发于细微。

——（汉）刘向

[①]　参见骆骁骅：《明确赋予教师教育惩戒权！这个地方出台法规作出详细规范》，载《中国教师报》，2020-05-02。

一、"边缘化"安全管理引发的矛盾

在学校管理中，由于教育教学是管理的中心工作，学校安全管理经常处于思想上重视但行动不足的边缘地位。尽管近年来很多学校成立了专门的安全管理机构并安排有安全工作人员，但专设机构由后勤部门兼任，工作人员也是兼职的现象依然十分普遍；安全管理人员没有实际管理权限，并不能实施有效的安全管理是常态；学校其他部门及大多数教职工认为"安全管理与我无关"的思想依然存在。安全管理的"边缘化"导致学校安全管理缺乏系统和长效的工作机制，引发了诸多矛盾。例如，教师只重教学，缺乏安全方面的法律法规知识。有些教师甚至缺乏基本的安全常识，认为安全就是安全部门和门卫的事，不重视安全演练，出现安全事件时处置错误；有些学校管理者甚至不清楚疏散路线，等等。要化解这些矛盾，就需要将安全管理逐步从"边缘化"引向"专业化"。

二、从"边缘化"到"专业化"

(一)依法治校，引领安全管理专业化

安全管理"专业化"的首要体现，是以法律法规为基本依据，依法管理。出于对安全的高度重视，世界各国在学校安全管理方面均有大量的法律法规。在我国，《中华人民共和国义务教育法》明确规定了诸多保障学校安全的内容，《中华人民共和国未成年人保护法》在"学校保护"中明确规定了学校、幼儿园、托儿所在保护儿童身心健康方面的法律责任和义务，此外还有关于学校安全的专门性法规，如《中小学幼儿园安全管理办法》《中小学公共安全教育指导纲要》《学生伤害事故处理办法》等。

近年来，许多地方也针对学校安全积极出台了相关的地方性法规，如本章开篇案例中提到的《广东省学校安全条例》，其在全国率先通过立法明确赋予教师教育惩戒权，并用专章做出详细规范。2019年5月，四川省公布了《四川省学校食品安全管理办法(征求意见稿)》，率先针对学校食品安全立法。此外，《学校体育工作条例》《学校卫生工作条例》《学校食堂与学生集体用餐卫生管理

规定》《中小学建筑设计规范》《学校传染病预防控制指导手册》等规范性文件都为学校开展相应类型的安全管理提供了依据。学校管理者不仅要有坚持依法治校的理念，学习相关的法律法规，还应在管理实践中坚决执行。

(二)构建体系，促进组织保障专门化

完善的组织机构和管理体制是学校顺利开展安全工作的前提性框架。[1] 学校安全管理的专门化体现在专事专管、专司其职，学校安全管理工作组织机构与学校其他内设机构一样，实行专门机构推动运行。

1. 健全安全管理工作组织机构

学校安全工作领导小组应当以校长为第一责任人，负责部署、指挥、协调安全工作。安全工作领导小组下设安全工作办公室，作为学校常设的安全工作管理部门，专门负责学校的日常安全管理工作。学校安全工作管理部门的主要职能职责包括以下几个方面(见表 9-2)。

表 9-2　学校安全工作管理部门主要职能职责

序号	主要职能职责
一	学校安全管理的计划、实施、检查和评估
二	学校安全设施的购置、安装与定期维护
三	学校安全隐患的排查、汇报与解除
四	开展全校师生的安全教育工作
五	组织全校范围内的安全训练与演习
六	密切关注学校内部及周边的治安情况，严防犯罪分子侵害学校的财产及师生的人身安全
七	妥善处理学校突发事件与危机事件
八	积极会同社区、公安、工商和质检等部门建立及时、完善的信息通报及协作联动机制等

---

① 参见陈红燕：《学校安全管理：从边缘化走向专门化与专业化》，载《教育科学研究》，2011(4)。

2. 培育安全管理专业化队伍

学校安全管理的专业化本质上是从事学校安全管理工作的职业群体的专业化。[①] 学校安全管理的专业队伍除了职能部门专职管理人员以外，还包括充足的学校保卫人员、专职校医、专业心理教师以及常驻法律顾问等。行政管理人员首先要掌握必要的安全知识和技能，成为学校安全管理的"行家里手"，这样才能对全局性的学校安全形势予以有效的预测和控制。同时，在配齐配足专业人员的前提下，需要对相关人员加强继续教育和培训，在专业力量的支撑下发挥合力效应。当前，一些学校由于各种问题导致后勤人员流动性大，稳定性与专业性无法得到保证。以前，因学校无校医和心理教师的编制，导致学校缺乏专业的人员，疾病防控和学生的心理健康教育难以落实。近年来，各地实行的"健康副校长"制度在一定程度缓解了这个问题。2020年疫情发生后，校医的不足和健康副校长机制不健全的问题引起相关部门重视，各地针对校医、健康副校长的聘用和管理采取了积极的措施。此外，家长和社区也是安全管理的重要力量，学校应积极协调，避免唱"独角戏"。

3. 学校安全"人人有责"

学校安全管理只靠一个机构的几个人是不可能面面俱到的，需要各职能部门分工合作，全体师生共同维护，真正做到学校安全"人人有责"。安全管理需要事无巨细，责任落实，防堵漏洞，避免出现薄弱环节，只有这样才能最大程度保护学生健康成长。

中小学生暑期安全手册

临近暑期，成都青羊教育微信公众号推送了《青羊区中小学生暑期安全手册》，为学生暑期安全提供了一份详细的攻略。

(一)加强疫情防控

1. 乘坐公共交通、乘电梯时要佩戴口罩。

2. 不去人员密集场所。

3. 外出回家先洗手。

4. 居家时要多开窗通风。

---

① 参见陈红燕：《学校安全管理：从边缘化走向专门化与专业化》，载《教育科学研究》，2011(4)。

5. 不去中高风险地区旅行。

6. 作息规律、加强锻炼、营养均衡。

(二)用电安全

1. 要在家长的指导下逐步学会使用家用电器。

2. 不要乱动、乱接电线、灯头、插座等。

3. 不要在标有"高压危险"的地方玩耍。

(三)用火安全

暑期高温，大功率用电器较多，是火灾高发时期。孩子活泼爱动，尤其应当注意防火。

1. 不要玩火、焚烧杂物、使用酒精灯等。

2. 简单了解起火原理，认识逃生通道标识，熟记火警电话。

3. 面对家中起火、建筑物起火或公共场所发生火灾时知道如何逃生。

4. 敦促家长消除火情隐患，易起火的杂物不要密集摆放。

5. 规范使用燃气设备并注意开窗通风。

6. 发现火情，及时拨打火警电话。

(四)饮食安全

1. 自觉养成良好的个人卫生习惯，饭前便后勤洗手，防止传染病的发生。

2. 购买有包装的食品时，要看清商标、生产日期、保质期等，"三无"食品、过期食品一定不要购买食用。

3. 生吃瓜果要注意洗干净后才可食用，不吃腐烂、变质的瓜果。严禁吸烟、喝酒。

4. 不暴饮暴食，防止消化不良。

(五)交通安全

确保出行、乘车安全，应当做到：

1. 尽量穿颜色亮丽的衣服。

2. 不在马路边或车辆盲区内玩耍打闹。

3. 养成交通安全意识，遵守交通规则，不闯红灯，不翻越隔离栏，自觉遵守轨道交通、公交车乘车规范。

4. 幼儿使用安全座椅。

5.12岁以下不宜坐副驾驶。

6. 避免被独自留在车内，夏日温度高，容易因车内缺氧等问题而窒息甚至死亡。

7. 未满12周岁不骑自行车，不使用成人手机开启并骑行共享单车。

9. 行走或骑车时不看手机、不听音乐。

（六）游泳安全

每年暑假都是儿童溺水事件高发期。防止儿童溺水应当做到：

1. 不独自下水。

2. 坚持穿高质量的救生圈。

3. 下水前活动身体，避免出现抽筋等现象。

4. 在水中不要吃东西，也不要剧烈地追逐打闹，以防呛水窒息。

5. 不去不熟悉、无安全设施、无救援人员的水域游泳。

6. 不在河边、亲水平台、工地水塘等区域玩耍。不捡拾掉入河道等水域的物品。不在河道边洗东西、钓鱼虾等。

7. 发现同伴溺水，立即寻求成人帮助，同时可向溺水者抛救生圈、泡沫板、救生绳等，但不可盲目施救。

（七）上网及娱乐安全

1. 上网时不把个人和家庭信息告诉他人。保护自己的密码口令安全。

2. 注意信息安全，不透露本人、家人及他人的姓名、肖像等信息。

3. 慎交网友，慎见网友，防范电信、网络诈骗。

4. 控制手机、平板电脑等电子产品使用时间，不沉迷网络或电子游戏。

5. 不去网吧、酒吧、电子游艺厅等未成年人不宜进入的场所。

6. 上网要有节制，文明健康上网。不玩渲染暴力、色情的不健康网络游戏，不制造与传播虚假信息。

7. 不在工地、轨道、高压线等危险区域玩耍。

8. 远离拥挤场所，避免拥挤踩踏。

（八）预防拐骗

孩子的警惕性较低，独自在家或外出都有可能被坏人盯上。近日媒体的现场试验表明，孩子的警惕教育不尽如人意。教育孩子做到：

1. 在陌生人敲门时，无论任何理由都不要开，并给父母打电话确认。

2. 接到陌生人电话，不能透露自己独自在家，要找借口或直接挂断。

3. 记清父母电话与住址，走丢时知道使用公用电话和报警。

4. 如果坏人尾随，要走人多的街巷或喊叫，不要理睬搭讪，如遇暴力别反抗，要记清特征。

5. 明确拒绝陌生人的馈赠，并吓唬陌生人父母就在附近。

(九)防止烫伤

夏季也是儿童烫伤高发期，家长要从根源上防范：

1. 放洗澡水时，要先放冷水再倒热水调节到适温。

2. 将可能造成烫伤的危险品移开，或加上防护措施。

3. 将厨房的门上锁，不要让孩子轻易进入厨房。

4. 用餐时让热的东西远离孩子，尤其是外出用餐时。

5. 热的食物要放凉后再让孩子接触。

(十)旅行安全

假期不少家长会带孩子外出旅行，这些安全常识需要了解：

1. 不去尚未开发、开放的景点旅游。

2. 选择正规、信誉好的旅行社旅游，并签订旅游合同、购买相关保险。

3. 学习、掌握车辆、轮船、飞机突发意外的自我保护知识和处置常识。

4. 入住酒店时，及时了解消防逃生通道，索取酒店联系卡。

5. 不在设有危险标志处停留，不在禁拍处拍照、摄影。

6. 了解并尊重旅游地风俗、禁忌。

(十一)心理安全

心理安全教育，往往被忽略，以下几点家长要重视：

1. 教育孩子多与父母、家人、朋友沟通、交流。

2. 教育孩子多与正直开朗、积极乐观的朋友交往。

3. 家长要多宽容、多鼓励、多微笑。

4. 教育孩子遇到问题尽力自己解决，同时学会请他人帮助解决。

5. 教育孩子遇到挫折不气馁，相信天生我材必有用。

6. 教育孩子学会感恩，管理情绪，开心过好每一天。

(三)建章立制，推动安全制度专业化

学校安全制度是指学校管理者为了保障学校各项教育工作的顺利进行，依

据法定的要求和程序制订的与教学相关的安全工作权限和安全工作程序。① 加强安全制度建设对安全管理的有效实施意义重大，学校管理者应加强制度建设，保障安全管理的落实。学校安全工作制度一般包含安全工作基本制度和活动过程安全管理制度。安全工作基本制度包括安全工作管理制度、安全工作检查制度、安全宣传教育制度、安全工作"一岗双责"制度、安全办公室工作制度、门卫安全管理制度、保安人员职责及考核奖惩办法、安全工作报告和资料归档制度等。活动过程安全管理制度包括学生人身安全管理制度，学生日常安全制度，学生课外、假日活动安全管理制度，组织师生外出活动安全管理制度，消防安全管理制度，食品安全管理制度，疾病防治安全管理制度，学生课间活动安全管理制度及学生课堂教学中的安全管理制度等。

(四)制定预案，"展示品"转化为"实用品"

《中华人民共和国未成年人保护法》第三十七条规定："学校、幼儿园应当根据需要，制定对自然灾害、事故灾难、公共卫生事件等突发事件和意外伤害的预案，配备相应设施并定期进行必要演练。未成年人在校内、园内或本校、本园组织的校外、园外活动中发生人身伤害事故的，学校、幼儿园应当立即救护，妥善处理，及时通知未成年人的父母或者其他监护人，并向有关部门报告。"可见制定相应的应急预案不仅是学校安全管理方面的重要工作，也是学校的法定义务。

学校安全应急预案不只是事情发生后的危机处理，更是事情发生前的主动预防，应急预案不应是"展示品"，而应是"实用品"。学校应根据表 9-1 中校园突发安全事件的五大类型分别制定操作性强的应急预案。在预案中，不仅要设计危机发生时的救助与处置，也要设计平时的各种防控措施，如人员职责、隐患排查、防范设施配备、安全教育等。只有制定完备的预防措施和突发事件发生时的应急处置程序，才有可能避免重大财产损失和人员伤亡，不至于在出现突发事件时惊慌失措或因错误行动导致事故升级造成新的损失和伤害。

---

① 参见郭继东：《学校组织与管理》，263 页，上海，华东师范大学出版社，2012。

第二节 "圈养式"安全问题的矛盾管理

天下难事必作于易，天下大事必作于细。

——《道德经》

一、"圈养式"安全管理引发的矛盾

在学校安全管理中应秉持预防为主的原则，做到未雨绸缪，将工作做在问题爆发之前。然而，如果指望通过安全管理杜绝校园事故的发生，这种超乎现实的管理目标只会导致学校管理者患上"安全忧虑症""事故恐惧症"，在校园安全问题上如履薄冰，对事故的防范谨小慎微。一些学校试图通过安全管理杜绝校园事故的发生，采取"一刀切"的禁锢式、防范性的消极管理措施，以提高所谓学生安全系数。例如，严格限制学生在校时间，体育课日趋"温柔"，规定学生在课休时间任何地方都只能走不能跑，等等。这种"圈养式"的安全管理引发了学生人身安全与身心健康成长的矛盾，影响了学生的身体素质，影响了他们的主体性发展，降低了其社会适应能力。[1]

学校安全管理工作同样从属于"教育人和培养人"这一学校特定目标。学校的禁止性规定应是学校为达成安全管理的合理目标所必需的，然而不应为了学生的安全而限制或减少学校组织正常的教育教学活动。安全管理规则的制定应尽可能地减少对学生活动自由的影响，使学生能够在学校无忧无虑、自由自在地学习和生活。同时，通过"以人为本"安全教育和安全文化的浸润，让安全意识内化于心，更有利于破解"圈养式"安全管理的矛盾。

二、"以人为本"的安全教育

"以人为本"的学校管理理念要求在安全管理中注重对学生的安全教育，让学生形成安全意识、掌握安全知识、练就安全技能。安全教育不是一朝一夕的事，其需要长期有计划、有组织、有目的地进行各种形式的教育活动。要把安全管理与德育统一起来，与课堂教学结合起来，把安全行为养成有机渗透在学科教学之

---

[1] 参见郭继东：《学校组织与管理》，258页，上海，华东师范大学出版社，2012。

中，寓于各项活动之中，引导安全行为践行，提升师生安全意识、安全知识、安全技能水平。为了使师生更加明确安全行为要求，可结合实际制定安全行为公约、安全行为规定等，有意识地引导师生践行安全行为，规范安全行为。表 9-3 为分学段的安全教育内容体系，可供参考。

表 9-3 安全教育内容体系①

学段	主要内容
高中学段	包括五个模块，不包括应对意外伤害事故模块，其侧重点是： · 理解与安全有关的基本方法 · 自觉抵制可能引发安全问题的事件 · 能够在保证自身安全的前提下救助他人 · 既强调个人安全，又强调公共安全和国家安全
初中学段	包括六个模块，其侧重点是： · 了解与安全有关的基本知识 · 强化自我保护意识 · 掌握确保安全的基本方法 · 强调个人安全，兼顾公共安全
小学高年级学段	包括六个模块，其侧重点是： · 认识危险的危害 · 形成躲避危险的意识 · 掌握确保安全的基本方法 · 强调个人安全，兼顾公共安全
小学低年级学段	包括五个模块，不包括预防和应对网络与信息安全事故，其侧重点是： · 了解危险的存在 · 知道躲避危险和求生、求助的简单方法及技能 · 强调个人安全

---

① 参见郑增仪：《学校安全工作实用读本》，28 页，上海，华东师范大学出版社，2011。

三、安全文化的浸润

M学校的安全教育

M学校有3000余名学生，课间休息时大量学生在走廊上奔跑，在花圃里玩耍，这些行为大大增加了安全隐患。教师不能随时随地监管到孩子的不安全行为，必须启动学生自治。学校在每个班都设立"小小安全劝导员"岗位，由班级内竞选产生，由德育部门统一进行上岗培训，学习安全知识及处置不安全行为的方法。劝导员的职责是在课间休息时发现本班管辖区域内有不文明、不安全的行为及时劝阻，不能劝阻的及时报告安全岗位教师，将学生课间活动中的安全隐患消除在萌芽状态。担任了劝导员的学生自身安全意识有很大提高，同时可在一定程度上影响身边的同学，作为教师安全岗的有效补充。

M学校的学校管理者经常发现这些现象：上下楼梯时，学生没有靠右行的习惯，上下的人流在楼梯上交汇，常发生碰撞；饭前洗手时，厕所水池旁拥挤不堪，学生没有排队的习惯，常因拥挤和地面湿滑而摔倒；操场体育课上，学生不按教师教的规范动作进行体育锻炼，从而造成运动伤害。于是，M学校通过专题活动，发挥学生自主管理、自我约束的主动性，让安全的意识深深植根在学生心里。如在洗手间等公共区域的墙上设计涂鸦区或张贴区，请学生结合该区域需要注意的安全事项用自己的方式绘制安全宣传小报，然后评选出既美观又有童趣的作品，张贴在洗手间等公共区域，并定期更换，让尽量多的学生作品得到展示，从而使更多的学生主动参与到学校的安全管理中。班级外墙被充分利用，作为展现安全文化的舞台。体育老师请学生将老师在体育课上教授的规范动作要领及错误动作对比等内容制作成各种形式的小报或漫画，展示在班级外墙上。制作宣传小报或漫画作品的过程就是学生进一步温习和加深理解的过程，展示后学生的获得感进一步加强，并且不同主题内容不断轮换，形成动态的安全教育平台，为校园文化建设增加了灵动的一笔。

在课堂教学、活动养成等方面，M学校形成安全教育校本体系，定期开展安全疏散演练、安全教育班会活动等。学校管理者引导学生观察日常安全隐患并形成安全公约，利用学生会、大队委等学生自治组织进行自主教育，在每周的升旗仪式上宣讲安全规范及评选安全明星等。这些措施成为学校管理中的常态，安全月月练、时时讲，让安全成为一种习惯、一种自主意识。

学校安全文化与中小学的安全素质教育密切相关，是中小学生身心健康的基石，也是学校文化的重要组成部分。同样以上述案例中的学校为例，虽然教师经常在课堂上教育学生注意课间活动的安全，不要在走廊奔跑嬉戏，但好动是孩子的天性，意外还是时有发生。究其原因，学生的注意力持续集中时间有限，教师在课堂上的教育维持生效的时间也有限，在课堂上的教育效果有时并不明显。因此，必须通过各种方式创造安全教育的环境，让学生时时刻刻浸润其中，将安全意识内化于心、外化于行。为此，学校将安全标语和安全宣传画上墙，让其成为师生日常安全的"益友"；在学生每天必经的路旁张贴安全常识警示标语，在潜移默化中培养学生的安全意识。这种氛围一经形成，其理念准则等便会无形地弥漫于学校之中，渗透到学校成员的一切活动中去，进而时时发挥约束作用。

案例中 M 学校的校园文化建设特别体现安全教育的内容：在走廊的墙围上，用儿童化的文字和漫画体现走廊里要注意的安全提示，如不在人多的地方奔跑嬉戏，不往楼下扔东西，不攀爬走廊栏杆等；在操场的围墙上，用彩绘的形式体现运动场所安全提示，如不得攀爬篮球架，不得在乒乓球台上踩踏，不得破坏塑胶跑道等；在科学实验室里，用漫画的形式表现功能室使用安全提示，如不得玩耍剪刀、玻璃片等有危险的实验器材，用完酒精灯要及时熄灭，实验结束后要归还所有实验物品，不得私自带出实验室；等等。这些文字和漫画生动有趣，符合小学生的心理特点，不刻板、不说教。这些安全小报和漫画作品形成了动态的校园文化，充分发扬了学生的主体意识和能动性。亲历制作过程的参与者获得感一定会更强，形成的安全意识会更深入持久，并且很容易成为安全宣传员，主动参与安全管理。

思想是行为的先导，安全行为意识是推动安全文化的强大动力。师生的安全行为意识越强，对安全行为的意义就理解得越深，就会更自觉地遵循安全规则制度。

第三节 "断层式"安全问题的矛盾管理

世界上只有一种英雄主义：便是注视世界的真面目——并且爱世界。

——[法]罗曼·罗兰

人人都有安全岗

为了杜绝安全巡视中教师缺岗、发现安全隐患无法及时上报等问题，M学校使用信息化手段，通过倡导每位教师在手机上安装××App进行智能无缝管理。学校管理者将学校的所有区域划分成170个点位，覆盖所有安全监管范围，每个老师负责一个点位的安全巡查。教师可以通过手机App扫描点位处张贴的二维码上报巡查结果，一发现安全隐患马上通过拍照上传平台，相关部门收到隐患上报后及时处理。每一个岗位都能发挥主观能动性，工作痕迹都在平台收集保留以备考核时使用。执行信息化管理以后的安全岗到岗率大大提升，安全隐患发现更及时，处理更准确，大大提高了全体教职工的安全意识，考核也更加科学准确，有据可查。

一、"断层式"安全管理引发的矛盾

有些学校管理者在抓安全管理的时候虽然思想上很重视，但执行力不足，只在上级强调时抓某一项工作，对安全管理没有系统的计划和组织，出现纵向断层、横向断环节的现象，由此引发制度运行不通畅、遇事推诿责任等矛盾。安全工作，预防为主，重在落实，安全管理工作必须贯穿学校各项工作。

二、从"断层式"走向"全程式"

计划—落实—检查—评价的全程式安全管理可以形成安全管理工作的闭环，让安全管理工作贯穿学校各项工作。

(一)按周期规律制订好计划

计划是安全管理活动的第一个环节，学校的常规安全管理是具有周期性的，如春季流行病的预防工作、夏季的防汛工作等，学校管理者应按照周期性规律制订好计划，有了严密的计划，后续的工作就能依照计划有条不紊地开展。除此之外，每个学期根据学校实际情况确定重点安全管理工作，将常规活动与重点工作有机结合。制订各种预案也是计划中的一部分，这在前文中已讨论，此处不再赘述。

(二)落实安全管理的各项工作

根据学校完善的安全制度，落实好日常安全管理工作，建立分工明确的岗位责任制，是有效管理的基础。除了校长作为安全工作的第一责任人以外，还要进一步明确学校的岗位责任，将岗位责任逐条细化，落实到人，签订岗位责任书，做到学校安全工作"人人有责"。在落实学校安全"人人有责"的过程中，首先必须建立健全安全工作岗位责任制，将学校的安全目标和安全工作进行分解，将完成安全目标和开展安全工作的责任落实到每一个部门、每一个岗位、每一个人。学校的每一个教职工都是"一岗双责"，既要做好岗位的本职工作，又要承担相应的安全管理工作。本节开篇案例中的学校将区域划分为 170 个点位，通过信息化手段做到"人人都有安全岗"，正是精细管理、全员落实的体现。

(三)加强检查和监督

加强对安全工作的检查和监督是落实安全管理的重要环节。例如，一岗双责在实际操作中常常因落实不到位而沦为形式。制度很完善，但执行中缺乏有效的检查和监督，往往出现安全事故以后才来倒查，发现某安全岗位没有履行责任。只有将监督常规化、常态化，才能了解落实情况如何，发现执行过程中的疏漏，及时采取补救措施，避免问题积累。

(四)做好总结评价

总结评价是管理活动的最后一个环节，包含回顾工作过程、总结经验、反思不足及提出下个周期亟待解决的问题等内容。图 9-1 是研究人员编制的中小学安全管理水平评价体系，具有一定的参考价值。

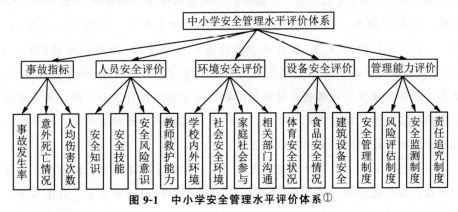

图 9-1 中小学安全管理水平评价体系[1]

---

[1] 参见顾闻钟、徐勇：《学校安全管理水平评价指标体系的构建》，载《中国学校卫生》，2009(8)。

第四节　学校危机处置的矛盾管理

居安思危，思则有备，有备无患。

——《左传》

危害学校安全的因素复杂多样。学校需要充分认识到这些因素以及因此引发的各类矛盾，分类落实好安全管理工作。限于篇幅，本节仅讨论"学校公共卫生安全""学校活动安全""校园暴力""学校食品安全卫生"四个方面的矛盾管理。

一、学校公共卫生安全的矛盾管理

复学的纠结

2020 年年初，突如其来的疫情使传染病防控成为人人关注并学习的基本技能，也将校园公共卫生安全提到了全社会重点关注的位置。中小学校是未成年人聚集的场所，因此学校的疫情扩散风险和防控难度很大，任何一点风吹草动都会引起学校甚至社会的恐慌，影响社会稳定。因此，在疫情没有得到有效控制之前，全国所有学校推迟了 2020 年 2 月的春季开学时间，何时复课成为关注的焦点。在对疫情的发展进行科学研判以后，成都市初步确定了复课时间：全市高三年级(含已报名参加高考的中等职业学校毕业年级学生)4 月 1 日开学；九年级按照 4 月 7 日开学做准备；小学各年级，七年级、八年级、高一、高二年级按照 4 月 13 日开学做准备；中职学校(含技工学校)按照 4 月 20 日开学做准备；具体时间由属地区(市)县党委、政府综合评估后确定。幼儿园和特殊教育学校根据疫情防控进展，开学时间另行通知。外籍人员子女学校根据实际情况报经属地教育行政部门会同疾控部门评估后开学。校外培训机构开展线下培训活动时间不得早于 4 月 18 日。

在 4 月 1 日和 4 月 7 日前两轮复课后，4 月 8 日，成都市又发布了新的复学时间：按照教育部、教育厅"分期分批、错时错峰"的开学要求，对全市中小学(幼儿园)其他年级分批次有序开学进行调整，开学的建议时间为：高二、八年级建议 4 月 13 日复学；高一、七年级和职业学校非高考学生建议 4 月 20 日复学；小学五年级和六年级建议 4 月 27 日复学；小学其他年级建议 5 月 6 日复学；校外培训机构不得早于 5 月 6 日开展线下培训。

5 月 18 日，成都市宣布全市幼儿园于 6 月 2 日按分批分段，错时错峰原则陆续开园，家长自愿确定幼儿园入园需求。

教育行政主管部门一再修改推迟复课时间，是本着学生生命和健康第一的原则，对未成年人健康的负责和保护，同时，也对学校复课提出明确的要求，严格评估，以将风险降到最低。这一次突发公共卫生事件促使教育行政主管部门和学校进一步完善公共卫生安全防控制度和管理措施，既保证正常的教育教学有序开展，又有效防控传染病的传播，营造健康安全的校园环境，促进学生身心健康发展。

二、学校活动安全的矛盾管理

学校是学生日常学习生活的主要场所，校园活动安全至关重要。学校管理者必须根据学校实际情况采取恰当措施，避免安全事故的发生。如 M 学校占地面积约 23 亩，建筑面积 1.8 万平方米，规划容量 36 个班。由于近年来生源量急剧增加，学生总数已达 3000 余人，教学班数 65 个，操场周长 200 米，体育教学活动空间严重不足。虽然在排课中尽最大努力分流，周三下午第一节仍然有高达 15 个班级同时在操场上上体育课；每天上午从第三节课开始，单节课在操场上上体育课总量均达 10 节以上。功能教室被挤占为常规教室，学校没有科学实验室、音乐教室、美术教室，这些课程只能在常规教室开展。学校在有限的空间内，要保证教学安全、有序地进行，需要采取灵活的授课方式，根据不同年段学生的特点合理安排开放的授课地点，优化教学设施设备，为流动授课提供条件。针对这种情况，M 学校采取了一系列措施，保障教学活动顺利进行(见表 9-4)。

表 9-4　M 学校学校活动安全管理主要措施

序号	主要措施
一	减少全校性聚集活动，以减少师生集中疏散时的踩踏隐患
二	在操场使用高峰时期，采用部分间周开展室内棋类、体育健康常识、体育项目欣赏、体育知识阅读、室内操等项目与室外课分流；力争操场体育上课不超过 8 个班同时教学

续表

序号	主要措施
三	考虑六年级有一定安全意识和自我调控能力，体育馆作为六年级音乐课上课地点；六年级音乐教师做好体育馆安全监控及活动教育
四	科学课尽量采用高段集中连堂排课；实施演示实验、课件演示代替分组实验，同时教师开发实验微课，收集科学视频，利用"假日走进自然"的开放式主题性作业以指导学生进行科学探究的学习，不断推进学生科学素养的提升
五	音乐课因地制宜利用架空层空间设置1间开放音乐教学场所；给音乐教师购置"手风琴"便于携带进入各班固定教学点开展教学；同时音乐课利用多媒体等设施开发音乐赏析、小型乐器进课堂等课堂类型丰富的音乐课程内容，不因场地挤占而耽误学生音乐素养的培养
六	美术教学在常态班级教室中完成，增设美术DIY教学、鉴赏、写生等适合在教室完成的课程内容
七	调整原周五下午的选修课为班队会，不断开发班级活动以调节学生心理，进行班级安全教育等
八	中午大课间多加强"班级阅读"等室内学习、休息形式，加强安全巡视，增设专职安全管控物管巡查岗位，加大人流量密集区域的课间管控，力求减少学生高密集活动、休息时的安全隐患
九	保障课间时间；延长上午第2节、下午第1节学生上洗手间相对集中的课间时间至15分钟，教师加强巡视，根据楼层班级分布，安排近端和远端教室学生有序错峰上洗手间
十	周一国旗下活动采用分年级室内、室外间周开展的形式；每月开展1次安全疏散演练，提高学生安全自护意识和应急处理能力
十一	调整学校作息时间，尤其上放学时段，采用分学段错峰放学，动员家长协助放学，尤其雨天以广播指挥，家长按照分通道、分年级、分时段的形式轮流入校接孩子；等待放学时间内各班级开展"静心阅读"和"安全小结"活动

除了校内安全监管，校门口及周边环境安全也是学校安全管理中的难点。学生走出校门，各种不可控的因素都可能威胁到学生的安全。尤其是放学时段，人流量大，有的学校门口的公路上过往车辆不断，有的学校门口还没有专设的红绿灯。放学时，学生需要集体排队在学校围墙外等待家长来接，大量家

长会占据道路，妨碍车辆通行，同时也对家长自身安全造成威胁。下雨天的放学，需要家长进入学校到达班级接孩子，大量家长在短时间内进入学校，造成楼道异常拥挤，上楼下楼时若互不相让，家长手里的雨伞也很容易戳到个子矮小的学生，等等。学校需要制定有针对性的安全疏散方式，人流量特别大的时段采取限流、分流等措施，同时在学校安全监管人员不足的情况下，借助家长的力量、社区的力量等，务求保证学生的安全。M 学校根据自身实际采取的主要措施如下（见表 9-5）。

表 9-5　M 学校门口及周边环境安全管理主要措施

序号	主要措施
一	通过与交管部门协调，上学时段（8：00—8：30）、放学时段（15：15—15：45）学校路段采取机动车单向放行，减少车流量
二	制定雨天家长分批入校接送学生的措施，对教学楼的人员总量进行管控，并增设楼道安全岗，按照上下楼道分开，单循环放行，避免上下楼人群的冲撞
三	上学时段动员家长参与安全执勤，在学校门口执黄色小旗，适时阻拦过往车辆，为过马路的学生提供安全的通道
四	申请办事处、派出所、社区支持帮助学校进行校园周边安全管理

三、校园暴力的矛盾管理

所谓校园暴力，主要指发生在师生之间、学生之间及社会与学校之间的造成学生生理和心理伤害的恶性事件，包括肢体暴行、语言伤害、被强迫做违背意愿的事、被陷害等。

校园暴力从实施主体上分为校园暴力行凶和校园欺凌两类。校园暴力行凶者可能来自校外，包括与学校或教师发生纠纷的校外人员，甚至仅仅为了报复社会、发泄不满的社会失意者或精神病患者；也可能来自校内，如本校教职工。暴力行凶案件给受害学生及其家庭带来了无尽伤痛，给学校的正常教育教学秩序造成了巨大冲击。孩子是家庭的希望、祖国的未来，孩子的安全关系到家庭的幸福。所以，制定并完善防控措施，保护孩子的安全，是全社会的共同职责，更是学校义不容辞的责任。防控校园暴力行凶的主要措施包括如下几个方面（见表 9-6）。

表 9-6　防控校园暴力行凶的主要措施

序号	主要措施
一	校门职守应配备专职安保人员，学校还要建立健全门卫制度，严格执行出入校门管理制度，对在校门口长时间停留的可疑人员要予以劝离，必要时应及时报告公安部门；对未办理正常入校手续而试图强行闯入的外来人员，要立即制止和驱逐，必要时应报警
二	学校要充分发挥教职工在安全防范工作中的作用，成立以体育教师、男教职工等年富力强的成员为主的安全巡逻队，全天候对校园进行巡查；发动家长、志愿者组成护校队，轮流在学校门口执勤，协助维护校门及周边的治安秩序，对不法分子起到威慑作用，直至打消其犯罪的念头
三	加强物防、技防建设：校门、围墙应当坚固、牢靠，学生在校期间校门应保持关闭状态，围墙应为封闭状态，高度足以防范不法者的翻越行为，有条件的应在校门及围墙上增设防翻越的电网；在安保需要的位置架设监控摄像头，建设视频监控系统，视频监控记录保存应不少于 30 天，监控室应安排专人 24 小时值守，做好监控信息的浏览、记录及设施的维护工作，及时报告、处理异常情况；安保人员配备必要的防暴装备(如防割手套、防暴头盔、防刺背心、强光手电等)，平时加强对防暴装备的使用管理，防止丢失，保证突发状况时可最快速度取用；为安保人员配备必要的通信器材，以便相关人员在紧急情况下可以及时向领导报告及报警，有条件的可安装紧急报警按钮。有不法分子入侵时，通过紧急报警按钮报警可比普通电话方式报警节约 3 分钟，能为警方介入赢得宝贵时间
四	加强上学、放学期间安全管理：学校应建立上学、放学时段学校领导及值周教师在校门口迎送学生制度，对学生进出校园的行为进行疏导和管理，上学时段不让学生滞留学校门口，提前到校的学生进入校门后由教师组织统一管理；放学时小学应由教师统一带出校门并在指定地点与家长交接，避免学生被陌生人接走，未能按时被家长接走的学生应带回校内统一管理，等待家长到达后方可离校；发现有可疑人员在上放学时段在校门口及周边长时间徘徊的，值周教师及干部要及时劝离，必要时可报警；发动家长及志愿者参与上学、放学时段安全管理，加强安保力量，震慑不法分子

续表

序号	主要措施
五	制定校园暴力事件应急处理预案：当不法分子试图闯入校内实施暴力犯罪时，安保人员中一人应立即上前阻止歹徒进入学校，与其周旋并拖延时间等待救援，另一人立即启动紧急报警按钮，并通知学校领导；学校应第一时间通过广播通知全校师生，全面启动应急程序，各职能小组迅速到位进入应急状态，通信联络组立即向上级教育主管部门报告并进一步与警方联络，并拨打120急救电话；防暴组立即领取防暴装备赶到事发现场，将歹徒包围在局部区域，伺机制服，同时关闭大门，防止歹徒逃跑；疏散组引导师生将教室门窗锁好，防止歹徒进入，如果学生正在室外活动或歹徒已经进入教室，则立即按照既定疏散路线将学生疏散到安全场所；医疗救护组应及时赶到受伤地点对伤员采取紧急救助，必要时及时送医院，同时通信联络组立即通知受伤学生的监护人

校园欺凌的实施主体通常是在校学生，引起校园欺凌事件的原因主要有以下两点。一是中小学生身体弱小，防范能力差，属于弱势群体，没有足够的抵抗能力。二是社会暴力文化引发校园欺凌事件，中小学生的认知能力还不健全，对事物的辨别能力还不高，很容易模仿电视剧、电影、网络游戏中的暴力行为，成为校园欺凌中的施暴者。

校园欺凌对中小学生的危害巨大。对施暴者来说，暴力行为的实施可以轻易地得到想要的东西或达到目的，会诱使他产生暴力可以解决一切问题的错误认知，在以后的生活中，他们可能会更加猖獗地使用暴力；对遭受暴力侵害者来说，不但身体遭受伤害需要治疗，心理也会有创伤，可能会变得沉默寡言，甚至心理认知发生偏差，认为既然别人可以使用暴力欺负我，那么我也可以使用暴力欺负比我弱小的人或动物。下面是青少年心理咨询中心的沈老师讲述的一个案例。

为何不能以暴制暴？

在一所以校风严谨出名的学校里，一位忧心忡忡的爸爸走进了校长办公室。他给这位老校长看了几张照片，照片上是自己刚上七年级的儿子（姑且叫他小明）胸口和背上的瘀青。这位爸爸说自己的孩子小学阶段特别阳光，喜欢上学，可是七年级刚开学的两周，他的状态越来越不好，也不说为什么，直到昨天再三询问后，儿子才说学校有个同学每天都打他。老校长震惊了，他向来以治理学校有方为荣，他管理的学校向来都是零暴力事件，现在这种事情居然在他的眼皮子底下发生，难以容忍。他告诉这位爸爸，自己会亲自调查事情真相，然后提出一个妥善的解决方法。

家长离开后，老校长马上找相关的班主任叫那名打人的同学（王同学）到办公室。在等王同学时，老校长怒火万丈，决定要严惩肇事人，还要给所有有潜在暴力倾向的孩子一个提醒，让他们知道暴力行为的后果。于是他盘算着给王同学停课三天的处分。可是他越想越气，于是想干脆停课一周。

但是，停课一周以后呢？如果王同学"重操旧业"怎么办？小明真的会恢复如初，变得阳光开朗起来吗？怒气稍微平息一点后，老校长长叹了一口气，心想不能简单地以暴制暴，还是先把事情弄清楚再说吧。

王同学进来了，老校长简单地问了问他开学后的情况以及王同学对新年级的感觉，然后进入正题。

老校长问："你知道我为什么找你来吗？"

王同学："知道。因为我打小明了。"

老校长很诧异，没想到王同学一点都不隐瞒。他接着问："你打小明的时候在想什么？"

王同学想了想，说："我六年级的时候被一个七年级的人打过，但我没告诉任何人，当时决定等我到了七年级，也要找个人来下手……"

老校长接着问："你知不知道这件事情对小明的影响？"

王同学："我想他会很疼吧……"

老校长："你以前被打的时候是什么感觉？"

王同学想了想，说："很愤怒，很害怕，很羞愧……"

老校长："你知道小明这段时间因为这件事情完全丧失了来学校的热情，每天都处于恐惧和紧张的状态，完全无法正常生活吗？"

王同学听完，叹了口气，把头深深地低了下去。

老校长："你现在知道自己错了吗？"

王同学："知道了，我以后再也不会这么做了。"

老校长："你会亲自向小明赔礼道歉吗？"

王同学："我会。"

于是老校长让王同学到另一间办公室等待，并叫人去找小明来见他。

老校长关切地问："小明，你的父亲已经告诉我发生的一切了。对于你的遭遇，我非常难过。"

小明长叹一口气，面色凝重。

老校长："你能告诉我，在王同学打你这件事情上，最让你觉得难受的事情是什么？"

小明想了想，说："为什么是我？为什么他打的是我？我不知道是不是我有什么问题。王同学和我在小学的时候还是朋友啊！"

老校长："你想听听王同学说他为什么打你吗？"

小明点点头。老校长叫王同学进来。王同学告诉小明，他自己当年被七年级的同学打过，一直憋屈于心，一直忍到自己也到了七年级才找一个目标下手。

小明有点如释重负的感觉，因为他一直以为是自己出了问题，没想到原来王同学打人事出有因。

老校长说："小明，我希望你重新振作起来，回到你当年阳光、乐观的状态。王同学的行为并不是因为你有任何不好，只是他自己没有处理好自己的问题。"

然后老校长问王同学："你想当着我的面给小明道歉吗？"

于是王同学很严肃、很真诚地跟小明说了对不起，不是那种敷衍了事应付校长的道歉，他的语气和神态表明他是真的很懊悔。

然后老校长问："王同学，你打算如何弥补你的过失呢？"

王同学陷入沉思，老校长耐心地等着。5分钟后，王同学说："小明，我能明天在学校食堂请你吃午饭吗？我打算当着所有人的面跟你赔礼道歉。从此以后，我再也不会打你。"

小明接受了王同学的邀请。

就这样，这场校园暴力事件平息了。从此以后，王同学再也不打人了。

为何不能以暴制暴？其实案例中的老校长也犹豫过，但他的冷静和智慧让他用更好的方式解决了这件事情。校园欺凌事件对青少年造成的影响不仅在于身体层面，更多地在于心理层面。案例中的王同学因为当年受到过欺凌，内心的阴影没有及时得到化解，只能通过欺凌他人来宣泄；而小明不明白自己为什么会成为被攻击的对象，以为是自己哪一点做得不好，所以陷入自我怀疑和恐惧之中。因此，面对校园欺凌事件，如果简单用以暴制暴的方式管理，虽然表面上有一定的效果，但往往不会从根本上解决问题。有时甚至会起到反作用，激起学生的逆反心理，造成更加严重的后果。案例中的老校长为我们示范了一个很好的解决途径，他用非常艺术化的沟通方式了解了事情发生的原委，引导施暴者反省、思考、忏悔，既起到了教育作用，又达到了心理疏导的效果。在工作中，学校管理者必须采取行之有效的措施，预防校园欺凌现象发生（见表 9-7）。

表 9-7 防范校园欺凌的主要措施

序号	主要措施
一	加强对学生的思想教育和法制教育，学生学法、懂法以后才能用法律的准则来规范自己的行为，也才能学会用法律来保护自己
二	告诉学生遭遇欺凌时不要害怕，保持头脑清醒，在人身安全和财产安全同时受到威胁时，应以人身安全为重，舍弃财产，尽量减少对自己的人身伤害；同时认清施暴者的长相，争取在第一时间向家长和教师报告或向警察求助，不能因为害怕就不敢揭露施暴者，忍气吞声的结果往往会导致新的暴力事件的发生，如果害怕遭到报复，可以匿名向学校报告
三	教育学生在集体生活中，应培养自己随和的个性，善于和他人沟通，建立团结一致、互助互爱的和谐集体；在他人受到欺凌时不能袖手旁观，欺凌发生时，同学之间要互相帮助、互相保护，用集体的力量抵抗暴力
四	欺凌事件发生后，学校要及时介入并保护被施暴者的权益，控制施暴者以免再次发生暴力行为；对未成年的施暴者，及时联系监护人，监护人到达现场后方可对施暴者进行问询调查，并做好记录，如有移交公安机关的必要，应在监护人的陪同下进行；学校的心理健康教育工作人员应在事件发生后第一时间介入并进行心理疏导，力求将事件造成的身心伤害降到最低

此外，校园性骚扰事件近年来偶有发生。对未成年人实施的性骚扰性质尤其恶劣，必须完善校园性骚扰的防范措施（见表 9-8）。

表 9-8 防范校园性骚扰的主要措施

序号	主要措施
一	加强性健康教育，普及相关常识，使未成年人能准确识别并避免性侵害

序号	主要措施
二	加强对校聘人员的管理，严把进人关，校聘人员的考核录用要谨慎，尤其在政治思想方面的考察要细致；加强校聘人员的团队建设，使其形成互相监督、互相帮助的和谐团队，减少不良行为的发生概率，也可将不轨的行为扼杀在萌芽阶段
三	规范教师的个人行为，学校应明确教师为人师表的行为准则，尤其要加强对教师的道德教育，一旦教师有越轨行为被投诉，学校应高度重视，严肃处理，避免有更进一步的侵害发生
四	建立风清气正的学习生活氛围，通过各种途径宣扬正确的价值观，引导全校师生积极向上，让正能量驱散阴暗的、腐朽的、罪恶的思想，使人人都有与罪恶对抗到底的勇气，使罪恶没有滋生的土壤
五	一旦发生性侵害事件，学校要第一时间保护受害者的隐私，及时通知监护人并报警，同时鼓励受害者配合警方揭露罪犯，没得到警方的同意不能擅自公布案情；学校的心理健康教育工作人员应及时介入对受害者进行心理疏导，最大程度降低对受害者的身心伤害

四、学校食品卫生安全的矛盾管理

　　教育、食品安全向来是社会关注的热点问题，校园食品安全事件叠加两重敏感因素，更容易引发舆论关注。学校的"食品安全"是家长及社会密切关注的问题。学校并非食品经营企业，学校的食堂是学校的服务机构，家长在学校"食品安全"管理中有监督权和建议权，学校也应对学生身体健康负责。

　　学校必须严格按照国家相关规定，针对食品生产加工的各个环节、各个方面建立相应的规章制度，包括原材料采购索证登记制度、库房卫生管理制度、粗加工及切配卫生制度、烹饪加工卫生制度、餐具清洗消毒制度、食堂清洁卫生制度、食品留样制度、从业人员健康体检制度及卫生知识培训制度、食堂安全保卫制度、餐厅就餐秩序安全管理制度等。学校不仅要建立岗位责任制，具体职责落实到人，还应成立家长代表组成的"食品安全监督委员会"，落实校长陪餐制度。"食品安全监督委员会"成员可按规定程序实地或通过监控抽查食品采购、加工、运输、清洗等全过程，提出整改意见，做到"食品安全无小事"，"安全隐患零容忍"。校长陪餐制度即校长每餐与教师、学生吃同样的饭菜，饭菜的质量直观地反映在学校管理者面前，更好地帮助学校管理者了解学校食品安全情况。

针对部分未设食堂、师生用餐需向第三方机构购买的学校，为了保证师生的饮食安全，学校一是要严格审查经营者的资质；二是要对生产经营单位进行现场考察，对加工操作间的卫生状况和操作流程进行详细了解，对经营者管理中的食品安全规章制度及落实情况全面掌握，确保该经营单位有提供安全卫生食品的能力；三是要与经营单位签订食品安全承诺书，并保留随时到经营单位现场检查的权利；四是不论学校设立校内食堂还是向外订餐，学校都应设立专职的食品卫生管理人员；五是为了增强学校处置突发性师生集体食物中毒事件的应急能力，学校应根据相关规定结合本校实际，制定食物中毒应急处理预案，明确制定应急处置办法（见表9-9）。

表 9-9　食物中毒应急处理一般程序

一般程序	具体内容
停止供餐	一旦有学生出现食物中毒症状，学校应立即停止向学生供餐
迅速上报	发生食物中毒事件后学校应在第一时间上报上级教育行政主管部门及卫生部门
组织救助	学校应立即将有食物中毒症状的学生送往医疗机构救治，并通知监护人尽快到医院陪护
保留证据	学校要保留可疑食品及原料、加工现场等，以备卫生部门进行事故调查取样
配合调查	学校应积极配合上级部门及卫生监督部门的调查，按要求提供有关材料及样品，如实回答相关问题
控制事态	学校应积极落实上级部门及卫生部门的要求采取相关措施，把事态控制在最小范围内
后续整改	事发后，学校应根据卫生部门的调查结果及整改意见按时进行整改，总结教训，避免类似事件再次发生

从安全管理的角度，对危机事件的应急处置也是值得我们研究和讨论的。

一是责任认定。学校安全事故处理及责任追究按照教育部颁布的《学生伤害事故处理办法》执行，此处不再赘述。

　　二是处理程序。不同类型的危机事件有相应的应急处置流程，在学校制定的应急预案中分别予以明确。学校应当建立科学规范的学生伤害事故处理程序，将伤害或损失降到最低。一般来说，处理程序依次为：提供救助—及时报告—做好记录—协商解决—上级调解—法律诉讼—书面汇报。

　　三是心理危机干预。突发事件、意外事故给学生造成的心灵上的伤害也需要引起高度重视。处在心理危机中的学生，可能会有典型的生理、心理应激反应障碍，情绪上也会表现出失衡状态，甚至出现自残、暴力攻击、离家出走等冲动的行为。这些行为如果没有得到及时的干预，就可能转化为潜在的压力和焦虑，进而形成严重的心理疾病，直接影响青少年人格的健康发展。学校应建立以预警系统、应急系统、维护系统为主体的学校心理危机干预系统，保证学生健康、快乐地成长。